MIKI, BROTHERS, TOKYO

ASEI & KOUSEI

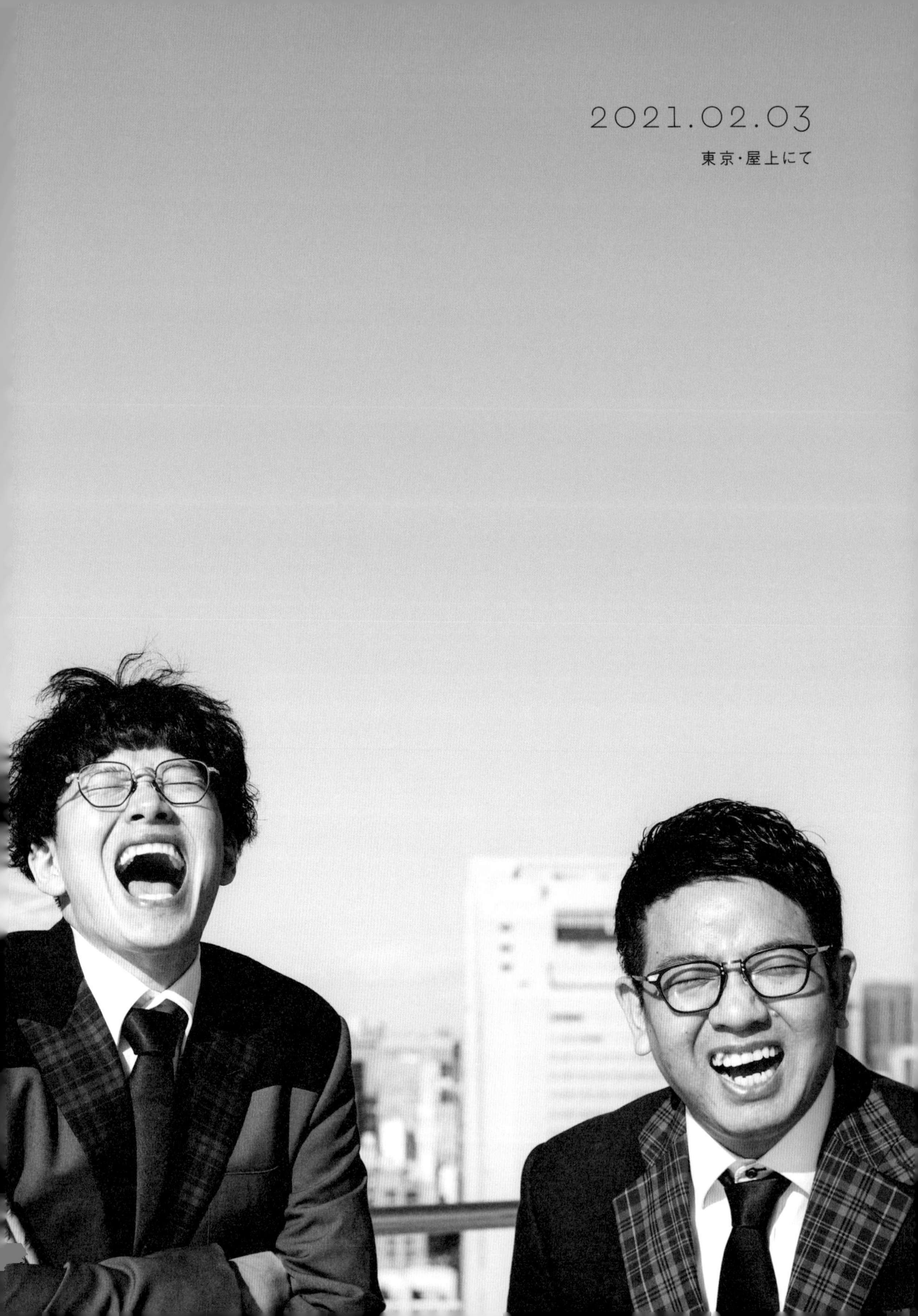

2021.02.03

東京・屋上にて

はじめに

みなさん、このたびは『ミキ、兄弟、東京』を手に取っていただき、
ありがとうございます。

この本は、僕らが大阪から東京へ活動の拠点を移した
２０１９年春から今までのあれこれがギュッと詰まった１冊です。

慌ただしい引っ越し、ミキ漫全国ツアー、
東京に来て初めての大阪11ステージ、東京の街を２人でドライブ、
ミキ寄席、地元・京都を２人で散歩、
２０２０年の緊急事態宣言中、
１ヶ月間、毎日配信したインスタ漫才ライブ……
この２年間、いろんなことがありました。

大きな山場はなかったような気がしますが、
２人で楽しみながら、
時々ちょっとだけ苦しみながら漫才し続けてきた日々を、
この本を通して、みなさんに面白がってもらえたら嬉しいです。

ミキ　亜生
　　　昴生

2019.04.29

引っ越し

引越のサカイ
引越のサカイ

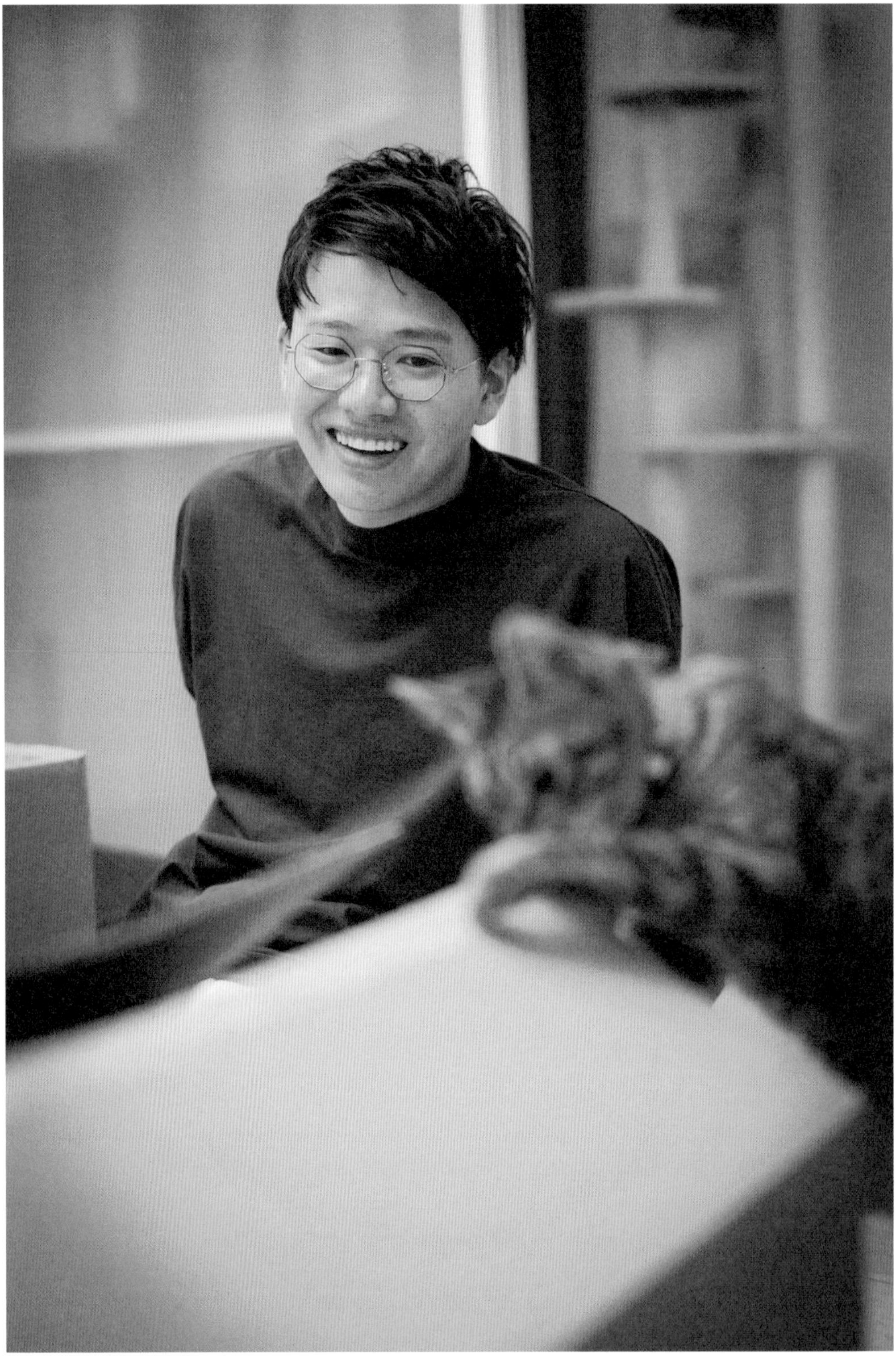

引っ越し用の段ボール箱に興味津々な藤と遊ぶ

家具の揃ってないフローリングに寝そべり、「まさか東京に住むとは思ってなかったなぁ」と呟いた

UYAMA

2019.06.02

ミキ漫2019 愛媛

昼すぎに内子町へ到着。荷物を置いてすぐ、観光を満喫

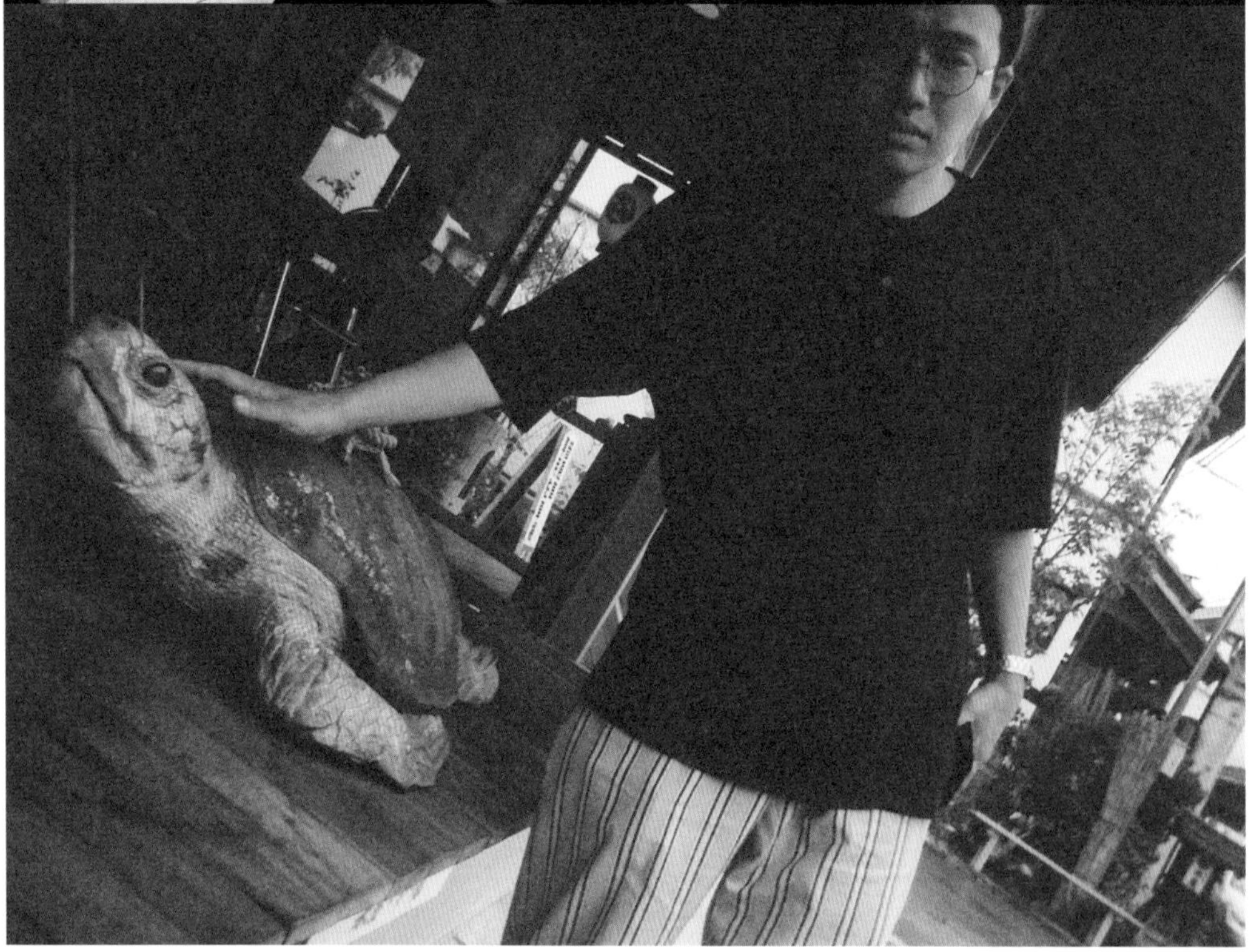

両親から差し入れられたパンを食べる

1人、席を立って全員分の支払いを済ませる昴生。店員さんにバラされ、この表情

子座
肉子座
IDS
クボコムグループ

この日は単独ライブとトークライブの2部構成。チケットは即完

せり

LOVE

漫
MIKIMAN
2019 JAPAN TOUR

観客を大事にしている2人。単独ライブ終了後には全員とハイタッチして、束の間の交流を楽しんだ

内子町
萬荒物小間物學校用品硝子板
安川喜十郎商店

内子座

2019.07.03

Interview

上京して半年ほど経過し、
仕事も生活も落ち着いてきたミキの2人にインタビューを敢行。
亜生の引っ越しトラブルに始まった東京での暮らし。
上京後の充実ぶり、さらに大阪時代の思い出やこれまでの苦労を振り返りながら、
常に漫才師であり続けたいと言い切る2人は、現状を冷静に見つめているようだ。

――上京してから少し経ちましたが、まず上京当初のことを思い出していただきたいなと思います。

昴生　亜生は5月に出てきたんやっけ。

亜生　4月25日に引っ越してきた。お兄ちゃんは？

昴生　3月後半やった気がするけどなぁ（と言いながら、スマホを見る）。僕、スケジュールを全部、アプリに残してるんです。牧（大阪時代のマネージャー）のとき、スケジュールが直前までまったくわからなくて（笑）。

亜生　前日にははっきりした情報が来るんで、僕はそれでもかまわなかったんですけどね。

昴生　僕は（舞台で披露する）ネタを整理せなあかんから、3年くらい前から自分でチケットよしもとで調べて管理するようになったんです。2年前に、嫁が僕のスケジュールを共有したいって言うてきて。でも使ってるアプリが共有できなかったんで、別のも使いながら、今、スケジュールアプリ3つで管理してます。

亜生　え、すごっ！

昴生　『せやねん』（毎日放送）で大遅刻したのが、3月22日で。あのときは東京からトチってるから……。

――その前日、『ミキ漫２０１９全国ツアー』初日の東京公演でしたよね。

昴生　そうです。朝5時半起き予定で。前日も朝早いからって言いながら、みんなと別れたのに、やっちゃいました。東京に引っ越してきたのは、3月13日ですね。家を決めるのも引っ越し作業も全部、嫁任せでやってもらいました。正直、僕はなんにもしてないです。

亜生　僕、ほんまは4月1日に引っ越し予定やったのが、内装工事があるということで遅れて。その間、家がない状態が続いたんですけど、たまたま東京や沖縄での仕事が続いたおかげで、自腹での宿泊は2～3日で済みました。不動産屋と泣きながらケンカして。

昴生　また泣いたんや（笑）。なんか知らんけど、こいつ、不動産屋とすぐ揉めるんですよね。

亜生　今回も揉めてます。引っ越してからわかったんですけど、全部の部屋のクリーニングがされてなかったんですよ。

昴生　え、内装工事があるから（入居が）遅れたのに？

亜生　そう。壁紙とかパッと見てわかるところはきれいになってたんですけど、お風呂がザラザラで、クーラーの中はカビで真っ黒！　しかも、バウ～ンって、めちゃくちゃうるさい音がするんですよ。フローリングも4つくらい穴が空いてて。

昴生　最悪やん！

亜生　最初に来た業者さんがいい人で「たぶんですけど、全部、クリーニングされてませんよ。絶対、（不動産屋の担当者に）言ったほうがいいです」ってアドバイスしてくれたんです。けど、不動産屋に全部は直せないって言われて。その業者さんに聞いたとき、フローリングの穴なんてすぐ直せますって言うてたのに。

昴生　適当な仕事してる！　腹立つなぁ。最近、よう外に出て電話してるのはそのせいなん？

亜生　10回くらい電話してる、フローリングとお風呂のお湯が出るところをきれいにしてくださいって。けど、業者さんが来たら来たで（伝えた内容全部を）聞いてへんから、修繕するための道具を持ってないって言われて……今も戦ってます。僕、ほんまに揉めやすい。見る目がない。

昴生　大阪で初めて1人暮らしするときも、不動産屋と揉めて。話聞いたらおかしいから、「契約金を返してもらえ。契約すんな」って言うたんです。「わかった」って不動産屋へ行って「お金返してもらった」って電話かけてきたんですけど、明らかに泣いてて。「泣いてるやん！　お前」って言うたら、「ううううぅ……頑張った、俺。辛かったぁ」って（笑）。

僕、ほんまに不動産屋と揉めやすい。見る目がない。
（亜生）

亜生　「手付金の10万円返してください」って言うたら、嫌な顔されて。なに言うても埒があかんから、「わかりました、不動産屋の大元に電話します」って外に出て、大阪市の不動産屋を統括してるところに電話したんです。「僕は芸人になって1年目で、親の反対を押し切って大阪に出てきました。お母さんは反対してるんで、今はお兄ちゃんと住んでるんです。でも、お兄ちゃんも彼女と住んでるんで、どうしても出ていかないといけないんです。僕、この不動産屋と契約したくないです！」って。

昴生　あははは！　どうでもいいのよ、その人にとってお前のその説明は。絶対、なに言うてんねやろって思ってたやろうなぁ。

亜生　でも、電話に出てくれたのがいい人で、「わかった。おっちゃんがなんとかする」って不動産屋に掛け合ってくれたんです。そのおっちゃんに「外で待っといて」って言われたんで待ってたら電話かかってきて、「話終わったから、10万円返してもらいなさい」って。で、もう1回、不動産屋に行ったら、10万円をバーンと叩きつけられて塩を撒かれました。そのあと、なんばウォークの誰も通らへん真っ暗な階段で、お兄ちゃんに電話したんです。そういうことがあったんで、引っ越しは毎回めっちゃ怖い。けど、今の家は気に入ってるんで、ずーーっと住みたいなとは思ってますけどね。

昴生　揉めてんのに気に入ってんねや（笑）。

亜生　そう、間取りがね。

――なにより、活動の拠点を変えるって大変なことだと思います。

昴生　まさか自分らが東京に来るなんて思ってなかったです。１年前は考えられへんかった。

亜生　不思議ですよね。仕事場の行き来に東京タワーが見えたとき、なにこれ？　なにしてんの俺らって思います。

昴生　２０１７年、２０１８年は漫才を中心にやってましたけど、今年、漫才はもちろんのこと、いろんな経験をさせてもらっているので、東京に出てきた甲斐があったなというか。出てきたからこそできる仕事をやらせてもらってますね。

亜生　僕はテレビの仕事が増えた分、漫才もより楽しくなってます。

昴生　そうなんや。僕はめちゃくちゃ不安ですけどね。漫才を考える時間をもうちょっと増やしたい。この前、１

週間、漫才をやらんときがあったんですけど、あれはほんまにあかん。勘が鈍るんですよ。

亜生　確かに1週間ぶりの漫才は、めっちゃふわふわしてたなぁ。

昂生　漫才という軸があって、テレビにも出ていたい。今日はルミネの出番ですけど、平日もこうやって劇場に出たいですし。

亜生　時間があるなら出番入れてって、マネージャーには言うてますね。

昂生　今までのマネージャー全員に、劇場出番に軸を置いてほしいってお願いしてます。テレビに出させてもらうのは、平日の寄席がないときだけ。僕らの仕事は劇場で漫才をやることなので、そのバランスは今後も大事にしていきたいですね。テレビに出るのも、めちゃくちゃ大事なのはわかってます。でも……。

——漫才師でありたいということですよね。

昂生　そうです。芸人じゃなく、お笑いコンビじゃなく、漫才師と言われたいですから。

亜生　お兄ちゃん、街中で「芸能人や」って言われたらな？

昂生　はっきりと「芸能人じゃないです」って言います。ほんまにちゃうもん。漫才師でありたい。〝漫才〟で検索したら、2番目にミキが出てくるんですよ。2～3年前にラジオのリスナーの方に教えてもらったんですけど、これは嬉しかった。

亜生　そういえば、最近（スマホの文字入力で）亜生って変換できるようになったんですよ。昂生もできるようになったよな？

昂生　亜生は元から出てたけど、ついに昂生も……。嬉しいっていうか、楽。だって、今まで〝すばるなま〟って打ち込んでたから。

——そういうことにも、メディアでの活躍が反映されているんでしょうね。

昂生　やから、テレビにはもちろん出なあかん。みなさん、テレビに出てる人を観に劇場へ来るので。

亜生　劇場に来たことがないお客さんが足を運んでくれるのは、テレビに出てるからこそですからね。

——漫才といえば、『第54回上方漫才大賞新人賞』受賞おめでとうございます。

亜生　やっと獲れました！

昂生　3回目の挑戦にしてね。僕ら、4年間獲れんかったんですよ。1年目は

芸人じゃなく、お笑いコンビじゃなく、漫才師と言われたい。

（昂生）

『ミキ漫全国ツアー2019』のポスター撮影時の様子。どちらからともなくちょっかいを出して、笑い合う

亜生 トップバッターで。ネタ順の抽選って五十音順やから、僕ら、いつも残りものなんです。2年目もトップバッターで、諦めてたから前日の単独でやった新ネタをやりました。3年目はスケジュールが合わず、出られなくて。

昴生 単独の北海道公演と重なったんです。

亜生 もう獲られへんのかなと思ってたら、今年もう1回チャンスが回ってきて。トリやとわかった瞬間、獲れたって思いました。

亜生 礼二さん（中川家）に「おめでとう」って言ってもらえて、嬉しかったなぁ。中川家さんと一緒に獲れたんも嬉しかったですね（注：中川家はこの年、『上方漫才大賞』大賞を受賞）。

昴生 まぁ、賞レースにはあんまり固執したくないんですけどね。

亜生 でも、NGKで『上方漫才大賞新人賞』受賞と『NHK上方漫才コンテスト』優勝って出るのは嬉しいやろ？

昴生 それは嬉しい。両方、上方ってついてるしね。

――上京して、生活面でなにかしらの変化はありましたか？

昴生 新幹線移動が格段に減りました。大阪におったときは毎日、新幹線に乗ってて……もしマイルがあったら、めちゃくちゃ貯まってましたよ。

亜生 マジで地球4周くらいできそう。

昴生 往復の5時間が減った分、奥さんと過ごす時間が増えて。時間にも余裕ができて、いろんなことができるのはめっちゃありがたいです。

亜生 僕はその5時間で、スピードワゴンの小沢さん、霜降り明星のせいやさん、アイロンヘッドの辻井さんとご飯を食べてます。

昴生 大阪におったときと変わらんやろ、それは（笑）。

亜生 辻井さんとせいやさんは大阪からの付き合いやけど、小沢さんは東京のお兄さんやから。前からライブ終わりによく誘ってもらってたんですけど、「今日は日帰りなんです」とか「今、大阪なんで」ってお断りすることが多かったので、今は一緒に行けて嬉しいですね。

昴生 （笑福亭）鶴瓶師匠からも何度か誘ってもらってたんです。この前、ようやくご一緒させてもらえました。

亜生 嬉しかったなぁ。僕はね、車を買ったので夜、よくドライブをしてるんです。すごく楽しいですよ。東京タワーの前を通ったり、湾岸線を通ったりして。

昂生　カーナビついてんの？

亜生　ついてるけど、自宅付近の電波が弱いから受信しないのよ。

昂生　（笑）。お前、東京に来て今までで成功してることあるん？　うまいこといかんなぁ。

亜生　家から出るまではスマホで調べて、受信するようになったらあらかじめ設定しといたカーナビを動かすようにしてるわ。あと、電車で劇場から家に帰ったりもしてる。

――そういえば、近所にたこ焼き屋がないと嘆いてましたね。

亜生　Ｔｗｉｔｔｅｒに〝近所にたこ焼き屋がない〟ってつぶやいたら、辻井さんから「アホなこと抜かすな！　あるに決まってるやろ」ってＬＩＮＥが来て。次の日に連絡したら、家の近くにあるたこ焼き屋さんに連れていってくれたんです。

昂生　僕は早めに仕事が終わったら、嫁と近所の新しいところへご飯を食べに行ってますね。

――いろいろと開拓もしてるんですね。仕事で大阪に帰ることも多いでしょうが、そういうときになにか感じますか？

昂生　僕、大阪で住んでいた家がめっちゃ気に入ってたんです。よしもと漫才劇場とよしもと西梅田劇場の往復でその家の前を通るたびに、いろんなことを思い出してめちゃめちゃさびしなりますね。

亜生　僕は漫才劇場の楽屋がめっちゃ好きで。盛山さん（見取り図）とか真べぇさん（ダブルアート）とかお兄ちゃんみたいな人がいっぱいいて、いつも楽しいことをやってる。東京ってそういう感じ、ないんですよね。みんなすぐ帰るんです。

昂生　僕らがヨシモト∞ホールに所属してたら、そう思わんかもしれんけど。

亜生　いや、∞ホールも楽屋には誰もいいひん。この前、18時くらいに仕事終わったから行ってみたら、大阪から来てたさや香とからし蓮根しかおらんかった。嬉しくて、青空（からし蓮根）と新山（さや香）とご飯に行きました。大阪の漫才劇場やったら深夜2時くらいまで誰かがおるから、今は大阪で仕事があるととりあえず漫才劇場へ行って、みんなと会います。事務所も好きやから顔を出して、お世話になってる人らと喋って。

『上方漫才大賞』、中川家さんと一緒に獲れたんが嬉しかった。
（亜生）

で、23時くらいにホテルへ帰るんです。みんなもね、喜んでくれるんですよ。「おぉ、帰ってきたんか。ご飯行こうや」とか「どうしてんの？」とか話しかけてくれるから嬉しいですね。

昂生　……僕は前から一目散で家に帰ってましたけどね。

亜生　僕と違って、お兄ちゃんは、帰るのがほんまに早い！

昂生　仲ええヤツとだけでいいんですよね、そういうのは。終わったらすぐ帰りたいってなる。

亜生　結婚してからそうなったんかな？

昂生　確かにそうやな。前はもうちょっと（芸人仲間と）ご飯に行ってたかもしれへん。

亜生　僕は用がなかったら、ずーっと劇場におった。漫才劇場にね、藤崎マーケットのトキさんっていう番人が住んではるんです。

昂生　劇場メンバーじゃないのに、ずっといるんです（笑）。

亜生　で、夜中1時くらいに「亜生、メシ食いに行こうか」って言われて、ラーメンを食べに行って。また劇場に帰ってきて、みんなでジュース飲みながら話すんです。クリスマスイブとクリスマスも、トキさんと一緒に過ごしたことがあります。そんなトキさんがこの前言ってました、「さびしいわ。仲ええ人がどんどん東京に行く」って。

昂生　ほんまやなぁ。大阪から東京へ行くときって、なにかしら（仕事の中で武器となる）手土産を1～2つ持っていかんとあかんと思うんです。とりあえず、なんとかなるやろうっていう感覚では無理。もちろん向き不向きはあるでしょうし、この芸風やったら東京に行ったほうがいいとかもあるんでしょうけど、ただ覚悟だけじゃどうにもならん気がしますね。

――そういう意味で、ミキさんはベストなタイミングで上京したような気がします。

昂生　僕らが行くちょうど1年前、和牛さん、かまいたちさんが東京へ行ったんですけど、そのタイミングじゃなかったなって。さっきも言ったように、当時は上京なんて考えてもなかったですけどね。

亜生　僕は反対派やったし。お兄ちゃんから「東京に行く可能性もあるで」って言われても、まだええんちゃうって返してたんです。けど、（土肥）ポン太さんに「お前ら、歳いったら行きたなっても行かれへんぞ。失敗しても

昴生　ええやんけ。俺は何回か東京へ行ったけど遅かった。めちゃくちゃ悔しかった。自分が今じゃないなって思ってるときがベストかもしれんぞ」って言われて、確かになと思って。

昴生　僕は上沼（恵美子）さんから言われたのが大きいですね。『快傑えみちゃんねる』（関西テレビ）の収録が終わったあと、「1回は東京へ行きなさい」って言われたんです。

亜生　そうそう。やっぱり上沼さんに言ってもらうとね？

昴生　うん。じゃあ、行ってみるかと思いましたね。

――『ミキ漫2019全国ツアー』も折り返しを迎えました。

亜生　そうか！　早いなぁ。

昴生　今年は1日が早い、ほんまに。昨年は全国ツアーが初めてやったんで試行錯誤やったというか。毎回、新ネタをバンバンおろしてたんです。例えば、ネタ6本のうち、新ネタは4本、前からやってたネタが2本という感じでやってたんですけど、今年は比率を逆にして、新ネタ1～2本、前からやってたネタ4～5本でやってます。前のネタはちょっと詰めながらやってるので、今年は落ち着いてやれてます。やっぱり全国ツアーは楽しいですしね。

亜生　楽しい。むっちゃいい！

昴生　全国ツアーを軸にやっていきたいくらい、ほんまに楽しい。人気って一時的なものというか。いろんな番組に出させてもらえるのも、ほんまに今だけ。今は忙しくさせてもらってるけど、きっと4年……2～3年後に（スケジュールは）空いてくるやろうから、そうしたら1年で47都道府県を回りたいなと思ってます。会場は縮小していってもいいし。

――ミキさんって欲深くないですよね。漫才を永久的に続けるとしても、一般的にはこのままテレビに出ていって、MCして……みたいな展望を抱きがちかなと思いますけど。

昴生　そう、欲がない！（芸人仲間と）飲みに行ったとき、MCしてこんな番組やりたいって話してるのを聞いて、ついていかれへんかった。そういう欲がないから。

亜生　お兄ちゃん、ほかの人が「今、MCやってんねんけど」みたいな話してるとき、僕に「なんでMCやりたいんかな。楽しいんかな？」って小声で言う

上沼恵美子さんから「1回は東京へ行きなさい」と言われて。じゃあ、行ってみるかと思った。（昴生）

は

てたもんなぁ(笑)。

昴生　1回、作家にもMCの楽しさを説かれて。「話を振って、向こうが笑い取ったら気持ちよくない？」って言われたけど……それやったら、僕が笑い取りたいなって思うんですよね。欲がないのは昔から悩みで、親しい先輩に「僕ら、向上心なさすぎるんですかね？」って相談したことはあります。けど、今はもう悩む気持ちはない。自分たちのペースでやれるのがいちばんやから。

——そういう中で、新たに芽生えた気持ちはありますか？

昴生　痛烈に感じているのは、お客さんに認知されることの大切さ。スタートラインが違うから比べるのもどうかと思いますけど、劇場で中川家さんの名前が(舞台の大型ビジョンに)出たら、お客さんから〝おぉ！〟っていう声が上がる。(漫才師として)期待度がすごいんです。僕らはありがたいですけど、まだ〝キャー！〟。この差を埋めるために、追いつくためにはテレビに出て知ってもらうことは大事やと思ってます。僕らがちゃんと漫才をしていけば、いつかは〝おぉ！〟っていう声援に変わるやろうしね。

亜生　今後、落ち着いていくとは思います。

昴生　〝キャー！〟って、1回は経験しといたほうがいいとも思うんですよ。ミキのお客さんは若くてマナーが悪いみたいなことを言う人がいますけど、初めて来た人はマナーなんてわからんじゃないですか。初めて生で観られたら、〝うわぁ！〟とか言いたくなる。僕もライブで初めてＴＷＩＣＥ観たとき、うわぁ！ってなったし。

亜生　ＴＷＩＣＥと一緒にすんのはどうかと思うけど？

昴生　あははは！　なんやったら、劇場に今まで来たことがない人が足を運んでくれることが嬉しいじゃないですか。もちろん、ずっと観に来てくれてる人もありがたいですけどね。

亜生　僕は正直、〝キャー！〟って言われることに抵抗はありました。お笑いやってるのに、スベったらなんでかわいそうって思われるねん、とか。

昴生　それを笑いにしたらよかったやん。そういうキャラがついてんねんから。

亜生　今思えばそうやけど、当時はめっちゃ嫌やった。

昴生　で、自分のキャラにないことを言い

出すから、(ライブが)終わったあとに「違うよ？ 間違えまくってるで」って注意してましたね。〝キャー！〟なんて言われる経験なんて、若手のうちだけですからね。そのおかげで、今、テレビにも出られてるわけですし。

——〝キャー！〟っていう感覚で観始めたとしても、漫才自体が大好きになってくれたらいいですよね。

昴生　そうそう。漫才自体が好きになってくれるなら、どんな人でも観に来てもらいたいです。

亜生　最近は特に、お客さんが落ち着いてくれつつあるなって感じます。漫才を聞いてくれるようになったのは、めちゃくちゃありがたいです。

昴生　とにかく、今は充実してますよ。漫才でご飯を食べられてますからね。4年前のバイトしてた頃に比べたらなぁ？

亜生　あぁ、あの頃はヤバかった。給料日までに金ないぞ、とかありましたからね。

昴生　コンビニのATMでお金をおろそうとするんですけど、ピピーって鳴って。もしかして残高ないん？って、銀行まで記帳しに行くっていうのを嫁と何回やったか。借金を一度もせんかったんはラッキーでしたけどね。耐え忍びました。

亜生　っていうても、ぎりぎりですよ？ あと1ヵ月、なんにもなかったら借金してたかもしれん。

昴生　ほんまに地獄でした。僕、立体駐車場の管理人のバイトしてたんですけど、その前を通るたびに、ゾワーっとします。夜中にやってたときと早朝にやってたときがあって、なんでその時間やったかというと急に仕事が入ったり、(先輩に)呼び出されたりせぇへんかったから。特に早朝はしんどかったなぁ。

亜生　僕は漫画喫茶のバイトを深夜にしてて。終わって、駐車場の前通ったらお兄ちゃんが入れ違いでいました。で、夕方にネタ合わせして、お兄ちゃんは早朝バイトのために寝て、僕はバイトに行くっていう生活でしたね。

昴生　あの頃は、この状況を早く抜け出したいっていう気持ちがむちゃくちゃ強かったです。

亜生　強かった。そうや。この前、久しぶりに外でネタ合わせしたんですよ。

昴生　あぁ、した！ 麹町のビルの間。コンビニの前の道で。

亜生　あれ、なんかよかった。

昴生　昔のことを思い出した。2人でジュース買って、ガードレールにもたれかかりながら。

亜生　歩いてる人がめちゃくちゃこっちを見てくるから、漫才してるって思われへんように喋って。

昴生　亜生はネタ合わせやってバレるのが嫌なんです。やから、人が近づいてきたら、急にポケットに手を入れたりしてました。

亜生　ハズいじゃないですか(笑)。見られたら続けられへん！

昴生　昔はよく外でネタ合わせしてたなぁ。冬場の大雨の中、ネタ合わせの場所に集合して、ビショビショになりながらね。……懐かしいわ。

亜生　骨まで冷えながらやってたなぁ。100円マックを2人で買って。チキンのヤツとハンバーガーが当時100円で、ケチャップをめっちゃ入れてカサ増しして。で、家に帰って、白ご飯にこしょうかけて食うてた。米だけは実家から送ってもらってたからあって、ファンの人からもらったポテトチップスをくだいてご飯にマヨネーズと一緒にかけて食べてました。

――辛かったでしょうけど、4年で抜け出せたのは早いほうですよね。

亜生　めっちゃ早いと思います。

昴生　ここ、勝負時やなっていうのがわかったんです。今考えると、腐らんかったのがよかったんかもしれん。5upよしもとっていう劇場から漫才劇場に変わったとき、出番がなくなるかもっていう不安があったからか、みんな、気が緩んでるようなところがあったんです。亜生と「ここがチャンスや」って。

亜生　「今やな、頑張ろうぜ」ってなりましたね。

昴生　ネタを作りまくって磨きまくろうって決めて、毎月やってた新ネタライブでできたネタで賞レースを獲れた。あそこはターニングポイントやったと思います。

――2人の意思疎通ができていたことも大きいですよね。どっちかがサボろうと思っていたら、そうはならなかったでしょうから。

昴生　亜生は基本ついてきてくれますから。

亜生　お兄ちゃんに任せてます、ミキを。

昴生　ありがたいですね。けどまぁ、ほんまに亜生は素人やったから。漫才をやったことがないし、ほぼ観たことも

毎月やってた新ネタライブでできたネタで賞を獲れたのがターニングポイントやった。
（昴生）

なかったんで教えるのは苦労しました。ネタ合わせのときは携帯で動画を撮って、それ観ながらここがあかんって伝えて。

亜生 僕はなにが違うかわからんかったんですけど、スべってたところをお兄ちゃんが言う通りにやったらウケて。舞台袖に戻ってビックリするっていう（笑）。それと、お兄ちゃんにこの人とこの人の漫才を観ろって教えてもらいました。

昴生 あと、オーディションを観に行けって言いましたね。

亜生 今もいろんな人のネタを観ちゃいます。正直、あかん人を観ても勉強になるというか。

昴生 あかん人のほうが勉強になりますよ。ルミネやＮＧＫの本公演を観ても、もちろん勉強になります。けど、同じ世代のスべってる人たちを観たほうが勉強になる。なんでスべってるのか、とかわかるから。

亜生 そう。お兄ちゃんには会話になってるかなってないか、よう聞いとけって言われてました。

昴生 漫才をやってへん人には「細かいなぁ。そこまでこだわるん？」って言われますけど、〝てにをは〟の〝は〟があるかどうかで、僕らの笑いはほんまに変わってくるんです。こんなことを言いつつ、ネタ合わせって、実は大っ嫌いなんですけどね（笑）。1年目から亜生と歩み寄ってやってきたし、今はこれだけ舞台に出させてもらえてるのでネタ合わせはいらないというか、する必要がないと思ってます。今はたくさん出番をもらえてるので、舞台で合わせながら突き詰められる。お客さんがいいひんところで練習するより、そのやり方が僕らにとってベストやなと思ってます。

——7月20日は、大阪で11ステージありますね。

昴生 11ステやったら、合間に飯食えるかな。今年のお盆はすごいスケジュールなんですよ。12日に7ステ、次の日が4～5ステあって、その次の日が9ステ。で、次が幕張で3ステのあと、『ＥＮＧＥＩグランドスラム』（フジテレビ）の収録。

亜生 それでフィニッシュ？

昴生 いや、翌日に沼津で3ステと営業1ステ。お盆は漫才しまくりです！

亜生 体調だけは崩しませんように！

始発の新幹線で品川駅から新大阪駅に到着

2019.07.20

一日11ステージの日（大阪）

まだ寝足りない亜生

昴生は劇場へ向かう道中、この日、披露するネタの順番を考えていた

なんばグランド花月（NGK）→よしもと西梅田劇場（西梅田）→NGK→西梅田→よしもと漫才劇場（マンゲキ）→西梅田→NGK→マンゲキ →西梅田→NGK→マンゲキ
という順番で出演

NGKでの出番が終わるとすぐ、西梅田へタクシー移動

ミキ

出番の合間に昼食
ダイエット中の亜生はコンビニで、昴生はお気に入りのラーメン屋へ

NGKから再び西梅田へ

移動中も仲のいい2人。ちなみに、ネタ合わせをすることは一度もなかった

観客の大きな笑い声を背に「NGK最高!」とガッツポーズする亜生

マンゲキでの出番にて11ステージすべてが終了
亜生は藤崎マーケット・トキとしばし談笑

全ステージ終了後、すぐに着替えて東京へ。昂生はタクシー内でサッカー観戦中

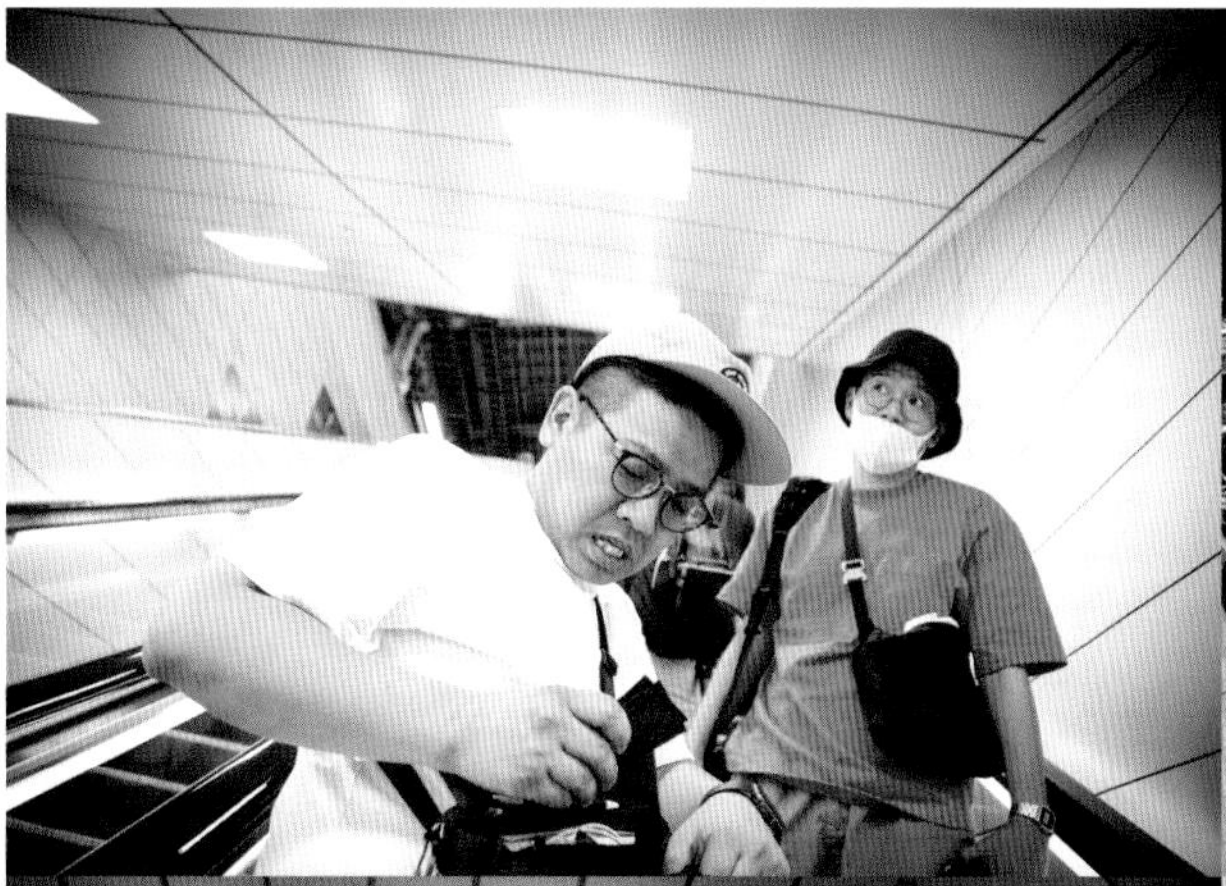

22時近くに東京へ到着。さすがに疲れたのか、昂生は大あくび
亜生は元気いっぱいで帰路についた

午前中、マネージャーとともに、タクシーで会場入り

2019.09.29

ミキ漫2019 ファイナル

MIKIMAN 2019 JAPAN

FUKUOKA TOYAMA SHIMANE NAGANO OSAKA
N TOUR: AS

MAN 2019 JAPAN TOUR: ASEI MIKI
MIKIMAN 2019 JAPAN TOUR: KOSEI MIKI

ハッピー
ミキパーク

「ここでやってみたかった」という目標の会場だった新歌舞伎座
到着早々、入念に会場をチェック

リハーサルも入念に
会場の外にはグッズを求める人たちで長蛇の列ができていた

エレベーター

兄
MIKIMAN

1453人収容キャパの大きな会場とあって、開演前に強張った表情を見せていた2人。だが、カメラを見つけると笑顔で応えた

JAPAN TOUR: KOSEI MIKI

弟

MIKIMAN

満員の客席を見た瞬間、「うわぁ、嬉しっ!」(亜生)「顔がいっぱい!」(昴生)と笑顔で反応

さみしい
来年もやる!!
ミキ 亜生
ほんまに亜生と
同じやった!
毎年できますように。
ミキ 昴生

ツアーを終えた感想を尋ねると、「さみしい」（亜生）
「亜生と一緒でさみしい」（昴生）との返答が

ミキバーグ

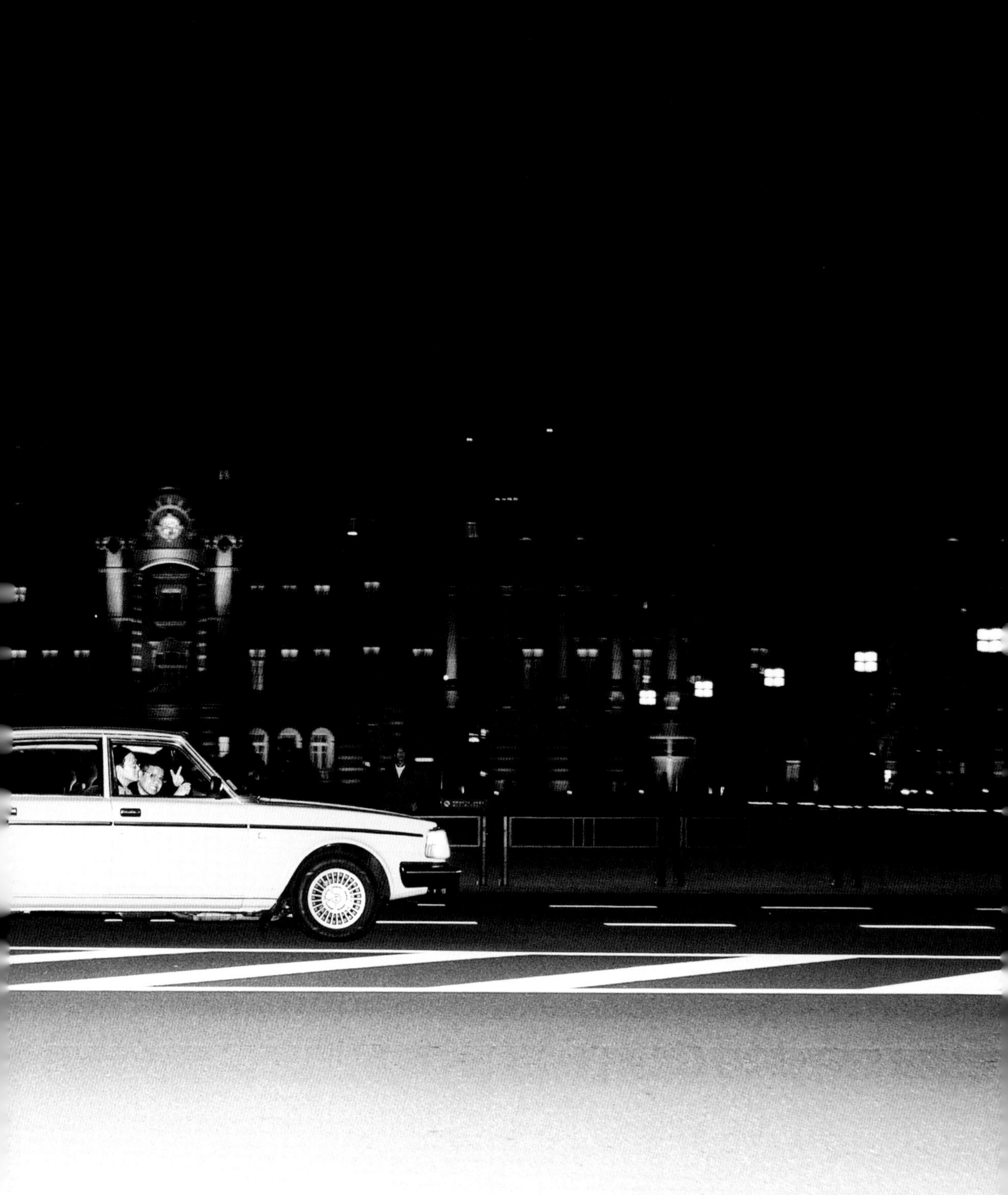

2019.12.03

東京ドライブ

亜生の車でドライブ。滑らかな運転テクニックは介護の仕事で身につけたそう

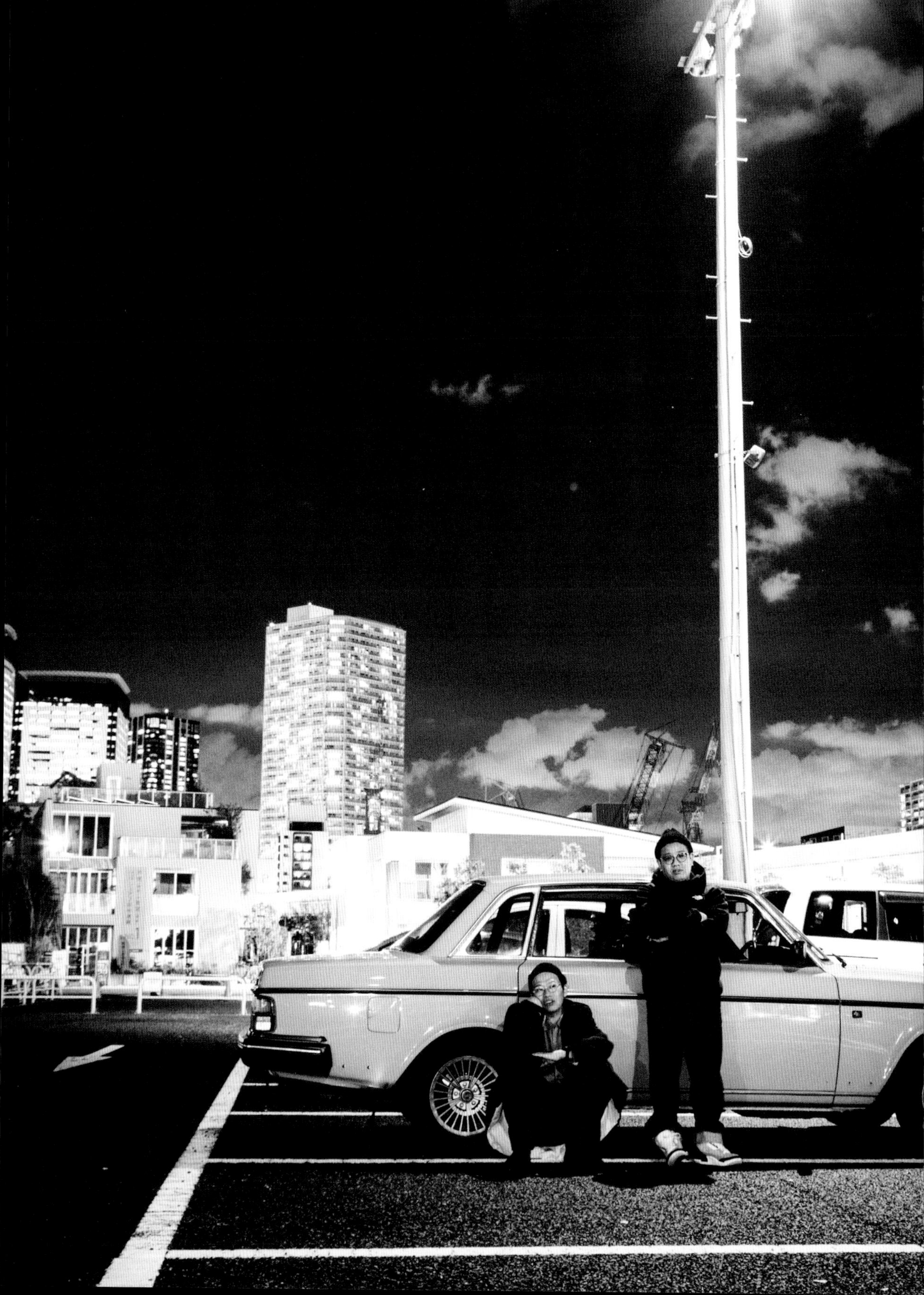
よみうりホール前を通りかかった瞬間、亜生は『M-1グランプリ2016』での悔しい思い出を語り出した

THE NORTH FACE

ベイブリッジを見ると、「東京で仕事してるんやなぁ」と感じるという2人

5

2020.01.21

Interview

**2人のたっての希望で昨年末の悔しさを、
新年早々に語るところからスタートした2020年。
準決勝で敗退した『M-1グランプリ2020』、
準決勝敗退から敗者復活戦までの期間にさまざまな葛藤を抱えながらも、
新しいスタイルを見出すことを選択したという。
昨年末には新たなライブ『ミキ寄席』も立ち上げるなど、
2020年はさらに自分たちの漫才を突き詰める決意を固めていた。**

――新年明けましたが、まず昨年の『M-1グランプリ』について振り返っていただいてもいいですか。

亜生　結構悔しかったよな？

昴生　めちゃくちゃ悔しかったですね。あんなに悔しいのは、久しぶりやった。準決勝が終わった直後は、かなりやさぐれていて。『M-1』は、いつも南さんっていうABCの方が密着についてくれてるんです。その日ばかりは振り切って逃げようと思いましたけど、追いかけてきて「敗者復活戦への意気込みを聞きたいんですけど」って言われて。「いや、無理やって。どうせ和牛さんや。わかってんねん」とか使えへんコメントばっかり、ずーっと言うてました。こいつは、南さんが僕についてきた隙に帰ったんですよ。

亜生　そのあと、南さんから「今から飲みに行きませんか」って連絡が来たけど断りました。断ったん、初めてでした。

昴生　亜生の恩人やのになぁ、南さん。3年前の『M-1』準決勝で、ネタを飛ばして死にそうなくらい落ち込んでたとき、朝までずっと一緒におってくれた人なんです。そんな人に悪態をついて……あとで謝りましたけどね。

――そんな中で放った「今日はあかんかったけど、毎日（の漫才で）は負けてない」が、『M-1グランプリ2019 敗者復活戦』の放送で使われたということですね。

亜生　負け犬の遠吠えというかね。お兄ちゃん、あれを観たみんなに「なに言うてんねん」って言われてました。

昴生　（笑）。でも、ああいう気持ちはほんまにあるんですよ。賞レースって、1日のものじゃな

亜生　いですか。今日あかんかったとしても、明日やったら違うかもしれへん。そう思いながら毎日、漫才やってるから普段は一喜一憂しないんですけど、今回ばかりは凹んでしまって……絶対行けると思ってたので。

僕はネタのしょっぱなで、〝あぁ、弱いな〟って。ほかの人の反応を見てたこともあったんで、あかんあかんあかん……あかん！って。そう思いながら4分経ってしまったので、無理やなと思ってました。

昂生　やり始めて無理やなと、僕も思った。あのネタで、あの日がいちばんウケへんかったなぁ。……悔しいですね。

亜生　お兄ちゃんが上向いて「なんであかんねやろ」って言ったとき、こんなに食らってるの、久しぶりに見たなって思いました。

昂生　2018年の『M-1』で敗者復活戦から4位になって。次こそ優勝有力候補と言われていたんで、2019年は2人ともプレッシャーが強かった。2018年はむっちゃケンカしたし、決勝に行けたときは安堵の涙が出たんですけど、2015年以来の悔しさやったというか。確か準々決勝でダメやったんですよね。で、亜生と翌日の営業でめっちゃケンカして。同じ楽屋やったかつみ♥さゆりさんに気を遣わせしまうっていう。

亜生　さゆりさん、ピアノ弾いてはりました（笑）。僕はマイナス思考なので、毎年、決勝は無理やなっていう気持ちなんです。やから、今回もそういうこともあるかくらいに思ってたんですけどね。準決勝で思ったのは、求められてるものが違うというか。決勝に行った人って絶対に決勝行くぞって思ってるから、ネタにも熱がこもりまくってる。そのネタがお客さんと合致すると爆発的な笑いが生まれるんですけど、僕らはちょっとずれてたんやなぁって思いました。

昂生　気持ちの面で負けてた……うん、そうですね。『M-1』がすべてじゃないって常に思ってますけど、洒落にならん悔しさでした。準決勝から敗者復活戦までの期間、いろんなことを考えたと思います。辛かったですし、しんどかったですね。

――敗者復活戦で、その気持ちはどう変化したんですか？

昂生　出てよかったなと思いました。諦めんともう1回、やってみようと思いましたし、昨年と同じく、いちばんウケるネタをやろうと思って全国ツアーでいちばんウケた漫才をやったんです。僕ら的には不本意というか、ウケるけどそんなに好きなネタではないというか……。あのネタは、2人でほんまに兄弟ゲンカをしているようなシンプルな漫才なんで。僕は正直、もっと言葉で笑わせたいっていう気持ちもありましたけど、敗者復活戦当日まで迷いに迷いながら、いろんな劇場であの

『M-1』準決勝敗退、あんなに悔しかったんは久しぶりやった。
（昂生）

新型コロナウィルス拡大の影響で残念ながら中止となった『ミキ漫全国ツアー2020』のポスター撮影時の1ショット

ネタを試したんです。決勝が決まってた人もそうやと思うけど、賞レースのネタって劇場で試してもどんどんウケへんようになっていくんです。でも、あのネタだけは何回やってもウケてたんで、敗者復活戦でもウケる自信はありました。舞台を下りて、携帯を見たらＴｗｉｔｔｅｒとかインスタに〝面白かったです〟っていうリプがいっぱい来ていて。その反応が、僕らが敗者復活戦から決勝へ行ったときと同じやったんです。視聴者の方にも面白さが伝わったんやなと思いましたし、芸人さんとかスタッフさんにも「めっちゃよかった。ミキはあれやな」って言われて。

亜生　（周りからは）「題材はなんでもいい、シンプルに兄弟ゲンカが観たい」って言われました。今までが考えすぎてた。

昴生　ほんまは、昨年で『Ｍ-１』に出るのは終わりにしようと思ってたんです。でも、優勝するまで出続けようって２人で決めました。そう決めて、僕らの武器ってなんやろうって考えたら、兄弟ゲンカなんかなって。

亜生　僕は元々、敗者復活戦から決勝に行けたネタが好きで。あのネタって、僕らが笑ってるのを観てお客さんも笑ってくれるっていうアドバンテージもあるんですよ。あのとき、（自分たちの武器は）これちゃうかとはなったんですけど、こればっかりやってると飽きられるんちゃうかっていうのもあって。

昴生　僕ら、いろんなネタをしてますからね。それはそれでいいとも思うんです、僕らは『Ｍ-１』に向けて、ネタを作ってるわけじゃないんで。ただ、『Ｍ-１』で優勝するとなったら、なにかを決めてやらんとなって思うんですよ。昨年はちょっとだけ『Ｍ-１』のことを考えながら漫才やってましたけど、足りひんかった。そもそも考え方が間違ってました。

亜生　オズワルドとか観てたら、足りひんかったなって思いましたね。あいつら、命懸けてましたから。

昴生　『Ｍ-１』ってそういうもんですよね。そういうやり方を否定するわけじゃないけど、僕は漫才をやり続けるなら楽しく取り組んだほうがいいと思っていて。けど、１回、盛山さんに言われたんですよ。「『Ｍ-１』に合わせることはしない。頭の中でネタを作るとき、ＮＧＫの舞台を想像してウケるかどうか考えてる」って言うたら、「こんだけ長い漫才人生の中で１年くらい、『Ｍ-１』のことを考えてもええんちゃうか」って。確かにそうやなぁと思いました。

——それ、いつ言われたんですか？

昴生　昨年の『Ｍ-１』中かなぁ。すべてを懸けるわけじゃないけど、意識を少し強くしてネタを仕上げてもいいかなと思いました。

亜生　芸人さんにあのネタがどうとかあんまり言われないですけど、今回の敗者復活戦はい

昴生　ろんな人から、絶対にこのかたちがいいって言われました。とろサーモンの久保田さんなんて普段、そんなこと言いひんのに……（言われて）ビックリしましたね。

亜生　やすともさん（海原やすよ ともこ）にも言われました。『M-1』でミルクボーイさんみたいな人らに来られたら僕らに勝ち目はないけど、お客さんが思ってるミキをさらにスケールアップしたネタができれば、勝ち目があるんちゃうかなと思いましたね。

昴生　スピードワゴンの小沢さんが言ってました。（声真似をしながら）「ミキの漫才はジャズなんだよ。俺らはまだジャズできてないけど、ミキはジャズしてんだ」って。

亜生　（笑）。まぁ、昨年の敗者復活戦は、むちゃくちゃいい機会になりました。で、終わった次の日くらいにあったルミネの出番から、ネタを作り出して……10分、15分くらいのものですけど、今、舞台ではそのネタがいちばんウケてます。

昴生　こんなんどうかなって、2人で笑い合って作って。舞台でも、お兄ちゃんが変なことをやってるのを見てるのが面白いし。

亜生　自分たちがやりたいかたちがあって、取り掛かるのは10年後と想定してた。けど、今からチャレンジしてもええやんって思えたのも大きかったですね。面白いより楽しいって観てもらえるような漫才。なにしてたかわからんけど面白かった、っていうのが、いちばんいいじゃないですか。僕はまみちゃんから、そういうよさを教えてもらいました。

亜生　あははは！　まみちゃん、難しいのは無理やもんなぁ。昨年の敗者復活戦でやったネタも、お兄ちゃんと2人で車に乗ってるとき、まみちゃんが「ええんちゃうって思ってるけど」って言い出したんですよ。

昴生　僕、まみちゃんは反対すると思ってたから、どのネタにするか言わんかったんです。そうしたら、いきなり「敗者復活戦のネタ、なににするん？」って。「悩んでる」って言うたら、「私はあのネタがいいな」って言うてきたんです。まみちゃんはいつも正しいんですよね。初めて『M-1』決勝へ行ったネタも、絶対にこれやって言うてましたし。

亜生　まみちゃんと鶴瓶さんが言うてくれたなぁ。

――やりたい方向は、かたちにできそうですか？

昴生　全国ツアーを回ってみんとわからんかなぁ。なんとなくのネタの種はありますけど、どうなるのか。4分って短いですしね。けど、誰が観ても面白いな、楽しいなって思えてお腹を抱えて笑ってもらえるネタができたらいいですね。

亜生　爆笑を超えて、ヒィヒィ言うてるお客さんが出てくれたらね？

昴生　そうそう。いちばんいいのは、僕らがはけて次の出番の人の出囃子が流れてるのにザワザワしてる。ああいうとき、いちばん手応えがあるのでそういうネタが作れたらいいなと思っています。

――そうなれたら、お2人ももっと漫才が楽しくなりそうですね。昴生さん、毎年出演舞台数を数えてますけど、昨年はどうだったんですか。

昴生　726ステかな。ここ4年くらい、700ステ台なのでありがたいです。

亜生　けど、もうちょっとやってるかなって思ってた。

昴生　東京に来たタイミングで、ビュッと減ったからね。そう思うたら、東京に来てまだ1年も経ってないんや。結構経ってるような気がします。

――昨年末には『ミキ寄席』という新たなライブもスタートしました。

昴生　『ミキ寄席』も『M-1』対策じゃないですけど、そこに向けてのものというか。僕らのお客さんだけじゃなくて、ほかの芸人さんのお客さんの前で……アイロンヘッド好きの3人のお客さんの前でね？

亜生　ふふふ！　もっとおるわ。

昴生　（笑）。それこそね、アイロンヘッドもめっちゃ売れてほしい。あんなに全部揃ってて才能あるのになぁって。東京でやる『ミキ寄席』にはアイロンヘッドとバンビーノは毎回、出てもらおうと思ってます。

――あと昴生さん、ドラマ『恋はつづくよどこまでも』（TBS）の現場はどうですか？

昴生　ドラマねぇ、楽しいですよ。新たな経験というか。

亜生　心なしか、ツッコミがシャープになったかもしれない。スタイリッシュになったかもね。

昴生　いやいや（笑）。前から言うてるように、僕らは劇場出番を最優先させてもらってるので、今回も劇場出番とかぶらなければということでお引き受けしたんです。けど、昨日も丸1日ですよ？　朝から夜中までずーーっと、ほぼほぼ同じシーンを何回も撮影していて……すごいわ、役者さんってほんまに。同じセリフ、何回言うたんやろって思いながらも、迷惑をかけられへんからしっかりやってます。芝居とかしたことないですけど、ナチュラルにやることは今、心がけてますね。

亜生　俳優か！　なんやねん、ナチュラルって。

昴生　だって俳優やねんもん（笑）。いい経験になってますよ。

――ドラマを観て、漫才を観てみたいなと思ってくださる視聴者も中にはいるでしょうしね。

昴生　ほんまにそう。ミキを知らんくてドラマで僕を観て、この人誰？って調べてくれたら。漫才やってんねやって知ってもらえて、劇場へ観に来てくれたら最高ですよね。地方の方でも、全国ツアーやってるやん！　観に行って

敗者復活戦のネタはいろんな人から絶対にこのかたちがいいって言われました。（亜生）

みようかなって思ってもらえたら最高ですし。

亜生　チケット取れるかなぁ！

昂生　（笑）。チケット取られへんかったら、近くの劇場まで観に来てほしいし、全国でやってる『よしもとお笑いライブ』もあるから。僕、あのライブは基本、出たいなと思ってるんです。

亜生　あれ、楽しいよな。お客さんの反応が（地方ごとに）違っていて。（お客さんが）めっちゃ引っ込み思案やんと思うところもあれば、大盛り上がりのところもあるし。この前は栃木の『よしもとお笑いライブ』に出て、10分漫才して帰ってきました。バスで片道2時間ちょいかけて行ったんで、ケツがちぎれるかと思いましたよ。

昂生　それもいい経験やもんなぁ。

――そういえば、『第五回上方漫才協会大賞』の大賞も受賞されましたね。プロフィールを見直していて、ミキさんは割と印象に残りやすい賞を受賞しているせいか、賞をたくさん獲っている印象があるなと感じてました。

昂生　そう。何個獲った？ってめっちゃ言われるんですけど、実は2〜3個しか獲ってないんですよ。賞は前も言ったように、その日のものですから気にしても仕方がないと思っているんで。それより、NGKで爆笑を取ったとき、舞台袖のスタッフさんにおめでとうって言われたい。そうや、その日、いちばんウケた人におめでとうって言うシステムってどう？

亜生　それ、めっちゃいい！　元気が出るし、次も頑張ろうと思える。

昂生　いいよなぁ？　進行さんとかスタッフさん全員、集まって。今日のおめでとうは誰々さんでしたって。

亜生　めっちゃええけど、2〜3ヵ月でなくなりそうやな。まぁ、ウケてるときがやっぱりいちばん嬉しいですね。

昂生　とにかく今年は大爆笑を起こせるライブができればいいなと。あと、賞レースは……って言うてますけど、今年は『上方漫才大賞』の奨励賞を狙いたい。

亜生　狙いたい！　パパパーンと大賞まで行きたい。

昂生　賞でいうと、最終目標は『上方漫才大賞』の大賞。これは絶対に欲しい。上方漫才師として絶対に誇れるものやから。

亜生　けど、ライバルは多いですよ。まだ銀シャリさんも獲ってないですからねぇ。くぅ！

昂生　そうやなぁ。とにかく、今年は新しいかたちを試して漫才していきます。武器としては、あと3つくらい欲しいなと思ってるので、全国ツアーで見つけていけたらいいですね。

2020.02.27

ミキ寄席

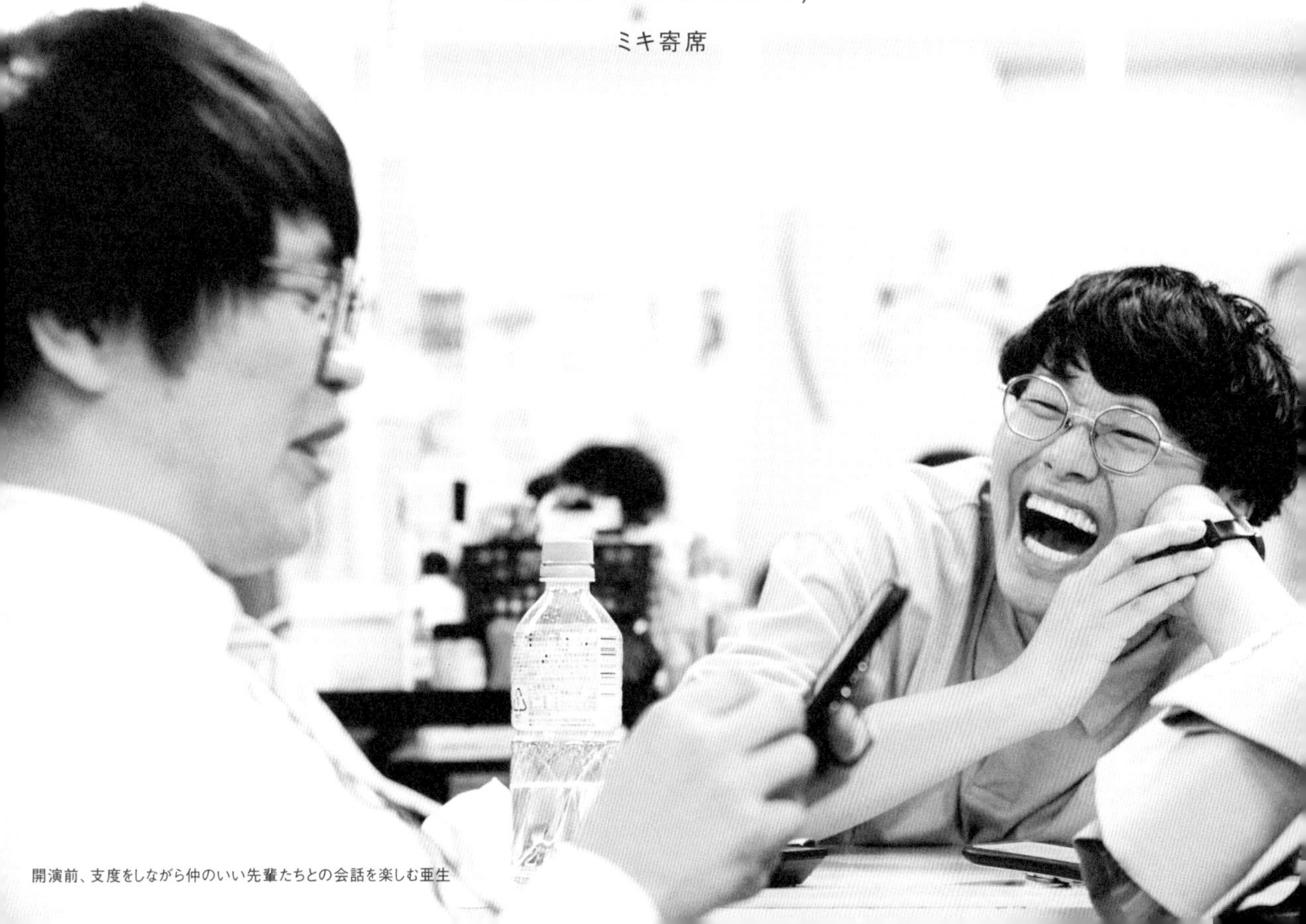

開演前、支度をしながら仲のいい先輩たちとの会話を楽しむ亜生

男

『ミ

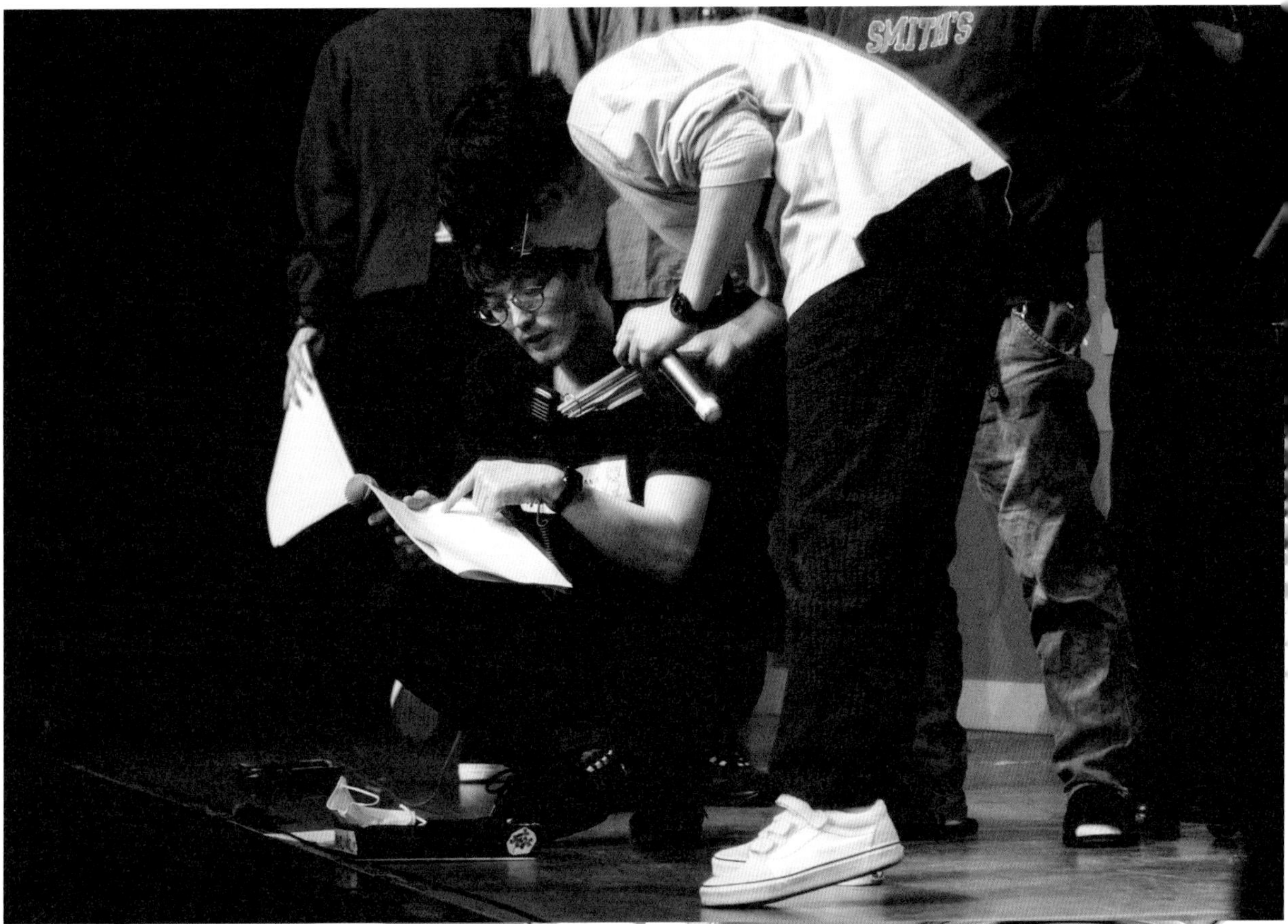
SMITH'S

SONY

Avid ビデオ2: レコーダー
ミキ寄席
vid モニタ

亜生考案のゲームコーナーは大盛り上がり

男性出演者
控室
Back to the Source

Silk

2020.04.07 - 2020.05.11

Instagram Live

世界中に広がった新型コロナウィルスの影響を受けて、3月2日より全国に常設する吉本の各劇場の主催公演・イベントを中止または延期。
6日より無観客でのオンラインライブを再開したものの、
感染者の拡大によって政府より緊急事態宣言が発令され、4月8日からライブ配信の中止を余儀なくされた。
感染拡大防止のために自粛が求められる中、ミキは4月7日から自宅でも観られるインスタ漫才ライブをスタート。
毎日18時から30日間、新作漫才を披露し続けた。
この場で作られた漫才は劇場で楽しんでいただくとして、
この本では毎日、漫才披露前後に2人が繰り広げた33日間のトークを加筆・修正を加えてお届けする。

4月7日

亜生　みなさまぁ〜！ ええっとねぇ…あれ？ ちょっと待って。これか。これで入れるんじゃないかな。
昴生　おぉ！
亜生　顔…プックプクやん！
昴生　え？
亜生　あはははは！ え、ブクブクやで？
昴生　なにが？
亜生　太ったな。太ったか？ 太ったな。
昴生　太ってないよ。
亜生　ほんまか？
昴生　まだ4〜5日やで。
亜生　顔ムクムクになってるなぁ。
昴生　家ずっとおるもん。そりゃ浮腫むよ。（インスタの画面は）この画角なん、ずっと？
亜生　たぶん、そう。
昴生　あぁ、そう。近寄られへんなぁ。置いとかなあかんな、どこかに。俺、（手に）持ってんねんけど。
亜生　俺、立てかけてるから。
昴生　どこに立てかけてんの？
亜生　キャットタワー。
昴生　あぁ、そういうのな。どうやって立てるん？ え、縦にしてる？
亜生　縦にしてる。横にならへんなぁ。
昴生　どうやって横にすんの、これ。
亜生　横にはならんのちゃう？
昴生　（横にして）こうか、なるほど！ うわぁ、ええやん、ええやん。横にしてもらおう、みんなに。
亜生　でも、それやとやりにくいねんて、みんなが。
昴生　なんで？
亜生　よく言う、みんな。横にせんといてくれって。
昴生　なんで？
亜生　縦のほうが見やすいんちゃう、コメントとか。
昴生　コメントはどうでもええやろ。
亜生　えぇ〜〜！
昴生　ちゃうちゃう（笑）。そういうことじゃなくて！
亜生　うわぁ！ むちゃくちゃや！ インスタライブってコメントとか読むねんで。読んで、みんなと会話すんのが醍醐味やねんで。
昴生　そうなん？ わからんから。コメントとか読むんや。
亜生　だって、横向きやとほぼ読まれへんもん。
昴生　まぁ、今日は縦にしとくか。あぁ、（コメント）見られるわ。
亜生　お兄ちゃん、顔腫れてる。腫れてる？鼻でかい。
昴生　元からでかいのよ。
亜生　鼻でかいなぁ、ほんまに！ そんな顔やったぁ？
昴生　お前に聞きたいねんけど。
亜生　なに？
昴生　ついさっき、ようやく『ストレンジャー・シングス』を観終わったんよ。
亜生　おぉ、どうやった？
昴生　お前が言うからめちゃくちゃハードル上がってたけど、そこまでそんな面白いとは…。
亜生　いやぁ…じゃあ、シーズン2観ても意味ないわ。
昴生　シーズン2のほうがめっちゃおもろいん？
亜生　正直、尻すぼみ。
昴生　あぁ…ふーん。いや、俺、途中でちょっと寝かけたもん。
亜生　どこで？
昴生　話ややこしくて、裏の世界が。
亜生　どこで寝かけられる？ あれで。
昴生　裏の世界とかややこしくて、ちょっと。
亜生　ややこしくないよ、裏の世界しかないから、あれ。
昴生　いやぁ、そんなに見つけられへんかね？ 子供のことって思うねんけど。
亜生　ははははは！
昴生　なんですぐ行けへんねやろ、とか。今、探してる人の家、なんでみんないてへんねやろ、とか思うねんけど。聞いてる？ 話。コメント読んでるやろ。
亜生　（上白石）萌音ちゃんが「あーせいこーせい」って。
昴生　え？ 萌音ちゃんおんの？
亜生　萌音ちゃん観てくれてる。萌音ちゃーーーーん！
昴生　萌音ちゃん観てるの？
亜生　誰と喋ってんの？ 誰に今喋りかけてたん？
昴生　ふふふふ！ ごめん、まみちゃん。まみちゃんに「萌音ちゃんいる」って言うてもうた（笑）。へへへ！ え、萌音ちゃん、どこ？ いつやろ？ あぁ、ほんまや。
亜生　え？
昴生　『男はつらいよ』。「あーせいこーせい」言うてるわ、萌音ちゃんが。（亜生の猫・藤が画面に入ってきて）いや、猫ええねん。…元気してたか、お前。
亜生　やることがなさすぎて、気が狂いそうや。
昴生　なにしてんの？
亜生　いやぁ、ほんまに。
昴生　家にずっと？
亜生　あれ観てる、ドラマ。
昴生　なに観たん？（笑）
亜生　『GOOD LUCK!!』（TBS）やろ？
昴生　へへへ！『GOOD LUCK!!』今、観たん？ 木村さんに会ってホヤホヤやで？
亜生　そう。ずっと。かっこいいわぁ。観た？木村さんの手洗いのヤツ。
昴生　あぁ、観た観た。かっこええね。
亜生　木村さんのインスタグラム観てる？
昴生　木村さん、インスタやってんの？
亜生　やってはる、たぶん。僕はあれ観たで。『キングダム』っていう韓国のゾンビドラマ。
昴生　あぁ、あれ、ゾンビなんや。
亜生　そう。もうわからへん。
昴生　Ｎｅｔｆｌｉｘええなぁ。
亜生　いいけど、難しいわ。
昴生　Ｎｅｔｆｌｉｘやで？
亜生　誰かわからへん。
昴生　どういうこと？ 俺、あれ観たっていうか、風呂場でいつもあれを観てる。
亜生　え？
昴生　『男はつらいよ』。
亜生　あぁ、買ったん？
昴生　買ったというか、Ｎｅｔｆｌｉｘで放送されてるから。
亜生　あぁ、俺は最近、筋トレ。もっぱら、なかやまきんに君さんのＹｏｕＴｕｂｅ観て筋トレしてます。
昴生　あぁ、筋トレ。
亜生　音が切れるなぁ。
昴生　ウソやん。俺、全然切れへん。めちゃくちゃスムーズ。
亜生　聞こえへんとこある。
昴生　お前んとこが電波悪いんちゃう？
亜生　ここがいちばんいいんやけどなぁ、家で。
昴生　聞こえる？
亜生　今は聞こえるけど、聞こえへん口パクのときがある。
昴生　ウソやん。今、口パクしてるから聞こえへんのんちゃう？
亜生　今、今。
昴生　今、口パクしてたもん。
亜生　ウソ。（ドアップになった昴生の顔を見て）…顔汚いなぁ！ なんか…！
昴生　いやぁ（笑）、インスタライブをこれからな？ 毎日したいなと思ってるんですよ。
亜生　はい、できれば。
昴生　できれば毎日ね。しかも、このインスタライブで毎日、新作漫才を。
亜生　そうなのよ。
昴生　やろうと思ってます、2人でこの感じで。
亜生　ちょっと音とかちょっとだけラグがあるからうまいこといかへんかもしらん

けど、もしかしたら。今も全然聞こえへん。

昴生　だって、ガチャガチャ言うてるもん、お前。

亜生　猫が登っとるからな。

昴生　俺、ずっと聞こえてへんで、お前の声。

亜生　ウソ。時々、聞き取れへん。

昴生　まぁ、タイムラグがあってちょっと聞こえへんかったり、やりとりが。

亜生　こうやってたら漫才っぽくなるかな？（と、画面を横にする）

昴生　横やったらなるのよ。だから、漫才のときは横にしよう。

亜生　うん。

昴生　ちゃんと衣装も着て。俺、出囃子、用意するから。

亜生　え？　うわっ…（鼻をほじって、鼻くそを投げる昴生を見て）ふふ、めっちゃしょうもない！

昴生　はははは！

亜生　めちゃくちゃしょうもない！　なるほどね、こうやってやれると。（画面上の）立ち位置ちゃうけどな。

昴生　俺は一緒やで。

亜生　俺、逆やわ。

昴生　これでお前のほう見てるで。あぁ、目が合ってる、今。

亜生　いや、俺、こっちじゃないもん、いっつも。こっちやもん。こっち向いてやっていい？（と、左横を向く）

昴生　じゃあ、俺はこっち向いてやっていい？（と、右横を向く）いや、向かんでもええって、カメラ目線で。

亜生　漫才やるんやったら。

昴生　意識せんでいいやん。気持ち悪いって。

亜生　…なんか言えや。

昴生　ごめん、今、全部聞こえへんかった。聞こえてへんし、観ることもできん。ちょっとうるさいなぁ！

亜生　誰に？　え？

昴生　インスタライブやってるのに、（奥さんが）なんで喋りかけてきてんねん。頭おかしいんか。

亜生　へへへ！　聞こえへんねん、声が！

昴生　ほんまに？　なんで聞こえへんねやろ。これやったら聞こえる？

亜生　聞こえる。なんかどっか1回置いてやってみてーや。今日は実験をしようや。ちゃんと置いてできるかどうか。

昴生　1回消していい？　じゃあ、俺。

亜生　1回消したらあかんやん。2人でインスタやってんねんから。あぁ、あれやわ。声が重なると消えるのかな？

昴生　えぇ、そうなん？

亜生　あーーーー！

昴生　あーーーーー！

亜生　消えるわ。

昴生　じゃあ、うまいこと重ならんようにしたらええんや。

亜生　そういうことちゃう？　こっちの音が入ってるときは、そっちの音が聞こえるわ。

昴生　喋ってみて。

亜生　あーーーー！　どうも、ミキでーす、お願いしまーす！

昴生　お願いします。

亜生　消える。

昴生　聞こえてるけど。

亜生　自分の声は聞こえてる？　喋って。

昴生　おかしいんか、俺そうしたら。あーーーーー！

亜生　どうもミキでーす、お願いしまーす。あぁ、聞こえへん。

昴生　俺、聞こえてんで。俺のヤツだけすごいわ。

亜生　聞こえへん。あかんわ。

昴生　まぁまぁ、そういうのんもありつつでやっていって、毎日上げていきたいというか、生で。

亜生　1時間漫才かな？

昴生　まぁ、ほんまに長かったら7～8分のがあるやろうし、短かったら1分とか30秒で終わる可能性もある。

亜生　あははは！　それはあるやろうけど。

昴生　尺はね。たぶん家でずっといて、暇してて、毎日楽しみがない。

亜生　そうやなぁ、みんな。お兄ちゃんの声が時々こもるよな？　ほら！

昴生　え、なんで？

亜生　「マイク、指に当たってませんか？」って。途中で切れたりしてるで。

昴生　なんで？　あれや。これかぶせてんねん。ＩＫＥＡのヤツやねんけど、マイクのとこ抑えてるわ。

亜生　あかんわ、それかぶせたら。

昴生　これあかんわ。これやめるわ。…今は大丈夫でしょ？

亜生　お兄ちゃんの画質が暗いのは、肌質やろ？　それは。

昴生　それは照明の加減。1回消していい？　1回消して、違うとこ行っていい？

亜生　うん、いいよ。（昴生、一度、退出する）さぁ、ということで、毎日、新作の漫才をやるということになりました。これは聞こえるなぁ、ほら！　これは聞こえるんや。やっぱりそうや。2つになると聞こえにくいんや。2つになると、うーーーん、ほんでちょっと待って。呼んでって。あれ？　でけへんようになった。どうやって呼ぶねん。なんや、これ。あぁ、違う。え？（どんどん流れるコメントに慌てて）ちょっとみんな、待ってくれ、コメント。ちょっと待って！　コメントしたら呼ばれへん、お兄ちゃん。…あかん、呼ばれへんわ。どうやって呼ぶねん。ちっくしょう。なんや、これ。そっちからリクエストすんのんちゃうん？　あぁ、違う。…おいっ！　ちょっと待ってくれ、みんな、コメント。意味わからんことになるから！　俺が1回切らんとだめなん？　おばた（のお兄さん、教えてくれて）ありがとう。俺が1回切んのな？　オッケー、ちょっと待って。…参加待ちになってる。押した！　オッケー、オッケー！

昴生　ほら、ここやったらええやろ。これは聞こえる？　なぁ？

亜生　うん。

昴生　今、聞こえてるやろ？

亜生　みんなからしたら、2つになったらちょっと聞こえへんらしいわ。俺が1人で喋ってるときは聞こえるって。2つになるとノイズがちょっと入るって。

昴生　じゃあ、俺が悪いってことじゃないわけね。

亜生　うん、たぶん。2つになるとたぶんあかん。ちょっと悪なるんかもしれん。

昴生　なるほどね。了解。うわぁ、なにに置こう。

亜生　え、これさぁ、座ってでいいよな？

昴生　座ってでいいと思う。

亜生　なぁ？　じゃないと無理やわ、置くとこないもん。

昴生　立ってって無理やもんな。置くとこがないねん。

亜生　たぶん座って、この距離じゃないと声聞こえへん。

昴生　あかんあかん。まぁ、カメラ持ちながらでもよくない？

亜生　あぁ、まぁ。

昴生　まぁ、なんとかするわ。

亜生　イヤホンしたらって言うてるな。

昴生　してみる、イヤホン！　一旦置きますね。

亜生　聞こえる？　どうかな？　あ、イヤホンしたほうが聞こえるわ。聞こえる。

昴生　した？　イヤホンしたほうがいいなぁ。

亜生　したほうが聞こえるなぁ。

昴生　あぁ～～～！　タイムラグある？

亜生　ほぼない。

昴生　こっちのほうがええか。

亜生　イヤホンしたままのほうがええわ。

昴生　イヤホンしたままでしよう。

亜生　うん。ありがとうございます、みなさん。

昴生　あと、猫は絶対に外出しといてな。邪魔なるから。その野良。野良やろ？　そいつ。

亜生　野良ちゃうよ、うちの猫。藤ちゃんです！　昴生くん、こんにちは！　藤ちゃんで～す。

昴生　じゃあ、うちもペット紹介しちゃおうかな。

亜生　え？　藤ちゃんです！

昴生　（ぬいぐるみを持って）チャンドゥで～す。いつも一緒に寝てるんですね、チャンドゥです。

亜生　ふふふふ。

昴生　かわいいチャンドゥです。

亜生　左の子はチャンドゥ？　じゃあ、右の子（昴生）は？

昴生　コンドゥでーす。

亜生　コンドゥ？　近藤やん、それは。近藤やろ？　近藤じゃないで。うわぁ！　耳の裏見せて、コンドゥ！

昴生　耳の裏見せてあげます。ここにニキビできてます。痛いです。痛い～！

亜生　痛そう！

昴生　白髪すっごい生えてる。

亜生　ピアスの穴見せて。

昴生　はい！

亜生　コンドゥのピアスの穴やぁ。すげぇ。

昴生　はぁ～い、そうです。すごいでしょ？

亜生　福耳！

昴生　福耳でぇす。八重歯です。

亜生　うわぁ、八重歯！　うわぁ、すごい！　変なとこから生えてる！　抜いたほうがいいのに！

昴生　口臭の原因です。

亜生　あははは！

昴生　そんなんいいんです！　ね？　極力、毎日6時から。

亜生　夕方6時。

昴生　新作漫才上げていきますんで。みなさんにいてほしいんです、家にずっと。

亜生　家にいてもらうために。

昴生　まぁ、仕事とかわかるねん。でも、緊急事態宣言も出て、ちょっと自粛で5月6日までね。でもね、家におらんともっと長くなるから。

亜生　そうそう。みんながね。

昴生　5月6日に再開させるためにも、みんなには本当に家にいてほしい、正直。僕らも我慢。僕らだって働いてないし、わかるねんけど、気持ちはめちゃくちゃわかるねんけど、生活あるからっていうのは。でも、これをもし引っ張っちゃって各々が生活のためとかで仕事してたら、もっと長引くと思うのよ、俺は。もっとみんなの生活が不安定になると思うから、ここはみんなで一致団結して我慢して。

亜生　これを観てください、家で。

昴生　毎日、僕らもネタ上げるから、漫才を。それを観ていただけたらなと思います。それを楽しみに頑張りましょう。

亜生　あぁ、口の端がケチャっていうた。

昴生　あぁ、そんなんまで入る？

亜生　入った。すごいなぁ、インスタライブ。口の端ケチャ男。…あれはどうするんですか？　アーカイブは残す？　この動画を残すか残さへんかどうするかって(質問で)聞かれてたわ。

昂生 どうしましょうか?

亜生 どうします?

昂生 別に残してもいいですけどね。期間限定でしょ? 一生残るんですか?

亜生 一生残るんちゃう? わからん、俺も。

昂生 じゃあ、残さんかな。その日限定にしようかな。

亜生 まぁ、観られた人ラッキーみたいな。

昂生 家にもいてほしいし、そのためにも残しません。仕事の人とかもわかるんやけど、僕らがなんのためにやるかって言ったら…猫のしっぽ千切るぞ!

(亜生の画面上部から藤のしっぽが垂れる)

亜生 へへへ! ここにあんねん、ちょうど棚が(笑)。ごめんな。そこに乗ってるねん。

昂生 全然いいですけどね。…やっぱね、家で自粛してはるみなさんのためにやるということもありますから。

亜生 夕方6時に携帯前集合ってことで。「6時だョ! iPhone前集合」っていうのはどうですか?

昂生 iPhone前っていうのがわからん。別にずっと携帯しておくものでしょ?

亜生 携帯前集合で。インスタライブ前集合にしよか。

昂生 前っていうのがわからん。

亜生 もういい。じゃあ、なにがいいの?

昂生 インスタライブに集合でいいんちゃう? なんで前とかつけるん? 本家だって前つけてないのに。

亜生 あぁ、そうか。全員集合でいいんか。

昂生 あはは! そやな。「夕方6時だョ! 全員集合」…別にタイトルでもなんでもないし、勝手に言うてるだけでタイトルとかないから。ミキのインスタライブ。

亜生 はい、やります!

昂生 みなさんが楽しく毎日を過ごしていただけるよう。僕たちのことを忘れないでいてもらうために。

亜生 5月6日までって出てましたもんね。

昂生 長いよ。

亜生 長いですよ。

昂生 お前の安否確認もあるから。お互いのやけど。

亜生 嬉しい。肌がきれいになった。

昂生 あははは!

亜生 加湿もしてな? やっぱ化粧もせぇへんようになったら、肌がきれいになったわ。

昂生 うん、そやなぁ。

亜生 そやな?

昂生 なに?

亜生 あはははは! すごい人が観てくれてるよって。いろんな人が何人も。おばたは1回消したほうがいいですよって教えてくれて、そこからいいひんわ。

昂生 はははは! あぁ、萌音、まだいるのか。ありがとう。

亜生 萌音ちゃん観てくれてるの?

昂生 「まだいまっせ」って。

亜生 萌音ちゃん、昨日あれ出てたなぁ。旅行のヤツ。

昂生 俺らが出られへんかったヤツ。

亜生 萌音ちゃんが出てた。

昂生 観た観た。萌音ちゃんと俺、ほぼ毎日くらいLINEしてるから(笑)。意味ないことばっかり。

亜生 ははは! いいなぁ。

昂生 お互い、テレビで見つけたら送り合ってるねん。おるな、って。ちゃん萌音は最近、歌でもめっちゃ出てるから。

亜生 そうや! YouTubeでも観るわ。

昂生 また『恋つづ』(『恋はつづくよどこまでも』TBS)の総集編もあるからね。観ていただければ、という感じで。

亜生 大体、30分くらいかな? 毎回。

昂生 そんなにやらんかも? そんなやらんと思う。

亜生 ほんまに漫才やって、喋って終わるくらい。

昂生 ちょっと喋って終わるくらい。

亜生 10分…15分くらい。

昂生 15分ないかもしらんけど。毎日やからね。でもまぁ、みなさんの楽しみにしてもらえたらと思います。

亜生 自宅待機の5月6日くらいまでは。

昂生 そうですね。僕らも楽しみを提供できたらと思いますし。

亜生 イヤホンしたら、ちゃんと聞こえるようになったなぁ。

昂生 観てる人は聞こえてるのかな? 聞こえてます?「漫才観たい」とかね、漫才観たいよね? 俺も漫才やりたい。

亜生 漫才やりたいよねぇ! なぁ、おかんのあれだけ教えてよ。クイズの答えだけ。俺、ちょっとわからへん。

昂生 腹立つなぁ。朝起きたら…。

亜生 クイズだけ送られてきて。あれ、答えなんやったんやろ。

昂生 禍々しいっていう漢字を、これなんて読むでしょうって。なんやねん。

亜生 でも、違ったんやろ? 答え。

昂生 いや、〝まがまがしい〟よ。

亜生 あぁ、それだけやなんや。なんやねん、朝からって。

昂生 そういうことです。みなさんのコメントも観てます、だいぶ。「家でなにしてますか?」ってもっぱらNetflix、お互い。

亜生 僕はAmazon プライムとDisney DELUXEとFODも入った。快適は快適よ。

昂生 あとは太らんことよ、ほんまに。適度な運動と。

亜生 してます。してよ、みなさんも。僕はヨガマット買いましたよ。

昂生 俺も湯船に浸かりながら、めっちゃスクワットやってるから。どうにかしてなまらんように。

亜生 あははは! ちょっと2日ぶりかな? 3日ぶりくらいか。

昂生 5日ぶりくらいよ。

亜生 ちょっと顔が浮腫んでたから、ビックリした。それはよく寝たからか?

昂生 よく寝てもないけどなぁ、別に。でも、規則正しい。朝9時くらいに起きて。

亜生 みなさんも自宅待機でも、規則正しい生活を。

昂生 していただいて。僕らのこれだけは…。今日はその告知ですから。毎日、夕方6時から新作漫才をここでやりますので、ぜひ観ていただけたらなと思います。

亜生 お願いします。

昂生 もしかしたら1分かもしれんし、30分かもしれない。でき次第です。ぜひ、みなさん、毎日観ていただけたらなと。鼻くそ、バァーン!

亜生 うわぁ! ほんまに(鼻から鼻くそを)取ってみて、今。インスタライブやからいけると思う。

昂生 こっちなかった。さっき取ったから。(と、反対の鼻の穴をほじり出して)あぁ、あったわ。ヤバい。

亜生 出た? うわぁ! 出たで。こんな感じです。

昂生 というわけで、明日も6時から配信します。漫才。

亜生 朝じゃないですよ。18時です。

昂生 18時って言いながら、手で6やるのやめて。ややこしいですから。

亜生 言っとかんと、みんな早起きしてしまう。まぁ、それでもいいんですけどね。

昂生 夕方6時からやります。みなさん、また明日観てください。1万4000人の方が観てくれて嬉しいです。明日を楽しみに待っててください。それでは、さよなら。

亜生 さよなら~!

昂生 しっかりご飯食べて、寝てくださいさよなら!

亜生 お兄ちゃんもさよなら~!

4月8日

亜生 漫才ライブのお時間でございまーす! 気持ちいいです、スーツ! 久しぶりに! 嬉しいでーす! 着られましたぁ。えぇっと…今日からなんと毎日、自宅待機が明けるまで、18時から漫才をやらせていただきたいと思いまーーーす。ちょっと…いいなぁ、スーツ。やっぱりにやけちゃう。ちょっと待ってくださいね。

昂生 ども!

亜生 どうも~!

昂生 これ横にすんねんな?

亜生 まぁ、最初はこれでええか。漫才始まってから。

昂生 そうか、そうか。

亜生 いやぁ、初めての試みで。

昂生 そうね。うん。あ、1万人になった!

亜生 へぇ~! なんかやっぱり久しぶりの漫才はちょっと、あれやなぁ。ドキドキする!

昂生 あ、ハッピーハンバーグさんが観てくれてますね。ありがとうございます。

亜生 いぇ~い! いつもすみません! ハッピーミキバーグが好評に好評。あれやろ? ハッピーミキバーグなぁ? 兄ちゃん。『恋つづ』メンバーにも大好評やんな?

昂生 あぁ、そうそう。みんな、欲しい欲しい言うて。今度配ろうかなって、ハッピーミキバーグ。『恋つづ』メンバーにも着てもらおうと思って。

亜生 そうですよ! あのナースステーションのみんなが着てくれるということで。

昂生 ね? 嬉しいことです。

亜生 嬉しい~!

昂生 もう1万人以上観てます。

亜生 観てますねぇ。佐藤健さんのYouTube配信と一緒やん、もうこんなん。

昂生 全然違います。佐藤健さんはだって何百万人でしょ?

亜生 スタートで110万人観てた。スタートで。110万人やで?

昂生 (笑)。

亜生 すごいよなぁ。

昂生 そりゃ違いますよ。

亜生 サングラスとかもええもんな。

昂生 あれな? 薄いサングラス。

亜生 薄いサングラスなぁ。俺もかけよかな?

昂生 あれ、かけたことある、俺。

亜生 マジ?

昂生 触ったことある。

亜生 ええヤツやろ?

昂生 たぶんええヤツ。

亜生 えぇ~、すげぇなぁ。

昂生 というわけで、早速やっていきましょうか。

亜生 やりましょうか。

昂生 (スマホを)横にして、じゃあ。横にして。

亜生　こうやったら、こうか。こうか？（昴生とは真逆に置いて逆さになる）
昴生　逆でしょ。逆ですよ！　逆ですよ！
亜生　え？
昴生　逆なってますよ。
亜生　逆なってる？　あぁ。
昴生　うん、逆さなってます。そんなボケいりません。
亜生　こうか（と、上に自分がいるような置き方を）。
昴生　……しんど。
亜生　（手を昴生のほうへ伸ばしながら）あっ！　上からお兄ちゃんが降ってくるみたい！　はっ、はっ！
昴生　見て、俺の顔。
亜生　めっちゃ笑うてるやん。
昴生　ほんまに怒ってるときの顔。
亜生　うっふふ！　ごめんごめん。ごめん！いいやん、久しぶりにこうやってさぁ。
昴生　久しぶりって昨日やったやん（笑）。
亜生　なんかやるの、楽しいやん。
昴生　やっていきましょう！　1日目！　よろしくお願いします。
亜生　よろしくお願いします！
昴生　どうも、ミキでーす、よろしくお願いします。
亜生　あ、あれは？　出囃子は？　出囃子のとこ。デケデケデケデケ…♪
昴生　声でやるの？　どうも～、ミキで～す。
亜生　お願いしまーす。

[漫才] エレベーターとエスカレーター

昴生　ありがとうございました。うわぁ！
亜生　いかがでしたでしょうか？（笑）
昴生　どうでしたか？　縦にしましょう。
亜生　はいはい。楽しいなぁ！
昴生　反応をちょっと見たいですねぇ。
亜生　楽しい！　楽しい！
昴生　ウケてるのかなぁ？（笑）
亜生　（声のトーンを下げて）いや、わからんねんけど。俺、わからへんねんけど、さっきから俺のこっちの窓がマンションの廊下やねんけど、何回も行き交う人がおんねんけど、声が…モロバレなんかもしれん（笑）。
昴生　どうでしたかね？
亜生　楽しいわ、やっぱり。
昴生　楽しい。
亜生　お客さんがいたら、もっと楽しいんやけどなぁ。
昴生　うん、これをまたお客さんの前でまたできる日が来たらいいですよね。
亜生　そうですよね。
昴生　ちゃんと大丈夫やったんですかね？　聞こえたりはできたんかな？　こういう感じでやっていきたいなと思ってるんですけど。
亜生　ちょっと変やな。無観客ライブみたいな、ほんまに。
昴生　うん。あ、萌音ちゃんが「楽しい」って。
亜生　ウソぉ！　萌音ちゃん、めっちゃ観てくれるやん（笑）。
昴生　萌音ちゃんが面白いじゃなくて、楽しいって（笑）。
亜生　萌音ちゃん、面白いって言うてー！
昴生　面白いがいいねんけどね。どうでしたかね？　聞こえてたか、よかった。
亜生　よかった、よかった。
昴生　こういうのを毎日していきたいと思いますので。
亜生　これ、アーカイブ残すねんな。
昴生　ちょっと残しましょうか。
亜生　はい。24時間は観られるそうなので、みなさん、ぜひ。
昴生　ぜひぜひ観てください。
亜生　じゃあ、明日も。
昴生　また明日もやりますんで、みなさん、それでは。
亜生　ありがとうございました。さよなら～！
昴生　バイバイ～！　さよなら～！
亜生　楽しい自宅を～！
昴生　ばいばーい！

4月9日

亜生　どうも、始まりましたー！　漫才のお時間です。さぁ、2日目でございまーす。そわそわしちゃう。あ、よいしょ、はい！
昴生　みなさん、いかがお過ごしでしょうか？　えー。
亜生　なんかお兄ちゃん、白くなってる。画面1回拭いてみたら？　内側。油かな？
昴生　（画面を拭く）どこのカメラなんやろ？
亜生　これやろ。内側やろ。横についてるやつや。
昴生　横って、こっちちゃうやろな？　こっちやろな。どう？
亜生　そうそう、たぶんそれやわ。白いわ。モヤかかってるみたい。ほら、お兄ちゃん曇ってるって。
昴生　どう？
亜生　曇ってる。
昴生　なんで？
亜生　壊れてんちゃう？　携帯が。
昴生　え、照明？
亜生　曇ってるように見える。モヤかかってるって。そやんなぁ？
昴生　モヤ？　照明の感じなんちゃう？
亜生　そうか？
昴生　照明ちゃう？　お前んとこのほうが照明がしっかりしてるねん。
亜生　さぁ！
昴生　さぁ、2日目。
亜生　2日目です。
昴生　これってさぁ、漫才するとき、コメント消したいねんけど、消すのってどうすんの？
亜生　えぇ？　どうすんねやろ。消されへんのちゃうか？
昴生　消されへんねや。
亜生　うん、たぶん。
昴生　消されへんの？　誰か教えてください、これ。
亜生　コメント消すやり方…消えないですって。画面タップして。
昴生　消せないのか。短くする？
亜生　しかでけへんのか。まぁ、ええか。
昴生　まぁ、ええけどな。横にしたら、俺の額にずっとハートが流れてるみたいでかわいい。
亜生　あ、かわいい。それでなんかできるんちゃうか。
昴生　なんもでけへんやろ。今日なんとこれ、『めざましテレビ』（フジテレビ）さんとかで。
亜生　そうそう。スキップちゃうわ、なんやっけ？
昴生　『スッキリ』（日本テレビ）さん。ちょっとちゃんと観られてへんのやけど、いろんなところで。
亜生　観ました。
昴生　あぁ、観た？
亜生　うん、ありがたい。
昴生　すみません、ありがとうございます。それで増えてる。だって、1万6000人。昨日より増えてる。
亜生　あ、ほんまや！　佐藤健さんやん。
昴生　いや、全然違います。佐藤健さんは100万人ですから。「楽しみ」ってコメントが。
亜生　誰が観てるかはなんかで見られるねんで。
昴生　そりゃ、コメント見てるもん。あ、いらんことしてる！（画面を加工してモノクロにする亜生）おもろないなぁ。やめて、それ、ちょっと。俺はほんまに嫌やわ、それ。
亜生　ならではやろ？　でも。
昴生　風呂入るときに思い出すから。昨日も風呂入ったんですけど、ＩＫＫＯさんからもらった。
亜生　あぁ、あれ？
昴生　うん、使った？
亜生　僕まだ使ってない。冷蔵庫に飾ってる。
昴生　冷蔵庫に飾ってる？　なんで冷蔵庫？（笑）
亜生　あれと一緒に。前もらったあれ、あるやん。
昴生　直筆の手紙？
亜生　直筆の手紙。そうそう。
昴生　泡ブクブクのヤツみたい。
亜生　あ、あれか。バスのヤツか。お風呂のヤツか。
昴生　お風呂のヤツ。いいで、あれ。めっちゃ気持ちよかった。
亜生　お風呂ライフを楽しんでるなぁ。
昴生　俺、めっちゃお風呂ライフを楽しんでる。1日2回くらい入ってる（笑）。
亜生　あはははは！　聞いた感じではお風呂ライフ楽しんでそう。よさげです。いいですね。
昴生　うん。（視聴者に）こういう顔文字いっぱい送ってくるの、やめて。絵文字みたいなの、いっぱい送ってくるの。
亜生　なに？　涙みたいな？　なんでなん、腹立つ？
昴生　俺の顔が隠れちゃうから。腹立つとか言うなや。俺のイメージ悪くするの、やめろや。
亜生　違う違う、そうじゃなくてわかるねん、お兄ちゃんの感じ、大体。お兄ちゃん、そういうの腹立つって。
昴生　もうやっていきましょう、やっていきましょう、横にして早速。
亜生　了解。
昴生　暗いなぁ、今日、俺、確かに。お前ん家が明るすぎるんちゃう？
亜生　いや、電球2個取ってんねん、これでも。
昴生　ウソぉ。俺ん家が暗すぎるのか。
亜生　やっぱりジメジメやもんな、お兄ちゃん家ってなんか。
昴生　そんなことないよ。じゃあ、やっていきましょう。
亜生　やっていきましょう。おぉ、すごい！　昨日より増えてはるわ。
昴生　嬉しいです。
亜生　みなさーん、ありがとうございます！
昴生　よろしくお願いいたします。じゃあ、亜生くん、出囃子をお願いします。
亜生　はい、いきまーす。デーレン！　デッデレッデ！
昴生　てんしとあくまさんの出囃子ええねん。じゃあ、今日はてんしとあくまさんの出囃子でいきましょう。はい。
亜生　はい、デーレン！　デッデッデレッデ！　イエーイ！
昴生　イエーイ！　どうも、ミキでーす。
亜生　どうもー！
昴生　ミキです、よろしくお願いしまーす。
亜生　お願いしまーす！

[漫才] 自慢話

亜生　終わりましたー！
昴生　終始、顔が暗かったなぁ。

亜生　ほんで今日、曇りやったから。回線があれやったかも。途中、ウワーンってなっちゃったかも。
昂生　俺、全然普通やで。
亜生　ウソ。
昂生　曇りとか絶対関係ないで。
亜生　いや、あんねん、あんねん、携帯って。
昂生　絶対ないよ。
亜生　あ、出囃子流さなあかんわ。デッデデレ！
昂生　毎日変える気か、お前。俺、大変やんけ。
亜生　明日は誰かな？　覚えといてや！
昂生　俺、わからんヤツあるで。
亜生　俺、好きな人おるから。
昂生　今日はてんしとあくまさんっていう、長年仲よくしてる人やったからわかったけどさ。ほか知らんって。わからんで、言われても。頼むで、それは。
亜生　いやいや、それはお兄ちゃんが把握しといて。今から漫才劇場とかルミネの人とか。
昂生　いや、知らんって。今観られる状態にないねんから、わからんやろ。
亜生　どこか見たら載ってんねんから勉強しといて。
昂生　思い出を蘇らせよう。それではすみません、今からまた『男はつらいよ』のシリーズをまた観直さなきゃいけないので。
亜生　今、何年？
昂生　バラバラで観てるねんな。また最初から観出して。途中、観たいところがあって観て。
亜生　俺な、知りたいねんけど、話は別々？
昂生　1話完結やねん。
亜生　あ、そうなんや。ほんで1話っていうのは映画1本で完結ってこと？
昂生　そうそう。
亜生　え、じゃあ、寅さん1があってさ、寅さん2観たらキャストとか変わってる？
昂生　おいちゃんだけ変わってる、1からやったら。どこかで変わる。
亜生　あぁ、でも1から観とかな、2でいきなりこの人出てくるとかあるやろ？
昂生　あぁ、それはない。おいちゃん、おばちゃん、さくら、博士、タコ社長、満男と決まってる。
亜生　うわぁ、全然なに言うてるかわからへん。タコ社長って面白い人いるやん。
昂生　隣の工場の社長がずっと来よるねん、家に。それが寅さんと毎回ケンカするのよ。
亜生　あははは！　寅さん観てみようかな。
昂生　昨日、ずっと観てて。一昨日くらいから、1から観出した。
亜生　全部でなんぼあるの？
昂生　49。
亜生　え？　マジ？
昂生　うん、長いよ。
亜生　すごいなぁ。
昂生　面白い。今日３観たんやけど、寅さんを産んだお母さんに会いに行くっていうシーズンで。
亜生　あぁ、寅さんのお母さん？
昂生　産みの親。産んですぐどこか行きはったから、その人に会いに行くねんけど、その人がろくでもないお母さんで「金やったらあげられへんぞ」みたいなことを言う。寅さん、ショックで帰ってくるねんけど、おばちゃんとかおいちゃんとか博士が（その状況を）聞いてて「寅さんが帰ってくるけど、絶対にお母さんとかおふくろとか出したらあかんで」って。そういう話題、絶対そのワード出したらあかんって、みんなが。
亜生　え、そんな話？
昂生　そうそう、コメディ。めちゃくちゃコメディよ。
亜生　あ、コメディなん？
昂生　めっちゃコメディ。
亜生　「うちのお母さんがね」とか出たら、みんながは！　は！　は！（って動揺する）ってなるねん。テレビつけよ、テレビをバーンとつけたら、ＣＭで「お母ちゃーん」って。は！　ってなって、タコ社長がバーっと来て「おい、寅さん聞いたぞ。おふくろ、とんでもねぇヤツだったらしいな」って。
亜生　タコ社長ー！　うわぁ、観てみたいなぁ。観ようかな。
昂生　観ぃ、観ぃ。めっちゃ面白いから。
亜生　Ｎｅｔｆｌｉｘやったっけ？
昂生　Ｎｅｔｆｌｉｘ。さくらがまたきれいなんよ。
亜生　誰やったっけ？
昂生　さくらはあの人、倍賞千恵子さん。
亜生　美津子！
昂生　千恵子。美津子はたぶん、アントニオ猪木さんの前の嫁はんやわ。…喋りすぎてるわ。
亜生　16分。
昂生　漫才してたときより３０００人も減ってる。俺が寅さんの話してたら（笑）。
亜生　ふははは！　ほんまや！
昂生　やめよ。
亜生　お兄ちゃん、ＹｏｕＴｕｂｅやりぃな。星野源さんのさぁ、あれあるやん？「うちで踊ろう」のヤツ。なんかやったら？
昂生　ないって。
亜生　コラボしたら？　有村昆さんは映画の紹介してはったで。
昂生　あれのコラボで？
亜生　『バック・トゥ・ザ・フューチャー』♪って。
昂生　ははは！　しかも、『バック・トゥ・ザ・フューチャー』紹介するんかい。
亜生　『私の頭の中の消しゴム』♪みたいなこと言うてはったわ。
昂生　結構ベタなとこいくなぁ。
亜生　この期間に観てほしいって。
昂生　あぁ。コメントとかもいっぱいありがとうございます。
亜生　ありがとうございます。今日は萌音ちゃん、観てへんな。
昂生　観てるんちゃう？　コメントは毎回あれやからね。ありがとう。さっき、サッカーの岡崎（慎司）さんから連絡来たで。
亜生　え、なんで？
昂生　元気してますかって。
亜生　来てないなぁ。
昂生　岡崎さん、スペインで外も出られへん。散歩もできひんからって。
亜生　なんかお兄ちゃんって来るよな、そういう有名人から連絡。まったく来てへんねんけど。
昂生　ふふふ。
亜生　なんで僕にくれへんの？
昂生　（笑）。岡崎さん、毎日、ミキの漫才観て楽しませてもらってますって。
亜生　ちょっとー岡崎さん！　僕にもくださいよ。
昂生　日本帰ってきたら、ご飯行きましょうねって言うてたから。
亜生　岡崎さんとサッカーしたいな。
昂生　ははは！　お前！　でもいいなぁ。フットサルして。
亜生　フットサルして、岡崎さんと。
昂生　最高やな。ええなぁ。
亜生　そやろ？　俺らが2トップで岡崎さんが司令塔。
昂生　あぁ、なるほどね。あとで俺は寅さん観よう。亜生観て。お笑いの勉強にもなるよ、めちゃくちゃ。
亜生　観るわ。最近はやすきよ漫才を流しながら寝てるわ、俺も。お兄ちゃんに見習って。
昂生　あははは！　俺は最近、紳竜いってます。やすきよと紳竜、交互くらい。
亜生　追いついたと思ったら次いってるよな、兄ちゃんって。
昂生　ははは！　紳竜、別に次ちゃうから。紳竜は。同時やな。
亜生　やっと追いつけたなと思ったら、もう…お兄ちゃん！
昂生　面白いでしょ、やすきよ。
亜生　面白い！　最高！
昂生　やすきよやと、俺は海外の話が好きやねん。やすしさんが海外行ったっていうネタが好きやねん。
亜生　あるかな？　聞いたこと。
昂生　あるある。結構有名っていうか。
亜生　あ、飛行機の話か！
昂生　そうそう。オチはそれがヘレンさんやったという話。「お前んとこの嫁はんやん」って。あれのやすし師匠の語り口調がめちゃくちゃ面白い！
亜生　あれええなぁ。
昂生　あれ、面白いわ。じゃあ、また。
亜生　みなさんも寅さんとか観てください。
昂生　この休みを利用してね。それでは、また明日。
亜生　さよなら！　明日！
昂生　さよなら！　グッバイ！

4月10日

亜生　3日目です、こんにちは！　インスタ漫才ライブ始まりました。どうやんねんやったっけな？　これか…これで。よしっ！　うまくいかん。リクエストを見る、か。あ、ハッピーハンバーグさんありがとうございます。毎日観てくれてる、嬉しい！
昂生　よっしゃー！
亜生　ハッピーハンバーグさんがもう観てくれてはります。
昂生　ありがとうございます。
亜生　やっぱ煙ってるなぁ、お兄ちゃんのほう。
昂生　なんで煙ってんねやろう？　昨日よりマシじゃない？
亜生　いや、なんかこう…。
昂生　昨日よりマシじゃない？
亜生　ほんま？　煙ってる。
昂生　どう変わってきた？
亜生　いや、ピッピって音出てるだけで、なんにも変わってない（笑）。え、なにを変えてんの？　それ。
昂生　光量を変えてる、家の。
亜生　え？
昂生　あかんなぁ、これしか…。
亜生　僕も煙ってる。
昂生　マジ？　ちょっと煙ってんなぁ。
亜生　これでどう？　ほら、いけた？　でな？　このな、兄ちゃん、コメントオフにするってあるわ。
昂生　どれ？
亜生　下にあるやろ？
昂生　ない。
亜生　え？　ちょっと待ってな。俺がこれをポンとオフにしたら…どう？　消えた、コメント。
昂生　あぁ、消えた。今はいいんちゃう？　別に流しといて。
亜生　昨日兄ちゃんが…。
昂生　やり始めたら消したらで。
亜生　あ、インスタライブ始めたみたいです。からし蓮根・青空も。
昂生　あ、からし蓮根。

亜生　今日はどんな人が。あ、そうか、お兄ちゃん、あれやもんな。（イヤホンの）ケーブルありやから、距離があれなんや。ちょっと離れたほうが観やすいらしい。

昂生　離れるってなったら、結構…これくらい。

亜生　あ、うん。たぶん、それくらいで。これくらいがやっぱり観やすいと思う。

昂生　あぁ。

亜生　らしいわ。

昂生　なるほど。了解、それでやりますわ。

亜生　いいですねぇ。

昂生　あと、これをＹｏｕＴｕｂｅに上げてる人がいますけど、勝手に。

亜生　はい。

昂生　これを自分のＹｏｕＴｕｂｅかなんかで上げてる人いますけど、そういうことするんやったらやめますよ。

亜生　あれ？

昂生　そういうことするんやったら、やめます。これ、ガチやで。（メガネを取って真剣な表情で）こんな顔、なかなかないから。メガネ取れへんから、ガチなとき以外。

亜生　マナピーみたい！

昂生　（笑）。え、でもほんまにそういうことするんやったら、マジで考えさせてもらいますからね。そういうことのためにやってませんから。

亜生　でも、観てはらへんのんちゃう？　そういう人は今。だから、もうさ、アーカイブ残したらあかんかったんかな？　もしかしたら。

昂生　そういうの嫌やねん。そういうのはやめてくれや！　わかったな？　よし。さぁ、やろう。

亜生　おかんがなんの悪気もなく、友達に回してたなぁ、あのＹｏｕＴｕｂｅ。

昂生　（笑）。あかん言うてんねん。それで知ったから、俺は。あぁ、あるんやって。じゃあ、やりましょう、亜生くん、そろそろ横に倒して。

亜生　はーい。よいしょ。

昂生　じゃあ、コメントを消してください。一旦コメントオフにします。

亜生　あぁ、コメントオフで。

昂生　じゃあ、出囃子お願いしまーす。

亜生　はい。ドゥダードゥダードゥダー♪　ドゥダードゥダードゥダー♪　ゲッダウン！…レッツゴー！

昂生　あぁ…誰やったっけなぁ？　ちょっと待って。

亜生　ウソやん。

昂生　レッツゴーは覚えてる。そこ以外はまったくわからん。

亜生　うわぁ、じゃあ違う出囃子にする？

昂生　誰かだけ教えてもらっていいですか？

亜生　マルセイユさんです。

昂生　マルセイユね！　ちょっとわからんかった、ごめんなさい。

亜生　お兄ちゃんが正解するまで始められへんから。

昂生　そうやね、ごめんなさい。

亜生　いくで？　出囃子いきます。ラララララーララ♪

昂生　紅しょうが！　紅しょうが！

亜生　ピンポーン！　正解！

昂生　今日は紅しょうがでいかせてもらいましょう。

亜生　いきます。ラララララーララ♪　ラララララーララ♪

昂生　出にくいなぁ。どうもー！

亜生　どうもー！

昂生　ミキです、よろしくお願いいたします。

亜生　よろしくお願いしますー。

【漫才】ポジティブかネガティブか

亜生　よいしょ！

昂生　いやぁ…コメント戻してくださいよ。

亜生　あ、そうか。コメントオン！

昂生　1万6000人も観てくれてますよ。どうでしたか？　みなさん。感想は。

亜生　なんかおかしいな、ちくしょう。

昂生　途中、オチのとこ聞こえへんかったよ。

亜生　そやねん。わかった？　兄ちゃんも。読唇術でやった。

昂生　ちゃうねん、こっちも聞こえへんかった。

亜生　俺も聞こえてなかった。みんな聞こえたんかな？　萌音ちゃんがいてるって。

昂生　あぁ、萌音。また萌音がいる？

亜生　なんかおかしいなぁ。

昂生　お前、それ充電できてへんのちゃう？

亜生　ちゃんとしてるねん。

昂生　俺、イヤホン外して。外してもできるもんな。

亜生　俺も外そか？　あー！

昂生　俺はできてるけど。

亜生　なんかでも遅れるねんて。

昂生　あぁ、そう。イヤホンつけてるほうがええんや。

亜生　俺、もしかしたら明日ヘッドホンになってるかも。

昂生　ははは！　それ、嫌やなぁ。それは嫌やわ。

亜生　これの調子がちょっと悪いねん。明日ちょっとだけ。

昂生　それ嫌やわ。

亜生　飯豊まりえちゃんが買ったヘッドホン、僕もいいなと思って買ったので。

昂生　ヘッドホンでやるの嫌やなぁ。

亜生　ヘッドホン漫才。お兄ちゃんのほうがクリアに聞こえる。なんで？

昂生　でも、たくさんの人に観ていただいて。

亜生　はい、観ていただきました。

昂生　漫才が終わったら、パッと減りましたね。3000人くらい減りましたけど。あ、岩橋さん（プラス・マイナス）も観ていただいてありがとうございます。

亜生　嬉しい。ありがとうございます、岩橋さん。

昂生　Wi-Fiついてるんやったら切ったほうがええらしい。

亜生　え、そうなん？

昂生　俺も切ってる。

亜生　なんで？

昂生　なんとなくWi-Fiの調子があんまりよくないから。

亜生　じゃあ、俺も切ろうか？

昂生　うん、どう？　うわぁ、めちゃめちゃ止まってる。あ、Wi-Fi入れとったほうがええわ。画質が悪い。

亜生　せやろ？　誰や、誰？　絶対Wi-Fiやん。だって、かじがや（卓哉）さんが言うてたもん。絶対、Wi-Fiがいるって。

昂生　俺、Wi-Fiつないだ。どう？　つないで変わった？

亜生　Wi-Fiつないで画質粗なってるわ。あははは！

昂生　あははは！

亜生　なんで？　あ、やっぱりあれやな、兄ちゃん。イヤホンしてへんかったら、音が拡散する。

昂生　あぁ、そう。

亜生　ここにマイクがついてるから、音拾いやすい。

昂生　じゃあ、イヤホンしよう。これからも。

亜生　うん、したほうがいい。いっぱい質問が…。

昂生　「今、大根の煮物作りながら観てます」って。

亜生　いいね。視聴者の方からな、質問とかあんねん。いろいろ来るねん。けど、お兄ちゃんって卑怯よな。まみちゃんを盾にさぁ、（有名人へ積極的に）いくよな、グイグイ。そんなん、俺だってしたいしな。

昂生　お前は独身でギラギラしてるからあかんねん。既婚でギラギラしてるからな、俺は。

亜生　既婚でギラギラ？

昂生　ふふふ。

亜生　（昂生のカメラがインカメラではなくなり、部屋の様子が一瞬映る）…汚っ！　なんや。これ！　汚い！　なんや、あれ。

昂生　ふふふ。危ない、危ない。危なかった。

亜生　マフラーみたいなの、なに？　この時期に？

昂生　あははは！　ブランケットね。ブランケットがいっぱいあるから。あっぶねぇ。

亜生　あはは！　ちょっと待って。お兄ちゃん、リビングでやってるの？

昂生　リビングじゃない、寝室。

亜生　寝室か。

昂生　そう、寝室もグチャグチャやからね。

亜生　あぁ、そう。リクエストでカレーパンマンのネタが好きとか来てるわ。

昂生　なるほどね。

亜生　まぁ、そんなんもアリなんかな？

昂生　俺、昨日はチャーハンにベビースター入れて。

亜生　あははは！　え、チャーハンにベビースター？

昂生　そば飯みたいにした。うまいで？

亜生　それはまみちゃんのあれ？　やってみよか、みたいな？

昂生　俺がオリジナルでバーっと入れて。

亜生　ウソ。僕はあれやけど、お兄ちゃんは食のセンス抜群やから。これとこれ入れたら絶対うまなるって。え？　こんなん、絶対おいしいわけないやんって食べたら、めちゃくちゃうまい。

昂生　俺はそういうの、絶対外さんから。

亜生　外さんねん、お兄ちゃんは。

昂生　トッピングで外したことがない。

亜生　ふふふふ！

昂生　え、なんでこれトッピングすんの？みたいな。

亜生　みんなやってみてよ、それ。全部、タグづけしたら、お兄ちゃんがストーリーに上げてくれるから。

昂生　家にベビースターがないとね？　俺、袋買いしてるのよ、ベビースター。まみちゃんが。

亜生　あはははは！　お菓子、好っきやなぁ。

昂生　ちっちゃいヤツあるやん。あれを大量に。

亜生　つながってるヤツ？

昂生　つながってへんけど。

亜生　味は全部一緒？

昂生　うん、チキン。あれ、めっちゃうまいねん。

亜生　焼きうどん味とかあるやん。

昂生　普通のチキン。食感も変わるから、パリパリでうまいねん。チキンのしょっぱい味もあるから、あんまりなんて言うの？　塩こしょうとかせんで大丈夫。

亜生　楽しんでるなぁ。いいやん。

昂生　まぁな、毎日なんとなくな。

亜生　俺、なにしてるやろ？　でも昨日さぁ、『コンテイジョン』っていう映画観たわ。

昂生　どうやった？

亜生　怖かった。

昂生　あははは。

亜生　みんな観てほしい。ちょっと今の感じやねん。オススメに出てきて、みんながめっちゃ観てるから。

昂生　あぁ、なるほど。

亜生　今の世界の感じ、ウィルスの感じとか怖かった。
昂生 へぇ。
亜生 寅さん観たけどな、すぐ寝ちゃったわ。
昂生 え、どこで寝ることがある？ しょっぱなでもええやん。ティーレレレレ♪
亜生 いいんやけどな、観ようかなと思ったけど、さくらが出てくるくらいで寝ちゃった。
昂生 ははは！
亜生 さくら、寝やすいからなぁ。
昂生 姓は車、名は寅次郎。
亜生 あぁ…お兄ちゃん、『学校の階段』観た？
昂生 観てない。どこで観られるの？
亜生 Amazonプライム。
昂生 俺、Amazonプライム入ってない。Netflixしか入ってない。
亜生 TSUTAYAのヤツ入ってない？ 無理か。リモコンにTSUTAYAのボタンないん？
昂生 ないねん、俺。だって、テレビにつないでないもん。iPadで観てるから。
亜生 あぁ、そうか。
昂生 そう。というわけで、そろそろ終わりましょうか。
亜生 …。
昂生 え、怖っ！ あのー、寅さんの話すると…めっちゃ減った。
亜生 めっちゃ減ったな。寅さんの話したら。
昂生 5000人くらい(笑)。寅さんは悪くない、俺が悪いだけ。
亜生 お兄ちゃんがなにを観たかっていうのは漫才終わったあと、みんな聞きたがってるから。昨日なにを観たかっていうのは。
昂生 なるほどね。
亜生 僕は今ずっと嵐のDVD観てたわ。
昂生 あぁ、そう？ 嵐のね。終わります。
ほんまにYouTube載せてる人おったら、マジで考えさせてもらいますからね。みんながせっかく楽しみにしてるのに、あなたの1つの欲望だけでみんなの楽しみを奪うことになりますからお願いしますよ。
亜生 すみません！
昂生 ふふっ、お前なん？ え、お前なん？ 載せてたん。すみませんってことは。
亜生 はい。ごめんなさい。僕もやめます！
昂生 へへへ、やめてください。明日も18時。またね、ほな明日！
亜生 また会いましょう、インスタグラムで。さようなら～！
昂生 バイバ～イ！

4月11日

亜生 4日目でしょうか。ありがとうございます。おしっ！ ええっとインスタライブで漫才始めまして、よろしくお願いいたします。これ、なんでほかの人もリクエスト送ってくんの？ なんでなん？ 絶対せえへんで。これ押したらするってことか。…絶対せえへんのに。…みんな、桐谷美玲さんと河北麻友子ちゃんのインスタライブ、かわいかったですねぇ、2人のインスタライブね。観てましたよ、ずっと。…好きな果物言うとかいいですよね。聞いてみよかな、お兄ちゃんが参加したら。あっ！ あっ！ すごい。音は聞こえてますか？ 粗いなぁ。
昂生 なにがっすか？
亜生 動画。めっちゃ粗いで、今日。
昂生 荒いとは？
亜生 Wi-Fiつけてる？
昂生 イヤホン、今つけましたね。
亜生 いや、Wi-Fi、Wi-Fi。
昂生 あっ、ついてない！
亜生 せやろ？ めちゃくちゃ粗いで。
昂生 今つきました。
亜生 あぁ、マシになった、マシになった。
昂生 ほんま？ よかった、すみません。
亜生 ちなみにお兄ちゃんってさぁ、好きな果物、なに？
昂生 なんじゃ、それ。なんや、それ。
亜生 え？ いやぁ、聞いてるの。好きな果物、なにかなって。
昂生 …バナナ。
亜生 バナナ！ おいしいよな？ バナナ。僕も好き。
昂生 やっぱお笑いせんと、こんなふうになるのか。長時間、お笑いから離れたらこうなるのか。
亜生 僕もバナナ好き、結構。え、牛乳と混ぜてやったりとかした？ 昔。
昂生 わからん。それは知らん。
亜生 僕はしたな。蜂蜜入れるとおいしいねん。あそこにちょっとだけ。バナナだけでもおいしいけど、蜂蜜をちょっと入れたら。
昂生 なんじゃ、それ。なんやねん、お前、このまま続いたらどうなるねん、自粛ムードが。
亜生 河北麻友子さん(のインスタライブ)を観てた、ずーっと。
昂生 あぁ、やってはったんや。
亜生 やったはって、河北麻友子ちゃんがこういうのをやってはったから(と、黄色いコップを持って飲む仕草をする)。
昂生 ふははは！ お前！ おい、なに飲みもん飲みながら配信してるねん。なんや、それ。
亜生 違う、違う。河北麻友子ちゃんがやってたの。
昂生 やってるからって。
亜生 カフェオレのおいしそうなヤツ飲んでたから。
昂生 一緒の感じすな！ それ。全然違うで、河北麻友子ちゃんとお前。
亜生 なんでよ！
昂生 海南(うみみなみ)…ええ…海南ちゃんやな、お前は。河北ちゃうくて。
亜生 河北じゃなくて？ 山のほうがよくない？
昂生 ふははは！
亜生 海と河やと水っぽいから。
昂生 じゃあ、山南でいけ、お前はそれやったら。
亜生 かわいかったぁ～！ 桐谷美玲さんと河北麻友子さんがやってはった。
昂生 えぇ～！ すごいやん。
亜生 そやで。ほんでちょうど18時くらいに終わってくれはるねん。
昂生 なんでなん、それは。
亜生 たぶん僕らのを観てんちゃうかな？
昂生 ウソやろ(笑)。
亜生 桐谷美玲さんと河北麻友子さんが、僕のためにやってくれてはるねん。
昂生 お前だけのためになわけないやろ(笑)。え、桐谷美玲さんが観てる可能性があるってこと？
亜生 全然ある。
昂生 エグいな、それは。
亜生 初めてな、『アメトーーク！』(テレビ朝日)出たときのゲストが、河北麻友子さんやったんよ。「ナダルアンビリーバボー」の。僕、写真撮ってもらいたくて楽屋の前で待ってたんやけど。
昂生 えぇ、ヤバいヤツやな、お前。
亜生 うん。ムッキムキのマネージャーさんが出てきてすぐ帰ったんや、僕。ムッキムキ！ 河北麻友子さんのマネージャー、ムキムキの人やってん。
昂生 ふふふ、当時はそうやったんちゃうん。何年も前やろ、あれ。
亜生 3～4年前やったか。背ぇ高くてムキムキ。
昂生 もうええやろ、それは。
亜生 ヒィ!って言うて帰った。
昂生 すごい弱小やなぁ、お前は。
亜生 弱小やった。
昂生 すごいね、それはおめでとう。あと、シャンプーハットさん。上方漫才大賞の大賞おめでとうございます。
亜生 おめでとうございます！(拍手)
昂生 すごい。
亜生 めでたい。すごいなぁ。うらやましいなぁ。
昂生 うらやましいね！
亜生 うん、獲りたい。
昂生 ゆくゆくは獲りたいですね。
亜生 ちょっとあるかなと思ったけどね、なかったなぁ。
昂生 え？ ないでしょ、そりゃあ。なんにも聞かされてへんねんから。今んとこ1万2000人。ちょっと減ってますねぇ。
亜生 ふははは！
昂生 1万8000とかやったんですけど。不評なんかな？
亜生 え、こういうのって増えるんちゃうん？ 増えるはずやのになんで？
昂生 ちょっと減りましたね。そろそろやりましょうか、5分なんでね。
亜生 え、1万2000人になったらやる？ なんかさぁ、これでやってしまったら徐々に減っていったりせえへんかな？ 何人まで視聴してたらやりますとかにしたほうがいいんちゃう？ 今のうちに。
昂生 やりましょう。コメント消してください。
亜生 オフ！ すみません、この間だけコメントをオフにさせていただきます。デン！ デデデデデ♪ イエーイイエイ！
昂生 ふふふ。ティーアップさんね、ティーアップさん。
亜生 すごーい！
昂生 いやぁ、今日はシャンプーさん、やってくれよ。せっかく『上方漫才大賞』獲ったんやから。
亜生 やろうかなと思うてたんやけど、これやりたかったから。いや、シャンプーさんやったら、すぐバレるやろうなと思ったから。
昂生 俺、シャンプーさん、今思い出されへんから。1回やってみて。
亜生 え、シャンプーさん、どんなんやったっけ？ むちゃくちゃド忘れしてる(笑)。じゃあ、これは？
昂生 これはじゃないで。もうええよ、今日はティーアップさんで。
亜生 やらせていただきます。ラララララーラ♪
昂生 紅しょうがや。紅しょうがは昨日やったから。
亜生 デン！ デデデデデ♪ イエーイイエイ！
昂生 ふふふ、長谷兄(ティーアップ・長谷川)が袖の奥から来る！ どうもミキでーす、よろしくお願いしまーす。
亜生 どうもー！ お願いしまーす！

【漫才】無人島の概念

亜生 みなさんの拍手が聞こえます。スタンディングオベーションの…。
昂生 いや、そこまでのことではないですけどね。どうでしたか？
亜生 ありがとうございます。なんか、お兄ちゃんのカメラが日に日に白くなっていってるけど。
昴生 なんでなんやろな？ これなぁ？ 低いからか。俺、近かったらええんかな、光が。どう？
亜生 あっ、いやぁ、うん。
昴生 マシやな。
亜生 マシ。
昴生 全然マシや。でも、その高さがないねん。座るしかないのよ。
亜生 ないか。
昴生 うん。この高さがないのよ。
亜生 あんだけディズニーのフィギュアとかあるのに、それで代用でけへんの？
昴生 ディズニーのフィギュアの上に置かへんやろ。
亜生 あのウォルトのヤツの。
昴生 銅像の？ 嫌やろ、そんなん。
亜生 嫌やって言われたらお断りやわ。
昴生 ふふふ。それは嫌やわ。どうでしたかね？ 今日のネタは。今日は今から『史上空前!! 笑いの祭典 ザ・ドリームマッチ』（TBS）ありますから。
亜生 あるある。楽しみやな。
昴生 僕らがもしかしたら入ってる可能性がありますから。
亜生 そうそう。
昴生 ふふふ。
亜生 ドキーッ！
昴生 ドキーッ！『～ドリームマッチ』楽しみですよ。あれ、観るんは最高やな。やるってなったら、めっちゃ嫌やけど。
亜生 1回、千鳥さんとサンドウィッチマンさんの番組（『イッテンモノ』テレビ朝日）でやったやんか。お兄ちゃん2回やって、僕1回だけ。
昴生 三四郎さんと3組の番組ね。
亜生 そうそう。僕はアルコ＆ピースの平子さんとやらしてもらったんやけど、もう顔が俺あかんわ。人と漫才でけへん。
昴生 亜生やろ？ いや、俺もでけへんで。
亜生 無理やわ。
昴生 俺も無理無理。あれで無理やなと思った。俺なんて大悟さんと富澤さんとやったから。
亜生 すごいなぁ。うらやましい！
昴生 すごい。いや、2人とネタ合わせできたっていうのがすごいわ。
亜生 ほとんど喫煙所にいたもんな。
昴生 ふははは！ 大悟さん、ある程度固まったら「タバコ吸いに行かせて」って行くねん。俺、あの人どうなるかわからんから合わせたいのに、すぐタバコ吸いに行くからさぁ。初めてやから。
亜生 そうやなぁ。
昴生 だから、俺も喫煙所おったもん。褒めてもろうたからよかった、あのとき。
亜生 そやなぁ。僕も平子さんのこと、お兄ちゃんって呼んでるし。
昴生 そういう戦友みたいになっちゃうんや。
亜生 あれ1回したら、戦友になるな。
昴生 なるね。今日はそれがお楽しみかな。じゃあ、この辺にしときましょうか。
亜生 はい。明日、僕がまた最近食べてるものを発表させてもらいたいと思います。
昴生 それいらんなぁ。
亜生 みんな楽しみにしといて！ 僕が最近、毎日食べてるものがあります。
昴生 ふふっ。昨日、僕は水餃子作りましたよ。
亜生 ふははは！
昴生 スープからこしらえて。
亜生 おもろいの卑怯やわ。お兄ちゃん、料理作ったらおもろいねん。凝るから。
昴生 おもろないよ、別に。スープから作りました。結構コトコト煮込んで。
亜生 あのさぁ、そういうのはさぁ、インスタにアップしいや。
昴生 嫌やもん、そんなん。こっちで楽しんでるから。1人で楽しんでるだけなんやから。
亜生 こんなん作りましたって。それって皮から作ったん？
昴生 水餃子は冷凍のあるヤツで。
亜生 それ、どういうこと？ 水餃子とご飯でいったってこと？
昴生 あと、鶏肉バジルチーズ焼きみたいな。
亜生 スーパーでよう売ってるヤツ？
昴生 自分で作って。
亜生 あれ、あんまり作らへんって。スーパーで売ってるって！
昴生 でもスーパー行かれへんから、自分で作るしかない。
亜生 そうやけど。あれ、自分であんまり作らへん。ハッピーハンバーグさんが水餃子の絵文字を。
昴生 ははは！ これ餃子やろ？ 勝手に水にするな。
亜生 水にもできるし、餃子にもできる。あぁ、面白い。やっぱりお兄ちゃんはいいね。そういうの聞きたい。今日の晩ご飯もなにを作ってるのかな？ 楽しみやわ。
昴生 野菜ラーメンにしようかなって。炒めたお肉とかを。
亜生 なんか1回焼いてそのあと煮てほしい、なにかを。焼き目をつけたあと、煮込んでほしい、お兄ちゃんには。
昴生 うん。どうやろう？ 時間があるから作れるから。
亜生 そうそう。ワインとかでフランベして。
昴生 ただ、家で作って食べてたら、外で食べたいなぁって思うな。
亜生 わかる！
昴生 なぁ？ ちょっと限界来るわ、自分の料理。
亜生 わかる。あれ、牛丼食べたいなって思うときない？
昴生 あぁ、めっちゃある！ さっき言うてた。まみちゃんに言うてた、牛丼食べたいわって。
亜生 牛丼（笑）。めっちゃ食べたいなぁ。
昴生 うん、今、牛丼めっちゃ食べたい。…（また食べられるのを）ちょっと楽しみにしながら。
亜生 明日の報告をお兄ちゃん、お願いします。
昴生 よろしくお願いします。
亜生 みなさんもありがとうございました。
昴生 はい。自宅で楽しんでください。さよなら！
亜生 さよなら！
昴生 さよなら！

4月12日

亜生 さぁ、始まりましたよぉ、みなさん！ 5日目。すごいです、観てくれてます、みなさんが。あっ、ハッピーハンバーグさん、毎日ありがとうございます。さぁ！ 参加待ちです。
昴生 こんにちは。
亜生 はははは！ いろいろ毎日楽しみにしてくださって、みなさん、ありがとうございます。ありがたいですね。
昴生 ありがたいですよ、今日もたくさんの方に観ていただいて。
亜生 今日は2分早めに始めました。58分に始めてました。
昴生 あぁ、始めてたん？ なんでなん、勝手に（笑）。
亜生 暇やったんで。へへ！ いやぁ、待ってる時間ソワソワするから、先に始めたいねん。みんな、ちょっと気になってると思う。僕が毎日食べてるものを発表します。
昴生 気になってんのかな？
亜生 こちら！（と袋に入っているものを見せる）
昴生 なにそれ。
亜生 イランかなんかの豆です。う○ちがすっごい出るの！
昴生 あぁ、いいね。
亜生 でもな、普通のう○ちじゃないねん。こびりつくタイプのう○ち。
昴生 えぇ！ 最悪やな、それ。話的にも最悪やな、この時間に。
亜生 そやねん。だから、毎回掃除せなあかん。だから、いっつもトイレはきれい、逆に。早起きは三文の徳みたいなこと。
昴生 あぁ、こういうときやから早起きしたほうがいいよね。
亜生 今日も早く起きました。10時には起きました。
昴生 僕14時です。
亜生 おっそぉ！ 遅かったなぁ。昨日は？
昴生 昨日は12時間くらい寝てますよ、僕。10時くらいに起きる予定やったんよ、ほんまは。気ぃついたら14時まで。深夜2時くらいに寝たけど。
亜生 さっき電話したときも声が元気やったもん、なんか。
昴生 いっぱい寝たから。
亜生 今日のお兄ちゃんのご飯を発表してもらおうかな。
昴生 さっき食べたご飯？
亜生 今日の晩ご飯にしようかな。
昴生 今日の晩ご飯？ まだ考えてない。
亜生 さっき昼に食べたのは？
昴生 普通にラーメン食べました。お肉と卵を炒めて、それをラーメンの上に乗せて。
亜生 肉卵ラーメン。
昴生 貧乏食いみたいな、まみちゃんと鍋1つで。あれがうまいねん、結局。
亜生 まぁな、鍋でな？
昴生 そうそう。結局あのかたちがいちばんうまいのよ。
亜生 わかるけど、もうちょっとあれしてほしいな。料理研究。
昴生 お昼は手頃にいかせてもらいました。
亜生 夜はな？
昴生 昼は手軽にやって、夜は。
亜生 ごうせいに？
昴生 ごうせいともいかんけど、なにを食べようかね。
亜生 （笑）。まみちゃんが考えねんやろ？
昴生 合作よ。まみちゃんも作るし、俺も作ることが多いね。
亜生 じゃあ、まみちゃんも鍋からスープ飲んでたん？
昴生 あれやで。ちゃんとお皿に取ってるで。
亜生 あぁ、そうか。
昴生 さぁ、そろそろやりますか。
亜生 あれ、また1000人減ってるなぁ。
昴生 1000人どころじゃないよ。めちゃくちゃ減ってるよ。そういうもんやから、大体。なかなか増えていかんと思うで。
亜生 まぁな。
昴生 みんなにもいろいろあるやろうし。しかも、今日は日曜やしな。
亜生 あぁ。
昴生 今日、日曜ですよ？
亜生 ウソぉ。
昴生 そう。曜日感覚おかしなってくるやろ？
亜生 そう。今日、日曜か。
昴生 だって『笑点』（日本テレビ）始まったもん、今。俺は録画してるからあれやけど。

亜生　『笑点』録画する人ね。
昴生　『笑点』録画する人です。そろそろやりましょう。
亜生　やりますか。お母さんからの指摘がありましたね。
昴生　なんて？
亜生　お兄ちゃん、顔が近すぎるって。お母さんがLINEで言ってましたよ。毎回観てるねん。
昴生　わざわざ観んでええねん、これ。
亜生　観てるねん、これ。観て、近所に言うてくれてんねん、こんなんしてますって。
昴生　じゃあ、亜生くんお願いします。
亜生　はい。ダダダーダダー♪　ダダダーダダー♪
昴生　そんなもん、お前、メッセンジャーさんやろ？
亜生　すごーい！
昴生　わかるわ、その辺は楽勝やわ。ベテランさんはNGKに出てるから。若手がわからへんねん。
亜生　若手にしたらいいのか。
昴生　したらいいわけじゃない。その辺は楽勝。
亜生　そっか。
昴生　テッテッテ！　テテテテ！　やろ。出てくるとき。いきましょう。あの出囃子、大好きやからね。
亜生　ダダダーダダー♪　ダダダーダダー♪
昴生　テレテレテレテレ～♪　下手やなぁ。どうも、ミキでーす。お願いします。
亜生　お願いしますー！

［漫才］ピーマンの肉詰め

昴生　いやぁ、亜生くん。（ネタ中の）歌のところで突然そんなん（アドリブで）するの、やめてもらっていいですか？
亜生　あははは！
昴生　よう全部答えられたで、俺。
亜生　すごいなぁ、すごい！
昴生　俺、すごない？
亜生　うん、すごい。
昴生　あっこ、答えられたん。
亜生　すごい。
昴生　いい加減にしてくださいよ、亜生くん。
亜生　マジでピーマンしそうな約束の肉詰め前すごかったな。
昴生　ははははは！
亜生　これ、すごいと思った。
昴生　すごいやろ？　これは。
亜生　さすがや。
昴生　全部合ってたやろ？
亜生　全部合ってた。
昴生　マジでピーマンしそうな～♪　ドキドキしながら歌ってたもん。これ合ってんのか？って。
亜生　あははは！　あぁ、さすが。
昴生　さすがでしょ。
亜生　このままピーマンだけを肉詰めしたいって。
昴生　ふははは！　意味がわからへんもん、そんなん。全部答えました。
亜生　うわぁ、なんか血を感じたな。俺の考えてることなんか、お兄ちゃんにはお見通しや。
昴生　お見通しやな。
亜生　俺、あれはしめしめ！　これは言うぞと思って。
昴生　ミスることを想定してた？
亜生　ミスることを想定してたのに。
昴生　残念でした。
亜生　くそぅ！　悔しい！
昴生　すべて跳ね返させていただきました。
亜生　俺は途中でお兄ちゃんが「あれ、聞こえへんわ」って。聞こえへんを武器にして答えられへんことを想定してたのに！　すごいなぁ。
昴生　あはは！　全部跳ね返させていただきますから。
亜生　くそう！　悔しい！
昴生　ありがとうございます。ありがたいですね、1万人以上が観てくれてるってなかなかないんじゃないですか。
亜生　昨日、面白かったなぁ、あれ。
昴生　なに？
亜生　『～ドリームマッチ』
昴生　あぁ、『～ドリームマッチ』。面白かった。
亜生　ワクワクした。
昴生　お前やったら、誰を選んでる？　最初のツッコミ。
亜生　僕、でもね、せっかくやったらやらへんなっていう人が。
昴生　わかる、わかる。俺は絶対、秋山さん（ロバート）やねんな。
亜生　俺もやねん。
昴生　俺もってどういうこと？
亜生　お兄ちゃんはたぶん秋山さんやねんけど。
昴生　いや、俺な、コントしたいねん。
亜生　僕も。
昴生　漫才はこんなん言ったら変に取られるかもしれないけど、亜生以外としたくないのよ、あんまり。
亜生　（嬉しそうにはにかむ）
昴生　ふふ、嫌なリアクションしてるなぁ。違うで、そういうことじゃなくて、あっこで一発勝負やんか。で、お笑いの猛者ばっかりやん。猛者たちが集まってるやんか。そりゃ、その人らがシャッフルしてコンビ組んだら絶対おもろなるねん。コンビを超えることって、たぶんあるのよ。それな？　だから、それでなんやねん、正規のコンビより、こっちのほうがおもろいやんって観られるのが俺、嫌やねん。まぐれ一発のヤツで。
亜生　アドリブ漫才とかもよくあるやん。
昴生　そうそう。ああいうのもちゃうからね。
亜生　そうやね。でもほんまに、僕、せいやさん（霜降り明星）と一緒で小峠さん（バイきんぐ）やってんな。
昴生　あぁ、そう。
亜生　うん。コントしたかってん。
昴生　小峠さんに大声出させたいよな。
亜生　それか、粗品さん（霜降り明星）とコントしたかってん。
昴生　あぁ。番組でやったらええのにな？『霜降りミキXIT』（TBS）でコントとかも。
亜生　あぁ、コントとかやってみたいな。
昴生　やってみたいな。
亜生　粗品さんのコント、なんかすごかったな。
昴生　どうなんやろ？
亜生　俺は粗品だ！　どうだ！　日本中のみんな、俺は粗品だぞ！って。
昴生　あははは！　俺、腹ちぎれるかと思った。粗品出してこんでええ。天才出さんでええねん。
亜生　すごいなぁ。
昴生　あ、マエケンさん（前田健太選手）が観てくれてますよ。
亜生　あぁ、ほんまや。「イケメン2人」やって。
昴生　やかましいわ。この人、いっつもこういう感じでイジってくるねん。「お兄ちゃん、顔近い」ってしゃあないやろ、それは。マエケンさん、すみません。ありがとうございます。
亜生　マエケンさんも大変なんでしょう？
昴生　マエケンさんもずっと家にいてはるみたいでね。
亜生　海外でしょ？
昴生　アメリカですよ。
亜生　アメリカ。すごいな、こうやってアメリカの人とつながれるって。
昴生　うん、すごいねぇ。
亜生　マエケンさんとは僕、（『アメトーーク！』の）お絵描き（「絵心ない芸人」）で会うから。
昴生　俺、まだ1回も会ったことないねん。
亜生　そうか。僕は年に1回、必ず年末お絵かき芸人で。
昴生　俺、マエケンさん、LINEも交換してんねんけど、1回も会ったことないねん。
亜生　え、なんでなん？　俺、交換してへんねんけど。
昴生　会ってない俺が交換してて、意味わからんねんけど（笑）。
亜生　ふふふ！
昴生　そうやねんな。今日はなにを楽しみに…18時半から僕らの出る番組がありますから。坂上さんとさっしー（指原莉乃）の番組です。
亜生　うわ、あかんのんちゃう？
昴生　タイトルが思い出せん。なんやったっけ？　誰か教えて～！
亜生　潰れそうな店！
昴生　潰れそうな店やったっけ？　潰れない店やろ（『坂上＆指原のつぶれない店』TBS）。潰れそうな店紹介してどうすんねん。それがありますから、観ていただいて。お願いします。
亜生　お願いします。
昴生　また明日やります。
亜生　明日もみなさん会いましょう。
昴生　18時に来てください。それでは！
亜生　さよなら～！

4月13日

亜生　始まりました～！　えぇー、さぁ、始まりました。本日6日目ですか。インスタ漫才ライブでございます。うわぁ、ハッピーハンバーグさん、ありがたいなぁ。みなさん、ハッピーハンバーグさんとコラボのハッピーミキバーグのTシャツ、ぜひ。また売ると思うので、かっこいいですから。僕、サコッシュは使ってますよ。今、外出られないですけど、皮の、レザーのサコッシュ使ってます。あれ、めっちゃかわいいです。みなさんもぜひ。ネット販売できたらいいんですけど。あぁ～～！　よくぞ来られて、みなさま。…なんや、これ。あぁ、やってもうた。未だにちょっとわからんなぁ、もう！　あれ？　また押されへんようなってるわ。もう～～～!!…ちょっと押されへんようなってる！　ちょっと1回消します。すぐやりますから。なんなんやろ、これ。押されへんなぁ。ちょっと待ちます。ちょっと待とう。待ってからリクエスト押そう。みんながリクエストをバンと押しちゃうと固まっちゃう。押さんといてほしい！　ほかの人がやると！…あった、あった！　これやんな、たぶんお兄ちゃん。あぁ、よかったよかった。すみません。
昴生　いえ。ちょっとトラブルですか？
亜生　みんながリクエスト送ってくれはるから。
昴生　どういうこと？
亜生　お兄ちゃんだけじゃなくて、観てはる人も寄れるねん。
昴生　へぇ！
亜生　みんながリクエスト、バーっと押すからわからへんようになって。
昴生　そのリクエスト、お前が押したらその人とやるってこと？

亜生 そうやねん。その人と俺、漫才せなあかんねん。

昂生 いや、漫才せなあかんことはないやろうと思うけど、リクエスト送らんといて。するわけないのに。

亜生 そうやねん。俺、言うてるねんで、始まる前にリクエスト送らんといてくれ言うてるのに、みんながやるから…。そんなことより、お兄ちゃん誕生日おめでとう！

昂生 あぁ、ありがとうございます。すみません。

亜生 いいねぇ。

昂生 34歳いただきました。

亜生 なにを食べたの？ 昨日。

昂生 昨日はねぇ…え？ なに食べたっけな？ あら？…昨日なに食べたっけな。

亜生 えぇ、それは覚えといてよ。これで毎回、報告するルーティンで食べたヤツは…。今日がほんなら誕生日のご飯っていうことで、ちょっとごうせいなん？

昂生 いや、そんなこともないやろうけど。だって、ごうせいって…いうほどの。

亜生 まぁまぁ。

昂生 ハッピーハンバーグさんもありがとうございます。いや、俺、昨日なに食べたっけな？ マジで。なに食べたっけ？

亜生 それは覚えとかなあかんで。

昂生 …あ、カレーや。カレー、カレー。作り置いといたカレーというか、冷凍しといたカレーを食べたんや。冷凍しといた家のカレーとレトルトのカレーの味を食べ比べてみようって。

亜生 面白いことしてるなぁ。

昂生 で、２人でやったん。やっぱ家のカレーのほうがうまいなぁ。

亜生 あ、そう？

昂生 有名なレトルトやけど、家のカレーのほうが断然うまい。

亜生 あぁ、それはレトルトはやっぱりレトルトやもんな、でもな。

昂生 レトルトもうまいねんけどね。手間暇かけてて、家で作る具がごろごろしてるのはうまい。

亜生 あぁ、あそこのがおいしいねん。無印のレトルトが。

昂生 無印？

亜生 無印良品のレトルトカレーがおいしい。

昂生 へぇ、あぁそう。

亜生 僕も昨日カレーでしたけど。

昂生 あらあら、奇遇ですね。

亜生 レトルトで。

昂生 そうですか。じゃあ、早速やっていきますか。

亜生 やりますか。

昂生 (コメントを読みながら)今、誕生日ケーキは買われへんから無理なんですよ。

亜生 そう、そうやな。

昂生 買いに行かれへんからね。作るのもどうなんかな？

亜生 コンビニもちょっとちゃうか。

昂生 コンビニもあんまり行かんようにしてる、正直。

亜生 最低限の買い物か。

昂生 そう。ほんまに底を尽きたときだけ行くようにして、ほんまにほんまに外に出てない。

亜生 これさ、車はセーフなんかな？

昂生 うーん、いやぁ、外に出ること自体があんまりよろしくないよな、正直。

亜生 車でパッとスーパー行って、車でパッと帰ってくるみたいな。

昂生 まぁまぁ、週に1回だけくらい。それくらいで自粛したほうがいいと思うけどな。

亜生 確かに。

昂生 やっていきましょうか。

亜生 はい。やっていきましょうか。横にしましょうか。こうか、もうちょっと斜めのほうがええか。これでええねん。コメントをオフにしますよぉ～。いきます！ いいですか？

昂生 はい。

亜生 もぐ～らたた～きの～♪

昂生 エンペラー！ エンペラー！

亜生 正解、正解。

昂生 それはわかりますよ。

亜生 さすがです。

昂生 こんな奇妙キテレツな出囃子、忘れないですよ。

亜生 ふふふ。今日はちょっとサービス問題でしたか。

昂生 サービス問題です。

亜生 明日ちょっと難しいと思いますけど。

昂生 え？(笑)毎日、用意してるん？ 今思いついたヤツをやってるんじゃないん？

亜生 全然全然全然。なにしよかなって考えてやってますから。

昂生 あぁ、そうなん。まみちゃんがここ、すっごいいいって言うてたよ。

亜生 あはははは！ 初めて！

昂生 「私、全然わからへんからすっごくいい」って。

亜生 初めてまみちゃんに褒めてもらえた。

昂生 (笑)。いきましょう。まみちゃんはこうやってる間も隣で聞いてますから。

亜生 ふふふふ！

昂生 隣の部屋でね。隣の部屋でやってるのに、ライブ配信を観てるから。

亜生 ドアの隙間から観てるとかではないの？

昂生 全然。ライブ配信を観てるの。いきましょう。

亜生 はい。もぐ～らたた～きの～♪

昂生 元気してるかな？ エンペラー。どうもミキです、よろしくお願いします。

亜生 よろしくお願いします。

【漫才】標識にイライラする

昂生 どうでしたでしょうか？ 誕生日漫才でした。

亜生 そうですね。

昂生 うん。…いやぁ。

亜生 あ？ あぁ、声が遅れてる人がいるかもって。

昂生 へぇ。まぁね、いいじゃないですか。さぁ！

亜生 「最高すぎた」とかいろいろ。

昂生 ありがとうございます。

亜生 ありがとうございます。

昂生 「たまに聞こえないときがあった」。そう、俺も聞こえへんときがあんねん。俺も聞こえへんもん。

亜生 そう。僕も聞こえてないねん。読唇術でやってるときがある。

昂生 これはしゃあない。

亜生 雨もあんねんて、ほんまに。

昂生 へぇ！

亜生 やっぱり雲の厚さとかで。

昂生 あぁ、そうか。それはしゃあないね。でも1万人も観てくれてるからね。

亜生 ありがたいです。ほんまに漫才終わったら、スーって減るなぁ。

昂生 ははははは！ まぁね、それはしゃあない。

亜生 あははは！

昂生 ありがとう。さぁ、これからはどうするの？ 僕はさっき(寺門)ジモンさんの。

亜生 肉のヤツ？

昂生 肉のヤツっていうか、取材拒否のお店のヤツ(『寺門ジモンの取材拒否の店』フジテレビ)観てた。

亜生 あれ、面白い？

昂生 めちゃくちゃ面白いよ。あれ、いいなと思う。スタッフさんと演者が仲いいっていいなと思う。仲よくて微笑ましい。

亜生 いいな。観てないけど、1回も観てないけど。

昂生 めちゃくちゃ面白いで。

亜生 あぁ、そう？

昂生 ほんまにアポなしで行くから、全然閉まってたりするし。

亜生 断られる？

昂生 ほんまに断られるときあるねん。

亜生 えぇ。

昂生 ご飯食べて、とりあえず撮ってんねん。撮ってんねんけど、最終的に(店の人に)聞くねん。これ今撮ってたんですけど、みたいな。これいいんかどうかわからへんけど。

亜生 あかんやん、それ。

昂生 ははは！ でも怒られへん、ジモンさんやから。

亜生 ＧｏＰｒｏみたいなんで撮ってるの？

昂生 普通のカメラみたいなんで撮ったりしてる。今回のも結構断られてた。昨日のは再放送のヤツやってんねんけど。

亜生 それはどこでやってんの？

昂生 フジテレビ。

亜生 あぁ、フジテレビか。

昂生 うん、たぶんフジテレビやったんちゃうかな。めっちゃ面白い。

亜生 僕はねぇ、『ハムナプトラ』を１、２、３と観てます。

昂生 なんで『ハムナプトラ』？

亜生 あれ、なんにも考えんと観られるんや、『ハムナプトラ』。

昂生 『ハムナプトラ』ね。

亜生 みなさんも観ていただいて。あと、Ｎｅｔｆｌｉｘの『ペーパー・ハウス』。

昂生 はぁ、知らん。

亜生 これは面白い。インディアンスのきむさんがオススメしてた。

昂生 きむ…(笑)。

亜生 ＹｏｕＴｕｂｅで。

昂生 きむオススメかぁ、ようわからん。あと、岡山公演(『ミキ漫２０２０全国ツアー』)のことね、みなさんすみません。

亜生 そうや。本当に申し訳ございません。

昂生 ほんまに僕らも楽しみでね、やりたかったんですけど延期になって、9月になりますけど。せっかくチケットを買っていただいた方は、ほんまに申し訳ない。

亜生 すみません。

昂生 楽しみにしていただいてたと思うんですけど。

亜生 そうなんですよね。

昂生 今もうチケットセンターが大変なことになってるから。

亜生 パンク状態らしい。

昂生 だから、こういう対処しかできなくて。僕らもそこ、強くは言えないしね。

亜生 そうなんですよね。

昂生 こういうことになってるんです。でも、延期で9月にやりますんで、チケットをぜひ当ててもらいたいなと思います。ほんまに即完やったからね、岡山も。

亜生 ありがたいですね。

昂生 ありがたいことに、みなさんのおかげでね。だから9月にやりますので、ぜひみなさん楽しみにしていただけたら。すみませんでした、岡山のみなさん。また行きますので、よろしくお願いいたします。はい。というわけで、じゃあまた明日。

亜生　そうですね。

昴生　ということで。よろしくお願いいたします。それでは、さよなら！

亜生　さよなら！

4月14日

亜生　始まりましたぁ〜！　さぁ、始まりました。えぇーーと6日目です、インスタライブ。6日目です、みなさん。えぇっと…ちょっと待ってよ。…観てくれてるんかな？　みんな。こんにちは！　ちょっと待ってくれぃ！　これや。来たな。よしっ！

昴生　さぁ。

亜生　始まりましたぁ！

昴生　いやぁ…あ、今日もハッピーハンバーグさんが観てくれてはる。

亜生　そうです。今日も観てくれてはります。

昴生　ハッピーハンバーグさん、ありがたい。

亜生　あ、今日は7日目か。

昴生　そうです、7日目です。

亜生　俺、6日目って書いてたわ。

昴生　7日目です。今日で1週間か。早いようで。

亜生　あの日から1週間です。

昴生　途切れてんなぁ、音。で、止まってるわ、お前、めっちゃ。

亜生　ウソ。でもここが限界や、たぶん。

昴生　めちゃくちゃ音悪い。

亜生　マジ？　どうしよ。

昴生　あぁ、今直った、今直った。

亜生　聞こえてる？

昴生　うん、今聞こえてる。

亜生　そうなったら仕方ないということで。

昴生　はい。いやぁ…嬉しい。これをさぁ、18時からって毎日やってるやんか、時間決めてさ、いろいろ。やってたら1日過ぎるの、あっという間やな。あぁ、もう配信やってなるもん、ほんま。

亜生　早いわ、家にいたら、時間が。あっという間に10時。夜。

昴生　あぁ、夜の（笑）。

亜生　うん。あっという間や、夜の10時になるの、すぐ！

昴生　ほんまにすぐよね。

亜生　ちょっとお兄ちゃん、俺の腹筋、期待しといて。

昴生　あぁ、やってんねや、なんか。いや、お前いつもそうやからな。ダイエットも何回失敗してるねん。

亜生　へへへ！　ダイエットで食事制限はしてるねん、今もずっと。ちゃんとご飯は食べへんようにしてるねん。それにプラスして筋トレをしてるから、またモテるんちゃうかな。

昴生　またモテるって。今までモテたことあったか？

亜生　え？　俺に言ってる？　それ。俺やで。

昴生　EXITとか見てもうてるから、お前なんて薄いのよ、もう正直。

亜生　いや、濃いねん、俺のほうがグッと。EXITのファンより。

昴生　そうかな？

亜生　うん、グッと愛がある。

昴生　お前のほうが薄いど。俺のほうがだいぶ濃いで、それ考えたら。

亜生　そうよ。

昴生　1人1人のパワー、えげつないで、俺のファンは。

亜生　EXITよりも俺で、俺よりもお兄ちゃんってどんどん濃くなる。ただ、人数は減っていってるで？　どんどん。

昴生　ふふふふ。あぁ、それはな。

亜生　でも、その代わり濃縮やから。

昴生　あぁ、密度が濃い。

亜生　密度が違うから。

昴生　あぁ、なるほどね。「一緒に住んでるんですか」って言ってますけど、一緒に住んでてこんなやり方でやるわけないやろ。考えたらわかると思うけどね。

亜生　あははは！　うわぁ、そういうとこやで、お兄ちゃん。

昴生　ふふふ。

亜生　すぐさぁ、考えたらわかるやろと言ってしまうところが。

昴生　俺な、でもな、ほんまな、女の人から嫌われるというかな。嫁にもそやねんけどさ、すぐ質問してくるヤツおるやん。調べろやと思うねん、俺。嫁にも言うねん、いつも。いや、もう調べぇやって。

亜生　俺とかな？

昴生　そう、お前もそうやし。

亜生　俺さ、お兄ちゃんに聞きたいことあるけど、怒られそうやからあんまり聞いてないもんな。

昴生　あははは！　それでいいねん。そのほうが1人1人の成長につながるというか。

亜生　全然つながってない、マネージャーとかに聞いてるから、俺も。

昴生　いや、調べろや！　調べたらすぐ出るねんから、それ。

亜生　いやいやいや。

昴生　調べろって、なんでもかんでも聞きやがって。マネージャーなんやと思うてんの。

亜生　怒んねんもん。お兄ちゃんってほんま怒るからな。

昴生　怒らへんって。怒らへん。うわぁ、またこいつ…。

亜生　ほらほら！　それ怒ってんねんで、お兄ちゃん！

昴生　自分で成長止めてるわってことは。

亜生　世間一般に〝ほらまたこいつ〟は怒ってんねん！

昴生　ははは。そやね。

亜生　そうやで。怒らんでええねん、そんなんは別に。な？「今日は『恋つづ』ですね」って、みんな。

昴生　あぁ、そうやね。たぶん21時45分頃からやるんかな？

亜生　やると思います。ぜひ観てください。

昴生　やりますので、ぜひみんなで一緒に観ましょう。なぜかお前が呼ばれてるけど。

亜生　いや、呼ばれるやろ。当たり前やろ。

昴生　お前なんてまったく関係ない。

亜生　キーパーソンもキーパーソンやで、俺なんか。

昴生　絶対に喋るなよ、お前。ずっと無言を貫きとおせ。

亜生　あははは！

昴生　なんにも喋るな、お前は。

亜生　喋りまくったろ！

昴生　なんにも喋るな、お前はほんまに。

亜生　いっぱい喋ろかな。

昴生　あ、1万人いきました。

亜生　あぁ、いきました。

昴生　1万人いったということで、じゃあ始めましょう。1万になったらキリがいい。あと、これをそのままインスタに載っけてる人もいるんですよ。僕、昨日観たんですけど。

亜生　あははは！

昴生　それもやめてもらっていいですか？

亜生　ポリス！　インスタポリス。

昴生　それやめてもらっていいですかね。意味わからん。

亜生　それ、正直な、YouTubeに上げてるのと一緒やんな？

昴生　お前、アーカイブ上げてんのやろ。

亜生　そやで、このために上げてるで。

昴生　そのまんま載せてるのはちょっと。

亜生　みんな撮ってるねん、これでピン！ってやって。

昴生　かもしれんけど、それは各々で楽しんでもらって、それをネットに上げるのはすみません、ほんまにお願いします。YouTubeも、もちろんそうですけど。YouTubeに絶対上げないでください。せっかくね、こうやってやってんねんから。ここでみんなで楽しみましょうという感じなんですからね。

亜生　だから、みんなね、気をつけるように。SNSの使い方。

昴生　あと、昴生って呼び捨てしてるヤツは後日しばきますから。

亜生　厳しいなぁ、やっぱり！　お兄ちゃん、やっぱり呼び捨てにされるのな？

昴生　はい、お兄ちゃんとかはいいですけど。しばきたいと思いまーす。

亜生　だって、ほんまに中学生くらいの子が出待ちとかしてくれてたときに「昴生！　昴生！」って言ったら、「昴生さんやろ！」って言うたこともあるもんな、お兄ちゃん。

昴生　ふふふ！　そりゃ言いますよ。こういうとこではなんとなくお笑いでやれますけど、実際会って昴生って言われる筋合いがないですからね。

亜生　ふはは！　いやいや、いいんですよ、僕らみたいなもんはね、別に呼び捨てされてなんぼ。

昴生　そういうわけちゃう。僕らだって人間やし、そんなん。

亜生　あははは！

昴生　そりゃそうですよ。じゃあ、やりましょう。

亜生　やりましょうか。

昴生　いつも1万人観ていただけるのはありがたい。

亜生　これすごい。だって今日1万1000人やで。

昴生　すごいな。昨日もそうでした。1万1000人くらいが。

亜生　ありがたい。

昴生　ありがとうございます。

亜生　グッとコアなファンの方が観てくれてる。

昴生　よろしくお願いいたします。

亜生　お願いしまーす。

昴生　じゃあ、亜生くん、お願いします。

亜生　じゃあ行きます！　あいつは絶対ライバル〜♪

昴生　聞いたことある。うわぁ、これ誰やったっけな？　聞いたことある！

亜生　もう1回初めからいきます。ここら辺で出てくるから、いつも。

昴生　あはは！　これ誰やったやろ？　うわぁ、めっちゃNGKで聞いたことある。めっちゃNGKやんな？

亜生　NGKじゃない。

昴生　えぇ、ウソ！

亜生　うわぁ、違うなぁ。

昴生　誰？　誰？

亜生　これお兄ちゃん、絶対当てなあかんかったで。ポートワシントン。

昴生　ポートワシントン、俺がいちばんかわいがってるヤツか。伊藤ちゃん。

亜生　そうやで。だからやん！　チャンス問題やん！

昴生　唯一かわいがってる後輩、伊藤ちゃん。そうか、ポートワシントンか。ごめんなさい。

亜生　昴生軍団。構成員で作られてる。

昴生　昴生員ね。構成員ね。1人だけで

やってる。

亜生　1人だけ（笑）。普及活動もなんもせぇへん。

昴生　すみません。もう1回、違うヤツで。当てられなかったら、違うヤツになりますから。

亜生　いきます。ウィア〜♪

昴生　あっ！　えーっとねぇ、ビスケットブラザーズ！

亜生　正解！　すげぇ！

昴生　おぉ！　これ嬉しい！　これ嬉しい！　これ嬉しい！　はぁ、これ嬉しい！　めっちゃ聞き馴染みあった。やんな？　あってるよな。今日はビスケットブラザーズで。

亜生　ビスケットブラザーズさん、おめでとうございます。ポートワシントン、残念でした。

昴生　ごめん、ポートワシントン。

亜生　うわぁ、これはかわいそうやわ。

昴生　若手やめてくれへんかな？

亜生　なんで？　この前言うたやんか、NGKはちょっとわかるわって。

昴生　ベテランさんでいってほしいな。それやったら、わかるのに。

亜生　いやいや。若手もいきますから。

昴生　すみません、お願いします。…なんでこれなん？　あいつら、出囃子（笑）。意味わからん。出囃子…。

［漫才］ことわざ

昴生　ちょっと噛んじゃった〜。

亜生　いや、噛んでない、噛んでない。お兄ちゃん、噛んだって言うたら噛んだふうに思うから、噛んでないって言うたらええんねん。な？

昴生　あははは！　変な優しさいらんねん。

亜生　噛んだって言うたら、みんな、あとで観たときにここ噛んだなとか思うから、噛んでないって言うたらええねん。

昴生　噛んだでええねん。

亜生　噛んでないよ。兄ちゃんは噛んでない。

昴生　ありがとうございます。1万。1万1000人から始まったやんか。で、漫才がさぁ始まるってなったときに1万やったんや。

亜生　うん。

昴生　出囃子クイズで1000人減ってるから。

亜生　ははは！

昴生　おまえのせいで。

亜生　ちょっと待ってくれよ！

昴生　出囃子クイズ、もしかしたら不評かもしれん。

亜生　不評なん？　なんで？

昴生　出囃子クイズで、ポートワシントンかビスケットブラザーズみたいなワーってやってるとき、すーーっごい不評でした。

亜生　それはビスケットブラザーズさんのせいかもしれん。

昴生　ははは！　それはあるなぁ。

亜生　言いたくないけど、もしこれが和牛さんとかEXITさんとかの出囃子やったら、たぶんほんまにバーンと上がってると思うねん。

昴生　ほんまや。そらそうや。確かに。

亜生　俺もなんでビスケットブラザーズさんにしたんやろ？

昴生　漫才劇場で1、2を争うほど人気がないからね。

亜生　あと、ロックンロールブラザーズさん。

昴生　ロックンロールブラザーズさん、あとダブルアート、この3強ですから。

亜生　ふふふ！　絶対太ってる人、入ってるなぁ。

昴生　太ってる人、入ったら終わり。あと、2メートルズさんも終わりです。あそこは。あの4組は終わりですね。人気でいうたら終わり。チケットが紙屑になる。おもろいのよ、めっちゃ面白い。

亜生　面白い。

昴生　ただ、人気がないのよ。

亜生　ダブルアートさんはね、単独（のチケット）売れへんくて、マネージャーにブチギレられたらしい。

昴生　あはははは！　されるやろな、あいつらは。売れなさすぎやろ。

亜生　ZAZA POCKET'Sが埋まらへんかったって。

昴生　あははは！　60人が。

亜生　そう、60人が埋まらへんかったって。

昴生　なにしてるねん。でも、ミルクボーイさんもね、最初はそこからスタートやったりもするから、どうなるかわからんけど。

亜生　わかりませんけど。

昴生　人気だけがすべてじゃないから、そんなん。面白かったら絶対売れるんやから。

亜生　確かに。そういうことや。

昴生　というわけで、今日は21時45分頃から。

亜生　会いましょう、みなさん。

昴生　佐藤健さんのYouTubeでね、会いましょう。みんなで一緒に観ましょう。

亜生　『恋つづ』メンバーでお届けするから。

昴生　いや、お前が入ってくるな、『恋つづ』メンバーに。入ってへんねん、それは。

亜生　オファーがあったよ、オファーが。

昴生　（笑）。

亜生　僕にもオファーがあってやらせてもらってるねん。

昴生　ぜひ楽しんでいただけたらと思います。

亜生　最後に1つ質問を読んどこうか、兄ちゃん。「お兄ちゃん、夜ご飯はなにを食べますか？」って来ました。

昴生　今日ですか？

亜生　はい。

昴生　うわぁ、今日はなに食べよっかな。

亜生　昨日はちなみに。夜やで。

昴生　昨日は蟹。

亜生　あぁ、蟹？（笑）

昴生　冷凍してる蟹があったんで。

亜生　あぁ、お鍋？

昴生　蟹鍋。昨日、誕生日やったんでね。

亜生　あぁ、おめでとう。

昴生　今日はなに食べようかな？

亜生　もしかして、その鍋で今日のお昼、おじやしたとか。

昴生　それはしてない。

亜生　してない。なんでや？

昴生　そんなにいいダシ出ぇへんかった感じ。あんまりそんなに残さへん。今日なに食べよう？　みなさん、なにが食べたい？

亜生　あれは？　兄ちゃん特製お好み焼き、みたいな。

昴生　俺、家のお好み焼き、あんまり好きじゃないねんな。お好み焼きって、外で食べるのがいちばんうまい。

亜生　あぁ、まぁそうか。たこ焼きとかは？

昴生　わかる、わかる。たこ焼きしよかなって言うてて

ん。でも、たこがないから、そこをなにで代用するか。ウィンナーとかになんねんけど。

亜生　でも、まみちゃん、ウィンナー好きやしええやん。

昴生　そうそう。ウィンナーはいっぱいあるのよ。ハンバーグとかもいいけど、ひき肉ないねんなぁ。

亜生　あぁ、そうか。

昴生　青椒肉絲いいねんけど、まみちゃんがピーマン嫌いやねんな。

亜生　まみちゃん、ピーマン嫌いか。

昴生　むっちゃ嫌いやねん。パプリカがほんまに嫌いやから、ちょっと赤いの入ってたら、ウェって。

亜生　わかる。

昴生　俺は全然食べれるし、好きやねんけど、味はわかるよな。これ、パプリカ入ってるなって。パプリカ入ってなくても。

亜生　あれさぁ、ピーマンよりもちょっと甘いやろ。肉厚で。

昴生　そうかな。

亜生　あれがちょっとな。

昴生　色味も赤とかオレンジって黄色って、あんまり食べたい色じゃないから。

亜生　確かに。兄ちゃん、質問で「まみちゃんって誰？」って来てる。

昴生　それは受けつけません。そんなん受けつけません。

亜生　あははは！　まぁ、みなさん、21時45分から。

昴生　ぜひみなさん、『恋つづ』ダイジェスト観ていただいて、佐藤健さんのYouTubeチャンネルで僕らも一緒に観ようという企画なので、おうちで『恋つづ』ということで。

亜生　100万人くらい観るから。

昴生　きっと楽しい放送になると思いますので、ぜひ。そして、明日もまたこの時間に会いましょう。

亜生　お会いしましょう。

昴生　それでは、さようなら。

亜生　さようなら〜！

4月15日

亜生　1分早く始まりました！　ちょっと…なんじゃ、これ（髪型をいじる）。はい、始まりました、インスタライブ。漫才やらせてもらいます。あ、今日ストーリーズやるの忘れてたなぁ。えぇ…またや。あ、ハッピーハンバーグさん、こんにちは。あれほど言ってもリクエストを…危ない、危ない！　あっぶねぇ！　はい！

昴生　こんにちは。

亜生　お風呂入りたて？

昴生　いや、お風呂入ってないです。

亜生　髪切った？

昴生　あ、わかりましたか？

亜生　わかった。昨日？

昴生　昨日の晩に…お風呂入ってるときに。

亜生　いやいや、それやったらたけちゃん（佐藤健）のYouTube出る前にきれいにしとかな。

昴生　ふふふ。自分で（その配信を）観てて、あぁ、切ろうと思って。お風呂入ったとき、湯船浸かりながら伸びてきたなと思って、これは切らんとって。ここだけしか切らん。

亜生　もう俺ヤバない？　どうしよ、（美容室へ）行かれへんからなぁ。

昴生　自分ですいたら？

亜生　…え、オロナミンC飲んでるやん。

昴生　うち、オロナミンCのストックいっぱいあるから。

亜生　ふふふ、好きやなぁ。こっちまで匂い来そう。

昴生　ふふふ！　なんやねん、匂いって。オロナミンCに匂いないやろ。

亜生　あるわ。めちゃくちゃあるわ。

昴生　匂いないやろ、そんなん。

亜生　四千頭身の後藤くんが兼近みたいな髪の色になってた。

昴生　どういうこと？

亜生 ピンク色になってた。染めて。
昂生 へぇ～！ ピンク色。後藤ってさぁ、LINE消した？
亜生 なんでやろ？ え、俺、残ってんちゃうかな。
昂生 俺、後藤のLINEアカウントないんやけど。
亜生 嫌われてんかな？
昂生 1回、後藤のLINE見てて。
亜生 あ！
昂生 そうしたら退室したってなってて、後藤の。昨日気づいて。昨日バーっと遡ってってん。で、メンバーがいませんっていうのが…。
亜生 めちゃくちゃ暇なときにやることしてるやん。
昂生 (笑)。違う、後藤じゃなくて違う人探してて。この人にLINE送らなあかんなと思ってバーっと探してて。
亜生 誰？ 誰？
昂生 あの、愛ちゃん。
亜生 あぁ、『恋つづ』メンバーの愛ちゃん？
昂生 愛ちゃんに、吉川愛ちゃんが昨日テレビ出てたから。俺な、テレビに出る人でLINEしてる人おったら、写真撮って、それをその人に送るっていうのやってるねん、暇やから。
亜生 ちょっと待ってくれ。俺もやってるわ。
昂生 ははは！
亜生 ははは！ 俺もやってる。俺もテレビ観てて、映ってる人に送ってる。
昂生 そうそう。やってんねんけど、昨日、愛ちゃん出てたから、ドラマに。送ろうと思ってバーっと探してて、あれ？ 愛ちゃんないなぁって思ってたら、1人だけメンバーがいませんっていうのが出てきて。え？と思ってパッと開いたら、後藤で退室したって。え？ なんで出ていく？ だって、1人だけのあれやで？ 出ていくあれがない。だって俺、大したあれやってない。業務連絡しただけやで。
亜生 自分が嫌になったとかでアカウント消して、新しく生まれ変わって始めました、みたいな。
昂生 そんなことよくあるの？
亜生 女の子ってよくやるんやで。そやで。
昂生 女の子ちゃうやん、だってあいつ。
亜生 女の子みたいなんちゃう？ 中身が。わからんけど。昨日もな、『恋つづ』すごかったなぁ。
昂生 みんな観てたんかな？ まみちゃんも観てたで。
亜生 知ってるよ。(配信中、まみちゃんの)足映ってたやん。
昂生 ははは！ そうか。
亜生 足映って…。俺のとこ、吉川愛ちゃんでえよな？
昂生 どういうこと？
亜生 俺が配信出させてもらってるけど。
昂生 うん。いや、お前である必要はないよ、正直。
亜生 まぁまぁ、それは向こうの制作陣が俺やってなってるから。
昂生 あぁそうなん。
亜生 絶対、俺が出させてもらうけど。吉川愛ちゃんとかもなぁ？
昂生 ねぇ？ みんな、なにしてはんねやろ。結構来たで。あれやったあとにこずえさん(瀧内公美)からもLINE来たし、メイクの人からも来たし。
亜生 あぁ、ウソぉ。仲ええなぁ、お兄ちゃんは。
昂生 俺はっていうか、『恋つづ』メンバーがね？
亜生 あぁ、そうか。
昂生 そうそう。そういう感じです。
亜生 9000人いきました、今。あと800人くらい観てくれたら1万人。
昂生 ありがたい。なかなか難しいけど、こっからは。
亜生 ふははは！
昂生 もういいんちゃうかって思うけど。そんな無理やろ。
亜生 まぁまぁ。1秒に20人くらいは増えてる。
昂生 毎回1万人くらいが観てくれてる。こんなにありがたいことないよ。すみません、ほんまに。ありがたいことで。昨日、なに食べたん？ ちなみに。
亜生 えぇ？ あ、かに玉。
昂生 あぁ、作ったんや。
亜生 レトルトみたいな。
昂生 あぁ(笑)、簡単な。
亜生 簡単なヤツ。もうそれしかないから。
昂生 そうか、そうか。そりゃそうやな。
亜生 あと、白ご飯をいっぱい食べてるわ。お米いっぱいあるから、とりあえず白飯を炊いて炊いて。
昂生 そやな。俺も白飯をめっちゃ炊いて、めっちゃ食べてる。
亜生 お兄ちゃんの白ご飯は固いからなぁ。
昂生 固いからな、ほんまに。カッチカチやからね。
亜生 ほんまにバリバリいう。
昂生 それくらいが好き、俺は。
亜生 な？ チャーハンやったら、いちばんおいしいわ。
昂生 芯残すタイプやからね、俺。だから、炊きたてを売りにしてるご飯屋さん、おるやん。俺、炊きたて好きじゃないから。
亜生 土鍋も好きじゃないやろ？
昂生 土鍋って意外と芯残ってるねん、あれ。
亜生 でも、ニチニチになるやん、米が。
昂生 それは好きじゃないな。
亜生 パッサパサのほうがええもんな、どちらかと言えば。
昂生 パッサパサが好きやから、炊きたてより。
亜生 あぁ、わかるぅ～！ いろいろ来てます。えぇ…。
昂生 僕はちなみに昨日、グラタンを作って食べました。
亜生 すごいなぁ。耐熱皿持ってんねや。
昂生 持ってます(笑)。まみちゃんにね、「そんな仕舞い方してたら、すぐ茶碗割るわ」って言われてて、俺。
亜生 洗い物も兄ちゃんがしてる？
昂生 いや、代わりべったで。で、「そんな取り方してたらすぐ割れるで、皿」とか言われてて「ごめん」って言ってて、昨日まみちゃんが茶碗を割りました。
亜生 (笑)。言うな、そんなん。別にあるやろ、まみちゃんかてそんなんすること。まみちゃんだって完璧じゃないんやで、別に。
昂生 そやけど、あんだけ俺に言うといて割ったなって。
亜生 お兄ちゃん、昔さぁ、実家で畳の部屋の戸棚みたいなん開けたら…。お兄ちゃん、卒業アルバムを見たいから取りたくて(戸棚を)開けたら、上にさぁ、アイロンが置いてあって。
昂生 懐かしい。もうええわ。そのアイロンが畳に刺さったって話ええねん、もう。なんと1万人いきました！
亜生 畳に刺さっただけじゃなくて、バーンって刺さってるのにお兄ちゃんは刺さってないって。元から穴空いてたって謎のウソついてた。
昂生 もうええって、それは。あったけど。
亜生 あったやろ？
昂生 めっちゃ気持ちよかったけどな、畳に刺さったとき。シャーン！と刺さったから。
亜生 あははは！ アイロンがな？ 2階のトイレ詰まらせたときな。1階の隙間から水溢れてきたって、おかんにめっちゃ怒られてた。
昂生 もうええねん、それは。あと、お風呂の締めが甘くて、友達とかとワーって騒いでたら水が漏れてて、めっちゃ怒られたこともある。もう、そんなんええねん。
亜生 あと、家の車…。
昂生 もうええって！ さぁ、いきましょう。亜生くん、恒例のお願いします。
亜生 いきます。ダダッ！ ダダッ！ ドゥワ～♪
昂生 あぁ！ うんうん！ えぇ？ 誰やろ？ …めっちゃ聞いたことある。ごめんなさい、わからん。誰？
亜生 うわぁ、これは答えてほしい！
昂生 うわぁ、誰やろ。
亜生 青空さんです。
昂生 あはは！ 青空さんや、ほんまや。
亜生 もう答えてよ！
昂生 お前、覚えすぎやって逆に。そんな青空さんと一緒の出番のとき、あんまりないのにすごいなぁ。
亜生 青空さん、絶対、上の階にお子さん連れてきてはるときやもん。岡さんが。
昂生 岡さんがいはる。もうええねん、それ。青空さん、ごめんなさい。違うのでお願いします。
亜生 もう！ これはわかってほしいけどなぁ。テーテテテーテーテーテ～♪
昂生 うわぁ、めっちゃ聞いたことある。
亜生 ちょっと！ これ思い出さな無理やで。
昂生 ごめんなさい、これ誰ですか？ めっちゃ聞いたことあるけど。
亜生 ヘッドライトさんですよ！
昂生 ヘッドライトさん(笑)。ちょっとやめてくれへん？ そこ括り。漫才劇場のめちゃ上の兄さん姉さん括り、やめてくれ。
亜生 もう！
昂生 ほんまや。ヘッドライトさんや、すみません。ごめんなさい、もう1回。このクイズやってるから、また1万人切っちゃってるんですよ。せっかく1万人いってたのに。
亜生 あははは！ これは絶対当たるで。
昂生 はいはい！ 当たるヤツお願いします。
亜生 どこからが～♪
昂生 ありがとうございます。ありがとうございます、これは。藤崎マーケットさんです。
亜生 正解です。これはサービス問題です。
昂生 大好きです。藤崎マーケットさんの出囃子。聞き慣れてました。藤崎マーケットさん、ありがとうございます。
亜生 もう！ 青空さんでいきたかった。
昂生 青空さん、当てたかった～！
亜生 1日に何曲も出されると、用意してるストックなくなっちゃいますから。
昂生 お前が青空さんとかヘッドライトさんとかいくからやろ。
亜生 一発で当ててください。それではいきます！

[漫才] 体にガタがきてる

昂生 いやぁ…終わりました。あの、出囃子クイズをやって、めっちゃ人減りました。
亜生 900人。
昂生 せっかく1万人いたのに。
亜生 今日もちょっとな？
昂生 俺が一発で当てられへんかったからか。
亜生 それか、ヘッドライトさんやったからか。
昂生 あはは！ お前、悪いぞ。ヘッドライトさんのせいにすんなよ。「私が和田です！」だっていう。

亜生　「それ、いつ流行るねん！」

昴生　あははは！　ツッコミ間違えてるから、ほんまに。一発目のツッコミとして違うねん。あ、ハッピーハンバーグさんも観てくれてます。ありがとうございます。俺がダンス踊ってる間に8000人になってる。

昴生　あはは！　日に日に人数減ってます。みなさん、帰ってきてください。

亜生　まぁ、毎日やるということは、こういうことなんかもしれない。

昴生　こうなっていきますからね。みんな、慣れてきて。いやぁ、あの、またほんでインスタとかYouTubeに載せないようにお願いします。ここだけの限定でやってますので、よろしくお願いいたします。コメントも観てますので。読んでまーす。

亜生　「出囃子ってなんですか」ってコメントが来てる。

昴生　ははは！　出囃子で調べてください。

亜生　ふふふ！　説明してあげてよ、それは。

昴生　自分で調べてわかることは、自分でお願いします。

亜生　出た！　お兄ちゃんの怒るヤツ。

昴生　ただただアホになるだけです。己の成長を止めてるのと一緒。

亜生　言ってあげたらええやん、別に。

昴生　わからんことあったら調べる。それが成長につながるんです！　あなたは自分で自分の成長を止めてるだけです。お願いします。また、明日！　18時から配信やりますので。

亜生　ありがとうございました。

昴生　さよなら！

亜生　さよなら、みなさん！

4月16日

亜生　よいしょ～！　始まりました！　ええ、9日目。…今日の…出囃子は、さて誰になるんでしょうか。これもう9日間、毎日観てるよっていう人はいるのかな？　これは。…またや、くそ。…あった、これか。いけへんか？　無理か。あぁ、いった、いった。

昴生　はい。

亜生　ハッピーハンバーグさん、ありがとうございます。毎日観てくれて。

昴生　ハッピーハンバーグさん、毎日観てくれてるんじゃない？　ありがたいですね。

亜生　ありがたいですぅ。

昴生　9日目。

亜生　お兄ちゃん、これつけたとき、絶対髪型直すなぁ。

昴生　ふふふふ！

亜生　毎回やわ。こうやってんの。やってきてよ！

昴生　俺、ちょっとナルシストな部分があるのよ、やっぱり。髪の毛チェックしちゃうねん。前髪とか。

亜生　毎回、お兄ちゃん。

昴生　やっちゃうのよ、俺ってやっぱり。

亜生　変わってないのよ、触ったとこ。

昴生　ははは！　よう言われるもん、まみちゃんとかにも「また鏡見てるよ」って。

亜生　エレベーターとかな？

昴生　全然意識ないねんけどな。

亜生　生粋のナルシストやねん。

昴生　ナルシストやねんな、たぶん。俺、自分のこと好きやもん、やっぱ。

亜生　辻さんが観てくれてるわ、『ダウンタウンDX』（読売テレビ）の。

昴生　『ダウンタウンDX』のディレクターの。

亜生　ジャム作ってる場合ちゃいますよ、辻さん！

昴生　辻さん！『ダウンタウンDX』、結構カットしてたなぁ、ほんま。撮りすぎたから。

亜生　そう？

昴生　俺、結構喋ってたのに、ほとんど。インディアンスとの絡みも辻さん、どういうことよ？

亜生　それはしゃあないわ。

昴生　インディアンスとの絡みも、めちゃくちゃ多かったのに。もっともっと喋ってたのにさぁ、ほかでも。

亜生　総集編があるでしょう。

昴生　ないでしょう、あれの総集編は。撮りすぎたんよ、ほんま。だって、2時間スペシャルとかでも3時間半くらい映してたからね。

亜生　楽しかったです。

昴生　浜田さん（ダウンタウン）、怒ってたやろ（笑）？

亜生　へへへへ！　文旦のジャムみたいなのを作ってたわ、辻さん。

昴生　ジャムは絶対くださいよ、辻さん！ジャムください（笑）。

亜生　おしゃれな靴ください！

昴生　おしゃれDやから。おしゃれなディレクターさんっているけど、ちょっとなんて言うの？　それおしゃれか？みたいな、おしゃれが好きっていうだけの人おるやん。おしゃれがただただ好きっていう人おるけど、辻さんはマジのおしゃれ。

亜生　マジのおしゃれ！　全部デットストックのもうないヤツみたいな。

昴生　なぁ？

亜生　辻さんは乗ってる自転車とかも全部おしゃれやから。結局。

昴生　乗ってる自転車、俺知らんわ。

亜生　飲みに行こうって結局行けてないな、辻さんと。

昴生　そやなぁ。忙しいから、辻さんは。

亜生　ご飯のヤツな？　辻さんにやってもらって。

亜生　お、今なんと7000人！

昴生　あら、いつもありがとうございます、ほんまに。7000人の方に観ていただいてすみません。ありがたいですけど。

亜生　あと、ざっと2500人くらい増えたら…。

昴生　絶対無理です（笑）。もういいです、十分ですよ。1人でも観てくれてたら十分です。これが楽しみで毎日頑張れてるっていう人が1人でもいたら、それだけでやってる意義がありますよ、ほんまに。

亜生　ありがたい。

昴生　ありがとうございます。そら、ずっとやってたら飽きてくるよ。そりゃそうよ、毎日毎日さぁ、絵変わりのないさぁ、動きとかがあったらいいけどさ、ただ喋りだけでさ。

亜生　服とか変える？　おしゃれにしていく？　どんどん。

昴生　嫌やなぁ。めんどくさいわ。

亜生　カジュアルに。

昴生　服選ぶん、めんどくさいわ。あ、秋山さん？　秋山さんがコメントしてくれてる。

亜生　え、秋山さんって？　アキナの？

昴生　これ、アキナの秋山さんなんかな？違うんちゃう？

亜生　どれ？

昴生　「元気もらいました。お兄ちゃん、亜生ありがとう」。…え、ほんまに？　嬉しい、秋山さん会いたいなぁ。

亜生　会いたい。

昴生　大好きな先輩の1人です。

亜生　家近かったからな、昔。

昴生　秋山さん好っきやなぁ。

亜生　あ、秋山さんや、ほんまや。

昴生　すみません、ご無沙汰してます、秋山さん。あぁ、「秋山やで」って（笑）。秋山さん、三輪さん（現：なにわプラッチック）とコンビ組まれていた秋山さん。それでコンビ解散してトリオになったんですけど、ちょっとそのトリオが…あの、すみません…ちょっと…。

亜生　なにがあったん？

昴生　ふふふ、おい！　調べてください。ソーセージ秋山で調べてもらったら、すぐ出ます。「昔の話やめてーや。髭ボーボーで観させてもらってます」って。秋山さんもおしゃれさんですから。

亜生　そうそう。ありがとうございます。

昴生　さぁ、じゃあ、やっていきますか。

亜生　やってきますか。まぁまぁ、最初は用意してきたヤツ言わせてよ。

昴生　どういうこと？

亜生　最初の出囃子は。

昴生　なるほど、なるほど。あと、『せやねん』（MBS）のスタッフさんも観てくれてはる。

亜生　誰？

昴生　沖縄一緒に行ったね。

亜生　あぁ！

昴生　名前はちょっと素人さんなので。まぁ、辻さんも素人さんやけど。その節はお世話になりました。

亜生　辞めてはる？

昴生　辞めてはらへんで。産休でね。楽しかったなぁ、沖縄のロケ。さぁ、やっていきましょうか。

亜生　ではいきます。

昴生　…コメント消してくださいよ。

亜生　うわ、冷たっ！　言い方。マジで言い方、冷たいやん、今の。

昴生　ふふふ！　よろしくお願いいたします。

亜生　はい、いきます。始めるよぉ～♪

昴生　うわぁ、めっちゃ聞いたことある…。漫才劇場でしょ？

亜生　はい。

昴生　うわぁ、わからん。誰？

亜生　絶対当たらへんと思うわ、そんなん。モンスーンさん。

昴生　わからん（笑）。モンスーンなんて頭の端にもなかった。

亜生　なんでよ！

昴生　もうちょっと上の芸歴の人を想像してた。

亜生　やっといてよ、それは。

昴生　すみません、ごめんなさい。モンスーン当てられなかった。

亜生　無理か。じゃあ、次はじゃあ、この人いこかな。

昴生　モンスーン、無理やって。誰も当たらん。

亜生　ターンタタターン♪

昴生　うわぁ、おる、おる！　武者武者？

亜生　違うよ！　キンニクキンギョさんや。

昴生　あははは！　あぁ、そうや！

亜生　ゼア！ってなんの関係もないのに、やってはるやん。

昴生　俺、あれ、何回もやめろって言うてるねん、あいつに。意味がわからんからやめろって言ってるねん。あぁ、そう。ごめんなさい。キンニクキンギョ、わからんかった。はい。

亜生　うし～みつ～ど～♪

昴生　（拍手）。最初にそれやれよ。最初にそれやってよ。アキナさんね。

亜生　正解。

昴生　秋山さんがいんねやから、最初にそれをやれよ、そしたら。なんでモンスーンとキンニクキンギョを挟むねん。

亜生　当たるから。モンスーンさんとキンニクキンギョさんは当たらへんから。

昴生　秋山さんが観てくれてはんねやから、アキナさんをやれよ！　よろしくお願いいたします。

［漫才］俺の話を横取りするな

昴生　はい〜！　今日も終わり〜！　ノルマ達成〜！

亜生　ノルマとか言ったら冷める〜！

昴生　（笑）。どうでしたか、みなさん。さぁ！　今日はなにがあるかな。毎日、俺はラテ欄、チェックしてね、今日はなにあるかなとか見てますけど。漫才観ていただいて、どうでしたか？

亜生　どうですか？

昴生　減りもせず、増えもせずでした。こんなん、初めて。

亜生　あぁ、ほんまに初めてかもしれないです、お兄ちゃん、1万人いかなかったのは。

昴生　しゃあない、それはね。こっちも別に無理やり観てくれっていう感じじゃ…。みなさんの中のルーティンになれたらなっていうことなので。

亜生　まぁ、確かに。

昴生　そうか、今日『知りたガールと学ボーイ』（NHK）あんねん。みなさん観てください、めっちゃおもろいから。勉強になるかどうかわからんけど。

亜生　なってるねん、実は。

昴生　なってんのかな？

亜生　だって、ほんまにいろんな学校の先生からお便りいただいてな？　そのおかげで続きましたから。教材になってるわけよ。

昴生　そうですね。みなさんもいろんなテレビを観ていただいて。明日がなんやったっけな？　クイズの小5クイズ（『クイズ！　あなたは小学5年生より賢いの？』日本テレビ）やったかな？　2人でクイズ。

亜生　それがあります。

昴生　辻さんが「（インスタの画面で2人の）肩の位置、一緒がよかった」って。

亜生　あ！

昴生　でもね、そこはちょっと工夫してるの。俺のほうがちっこいから、肩を下げてるの。

亜生　お兄ちゃんって、そういうこだわりがあるんですよ。

昴生　辻さんが変な演出入れてきた。Dの感じ出してきてるから。

亜生　僕らを演出してくれよ。どうやったら絵変わりすんのかな？

昴生　辻さんね、いろんな芸人さんと関わり持ってやってはりますから。いやぁ、今日の『VS嵐』（フジテレビ）は出ませんよ。たぶん出ないでしょ？

亜生　出ない、出ない。なんで出ると思わはったんやろ？「向き合うといいかも」って辻さんが。なるほどな。

昴生　こういう感じで？

亜生　こうやって…（と向き合う）。

昴生　いや、気持ち悪い、なんか。俺、めちゃくちゃ洗濯物のほう見てる。気色悪いでしょ。

亜生　遠近感でなんかできんかな？

昴生　ちょっと保留で、辻さん、すみません。

亜生　保留というか、ボツです。その演出はボツにさせていただきます。

昴生　あははは！　今日もいろんな人のインスタライブ楽しみですよ。僕、結構観てるからね。

亜生　ウソぉ。じゃあ、俺と（こじま）ラテ（なにわスワンキーズ）のインスタライブも観てくれたん？

昴生　ちょっと観た。一瞬観てすぐやめた。

亜生　なんでやめんねんな。

昴生　今まで観た中で、いちばんおもろなかった。見応えもない。

亜生　あははは！　なんで。

昴生　興味がない、そもそもお前とラテに。

亜生　ラテがこの期間にどんな料理作ったかとか聞いててん。

昴生　マジで興味ない。あいつの肌質が悪すぎる。ボコボコで、めっちゃ気持ち悪かった。

亜生　でも、コメントで「兄弟でインスタライブやってくれてありがとうございます」って何個も来てたで？

昴生　あはは！　それやめろ。俺、ラテと似てないから。全然似てないから。

亜生　「夜にもやってくださって、今日めっちゃいい日です」みたいなコメント来てたもん。

昴生　やめろ、似てないねん。

亜生　似てる。そっくりやから。

昴生　今日もじゃあ、みなさん夜な夜な。

亜生　インスタライブとかね？

昴生　テレビとかよろしくお願いします。では、また明日ということで。観ていただけたらありがたいです。

亜生　今から東京は雨ですよ、みなさん！

昴生　洗濯物、気をつけてください。あと、このインスタライブとかＹｏｕＴｕｂｅとかに載せるのは禁止ですよ〜！　禁止ですよ〜、お願いします。

亜生　お願いしますよ、みなさん。

昴生　バイバイ。またね〜。

亜生　さよなら〜！

4月17日

亜生　さぁ、始まりました。もう髪の毛がもう…むちゃくちゃや！　インスタ漫才ライブ始まりましたぁ〜。さぁ、今日もたくさんの方が観てくださって。

昴生　ありがとうございます。あ、今日曇ってんなぁ。絶対、脂やわ。

亜生　手のとこでキュッとやってみぃ。今日は曇ってんなぁ、確かに。

昴生　天気なんかなぁ。すみません、ちょっとお見苦しいところを。あ、いけた。

亜生　いけてる？

昴生　だいぶマシになったんちゃう？　いやぁ、ありがとうございます。「毎日観てるよ」とか、すみません。ありがとうございます。

亜生　すみません、ありがとうございます。

昴生　少しでも楽しみになったらなと思います。

亜生　ちょっとここ最近、数日冷え込んでますから。

昴生　（笑）。今日も辻さんが観てるって。

亜生　もうええって、辻さん。

昴生　いじらんでええって（笑）。ありがとうございます。さっきまでさぁ、ラジオ『ミキの兄弟でんぱ！』（KBS京都）を自宅でリモート収録してたから、今日1日ずっとお前と喋ってる。

亜生　うん。

昴生　ずっとお前と喋ってる。

亜生　で、ずっとこの画面やし。

昴生　あははは！

亜生　リモート収録もこれでやってるから。別にあれさぁ、思ったけど、顔は見れんでもよくない？

昴生　いや、でも顔見て会話したいよ、そりゃ。

亜生　素敵なこと言う。

昴生　そのほうが、目を見て喋りたいよ。

亜生　えぇ？　でも目は見てない。機械見て喋ってるから。

昴生　いや、マジでベッドに横たわりながら録ってたもんな、2人。

亜生　もう病院やん、そんなん。2人でベッドに横たわって。

昴生　ははは！　そうやんな。今から安倍さん（元首相）の会見も始まったって。全然そっち観ていただいたらいいですよ。

亜生　やめとく？　俺らも。

昴生　アーカイブ残すしね。

亜生　そうやねん。

昴生　そうそう。

亜生　全国に出ましたからね。お兄ちゃん、知らんって言うておかんに怒られてたな、ニュース。

昴生　うん。だって、出てすぐ言うてきよったから。

亜生　あはは！　出た10秒後に「出たな」って。

昴生　出てすぐは知らんよ。そうやねん。今日も結構観ていただいて。毎日、絶賛減ってますね。

亜生　まぁまぁ、もうね、僕は気にしない！

昴生　毎日減ってきてますねぇ。

亜生　でもこれ、普通のこと。

昴生　逆にさぁ、増えたら嬉しいよな。いつか増えるのかな？　ドンっと。

亜生　どうなんやろ？

昴生　この人数をずっとキープなのかもしれんなぁ。

亜生　そうそう。

昴生　この人数キープでもすごく嬉しいよな？　6500人が常に飽きずに観てくれてる。僕らは変わらんようなことやってるのに、ほんまにもう。観ててもおもんないでしょ、別に。

亜生　なんか変えていきたいなぁ、でもなにかしら。衣装をちょっと変えるとか。

昴生　前から言うてんな、それ。いいねん、別に変えんで、それは。ネタを変えてんねんから。突然、Wi-Fi切れたかな？　だからかも、Wi-Fiつないでなかった、俺。

亜生　四角やったもん、お兄ちゃんの。

昴生　ウソぉ。今直った？

亜生　さっきのもつないでなかったんちゃう？　なんでWi-Fi切ってんの？

昴生　いや、接続悪いときあるねん、俺。Wi-Fiの接続が悪いときがあるねん、このマンションが。

亜生　そんなええマンションに住んでるのに？

昴生　ええマンションでもないけど、あるやん、ホテルとかでもさぁ、今日接続悪いなみたいな。そういうこと。

亜生　ある、あるある。まぁまぁ。

昴生　5分なのでもうそろそろやりましょうか。

亜生　やりましょう。

昴生　やっていきましょう。横にして…よいしょ。やっぱり暗いねんな、俺な。

亜生　暗いな。

昴生　コメント消してくださいよ。

亜生　そうや、忘れてた。

昴生　お前、ほんまに全部言わなできへんな、俺が。なぁ？

亜生　俺がコメント消してるけどな！

昴生　わかってるんやったら消せ！　さぁ、それでは亜生くん、毎日の恒例のからお願いします。

亜生　レッツラゴー！　デーデデデ♪

昴生　うわぁ、いる（笑）。うわぁ、いるわぁ。わかった！　クロスバー（直撃）さん。

亜生　正解！

昴生　うわぁ、すごい！　これ嬉しい！　これは嬉しい！　クロスバー直撃さん。

亜生　そうです。

昴生　嬉しい！　これにぴったりやから、クロスバーさん。この出囃子に。これは嬉しい。やったー！　今、自分の叫び声が、隣の部屋からちょっと遅れて聞こえてきました。

亜生　あれ？　誰かいる？

昴生　まみちゃんが聞いてますから。

亜生　じゃあ、おさらいな？　始めるよ～♪

昴生　おさらいってなに？　あ、モンスーン。

亜生　正解！

昴生　そういうおさらいね。なんでおさらいがあんの？（笑）

亜生　復習していってよ。

昴生　なにが生まれるねん、そのあとに。

亜生　はいけ～い～♪

昴生　青空さんね。ちゃうちゃう、もうええ。今日はクロスバーさんでいってください。

亜生　レッツラゴー！　デーデデデ♪

昴生　いい出囃子や。

【漫才】パクチーはおいしい

亜生　おっきい声で「パクチー！」って言うてしまいましたね。

昴生　完全に間違えてたね。おっきい声で「パクチーやないか！」って言ってたなぁ。

亜生　それはもう申し訳ない。

昴生　あはははは！　で、それに気づいてなかったもん、最初。

亜生　一発目の「パクチーやないか」で気づいたけど、パクチーでいこうと思って。

昴生　無理やろ。「パクチーやないか」では。

亜生　お兄ちゃんにめっちゃアイコンタクトしてたで。

昴生　してた（笑）。なんか顔で訴えかけるなと思ってた。

亜生　パクチーでいってって。

昴生　乗り切られへんで、あれで。

亜生　お兄ちゃん、俺、７５００人の前で恥かいてるから。

昴生　あはは！

亜生　だからパクチーでいってって。

昴生　コメントオフになってるから。

亜生　コメント消してって言うたの、兄ちゃんやで。

昴生　オンにせぇや、縦にしたら。どんだけ融通効かへんねん。

亜生　ふふふ！

昴生　融通効かなすぎるやろ。あんなに大きく間違えるかね。

亜生　まぁ、間違えもするて。人間だもの。

昴生　人間やからそやけど、ビックリした。俺の耳がおかしかったんかと思ったもん。

亜生　そうやったんかもしれん。

昴生　そんなことないでしょ。まぁ、でも７０００人の人に観ていただきまして、ありがとうございます。

亜生　ありがとうございます。

昴生　結構、僕は今日のネタ好きなんですけどね。こういう感じのネタ。

亜生　なかなかでも、これね、難しい。タイムラグあるから。

昴生　そうそう。もっとテンポよくね？

亜生　そう。難しいわ。

昴生　そやね。いやぁ、生の感じがね、伝わったかなと思って。観ていただいてありがとうございます。すみません、みなさん。楽しんでいただけましたでしょうか。あ、今日はなに食べますか？　亜生くん。

亜生　コロッケですね。

昴生　あぁ、コロッケね。

亜生　好きなコロッケを食べたいなと思います。あの、お兄さまは？

昴生　僕は豚肉がちょっとあるから、それを炒めて食べようかなって。

亜生　なんかお兄ちゃんって、豚肉ずっとちょっとない？

昴生　ふふ。冷凍してるから。牛はないな。豚肉も鶏肉も基本、冷凍してます。

亜生　冷凍しておいしい？

昴生　おいしいですよ。

亜生　まぁまぁ冷凍しなあかんのか。

昴生　これをまみちゃんが聞いてて、どういう反応してるのかちょっと気になりますけど。怒られるかもしれません、もしかしたらこのネタ。

亜生　本心ではございません。

昴生　あははは！　そうやって謝っといたほうがええよ、ネタでも。普通の人はわからんから、ネタかどうか。

亜生　そうか。言わされてる、お兄ちゃんに。

昴生　ははは！　ウソつけ。とんでもないこと言うてんなぁ、お前。本心でしょ？　あなたの気持ちをそのまま。ネタとかじゃないじゃないですか。あなたの気持ちを。

亜生　全然そんなことない。まみちゃんはもう…なんやろな？　生姜焼きとかやもん。全員好き。

昴生　ははは！　全員好き？

亜生　嫌いな人おらん。ハンバーグとか生姜焼きとか。

昴生　苦手な人おるけどな、生姜焼きとかも。

亜生　いや、おらんおらん。全員好き。

昴生　ハンバーグとか。

亜生　ハンバーグ、もう最高。

昴生　いいじゃないですか。これを舞台でできる日が来たらね、ぜひやりたいなと思いますけど。安倍さんの配信やってるらしいので、それは観ましょう。

亜生　安倍さんの配信とかあんまり言うな。配信じゃないねん。

昴生　ははは！　書いてたから、そのまま読んでもうた。

亜生　安倍さんはインスタライブやらへん。会見。

昴生　会見観ましょう。すみません、長々と。また明日お待ちしておりますので。さよなら！

亜生　さよなら～！

4月18日

亜生　さぁ、11日目。始まりましたぁ。インスタライブ漫才です、みなさん。先ほど、あ！　ハッピーハンバーグさん、ありがとうございます。桑さん（トット・桑原）がさっきインスタライブしてました。桑さんが…これでいいかな、今日は。いけるか？

昴生　どうも。こんにちは。

亜生　はい。あ、笠谷（ポートワシントン）が観てくれてるわ。

昴生　おっ、笠谷。…ハゲ谷。

亜生　笠谷ありがとう。

昴生　若ハゲさんですよね？　若ハゲさん。若ハゲサンキューです。笠谷くん…。

亜生　いろんな方が今日も…今日はなんか多いな。

昴生　ほんまや、多い。増えてる。

亜生　土曜日や。

昴生　あぁ、そういうこと？　そんなことある？　関係ある？　もうだって自粛要請出てるからさぁ。

亜生　あるとこはやってはるからな、やっぱり。

昴生　みんな家にいましょう。とうとう『男はつらいよ』も32作まできましたね。

亜生　え！

昴生　最初のほうに30作と32作が好きやったから、そこ先に観たんよ。だから2つ飛ばしではいけてるから、次に観るのは33作で、32作までいきました。

亜生　それ、何話で終わりやったっけ？

昴生　49作です。

亜生　まだまだやな。

昴生　まだまだ。うん。

亜生　あ、ハッピーミキバーグのね？　ポップアップ。

昴生　ポップアップストアのヤツがオンラインで買えるようになりましたので、みなさん、買って。ハッピーミキバーグかわいいですから。

亜生　かわいい。

昴生　近くにあったら。あぁ、あるわ。あぁ、ないわ。

亜生　俺あるで。

昴生　俺ないって言うてるのに。見せてあげてください、どんなものがあるか。

亜生　いいよ～（と、席を外す）。

昴生　すみませんね、今、僕だけで申し訳ない。

亜生　（戻ってきて）こちらです。

昴生　あぁ、いいですね、Tシャツ。かわいい、ロンT。

亜生　ロンTです、これは。ロンTなんか、これからの時期いいよ。

昴生　いいよね。これ後ろ、ハッピーミキバーグって書いてて、亜生昴生って名前入ってて、漫才師って入ってんのかな？　中国語かなんかで漫才師とか仲よし兄弟とか。

亜生　そうそう。黒もあったり。

昴生　ほかのアイテムはありますか？　もしあれやったら持ってきてあげてくださいよ、なんか。

亜生　ほかのアイテムは向こうやな。出してこな。仕舞ってもうたな（と、再び席を外す）。

昴生　待っときますんで。まだ時間あるから大丈夫ですよ。すみません、僕だけで。もしかしたら視聴数が下がるかも。すみません。

亜生　（再び戻ってきて）えぇーっと、これは。

昴生　どれ？

亜生　ハッピーミキバーグ。

昴生　Tシャツ。これは半袖ですね。

亜生　半袖。後ろ、こんなんや。

昴生　あぁ、かわいい。

亜生　ちょっとサコッシュがあんねんけど。

昴生　猫が入っちゃうんじゃない？　大丈夫？

亜生　いや、猫は入ってくるよ、そりゃ。ドア開けたら。

昴生　出してや。絶対、猫なんか、猫アレルギーの人もおんのに、そんなん。猫アレルギーの人、かわいそうやん。猫見るだけでそうなっちゃうからね。サコッシュ見たいでしょ？　ちょっとかわいいんですよ。レザーのサコッシュかな？　すみません、今1人で。うわぁ、大丈夫かな？　でも、ちょっとずつ人数増えてる！　あ、８０００人いきました、よかった。昨日６０００人くらいやったからね。ガンガンガンガンガン嫌やなぁ。ガンガンガンガン。

亜生　猫が…猫が…ゲロ吐いてたからちょっと待っといて。

昴生　うわ。大丈夫？　それ。ゲロ…大丈夫かね、それ。あっ、ふふっ、うちにありました（笑）。すみません。うちにありました。先に持ってきてくれてました、まみちゃんも観てる。

亜生　すみません。なんやねん。

昴生　亜生くん、すみません。

亜生　これ色違い。なんやねん、でもよかった。そのおかげで猫のゲロに気づけた。

昴生　よかった、よかった。

亜生　毛玉を吐いただけで大丈夫でした。

昂生　こっちは茶色で、中がちょっと緑になってるみたいなサコッシュ。レザーの。

亜生　僕見て？　緑と茶色やで。レザーの黒は。

昂生　いいね。で、中にハッピーミキバーグって書いてあるのかな？

亜生　いや、えーっと、今ここにね、書いてあります、うっすら。

昂生　あぁそこに。

亜生　かわいい。あともう1つ、これね。

昂生　あぁ、いいね、それ。

亜生　携帯ケース。携帯電話とか入れるのはいいと思いますよ。

昂生　うん。で、ｉＰｈｏｎｅケースもあります。

亜生　ぜひみなさん。

昂生　あ、向井さんが観てるらしいですよ。あのパンサーでおなじみの向井さんが。

亜生　向井さん、朝定食ってどういうことですか？　昨日、ライスの関町さんの熱帯魚インスタライブを夜やってはるから観てたら、「朝定食」って言われて「それは言うな、やめろ！」って言ってたから、朝定食がなにか気になんねんな。

昂生　これがポーチです。Tシャツもあります。僕のとこ、バーコードで隠してあります。

亜生　ありがとうございます。

昂生　あのパンサーでおなじみの向井さん、もういなくなりました？

亜生　あ、いるよ。「ほぼ毎日観てる」って。

昂生　うわぁ。

亜生　でもなぁ、松尾さんも観てくれてた。

昂生　え？　チョコプラの？『～ドリームマッチ』で有名な？

亜生　そうそうそう。

昂生　『ドリームマッチ２０２０』で、粗品と天才コントを繰り広げた松尾さん？

亜生　有名な松尾さん。サーモグラフィーの天才コントをやった。

昂生　松尾さん。え？　え？　パンサーでおなじみの向井さん、どこにいんの？　見えへんわ、全然。

亜生　あのパンサーでおなじみの向井さんは…。

昂生　あぁ、いるわ！　やっぱあの人、別にこの期間関係なく、毎日観てるやろうから。

亜生　全部のラジオも聴いてるし。

昂生　パンサーでおなじみの向井さん。さぁ、そろそろやりましょうか。今日は多いよ。８５００人くらいいる。

亜生　うぇーい。やりますか。

昂生　やりましょう。やっていきましょう。

亜生　オフ！　どうですか。

昂生　言われなくてもできましたね、今日は。

亜生　うるさい、うるさい。

昂生　さぁ、やっていきましょう。今日もよろしくお願いします。じゃあ、亜生くん。

亜生　お願いします。では、いかせていただきます。デンデンデレレ～♪

昂生　あぁ、わかる。うん。…うわぁ、誰やったっけな？

亜生　うわぁ、もう…やらさんといて、そんだけ正解せぇへんねやったら。

昂生　先輩やんな？

亜生　そうや。

昂生　デンデンデレレ～♪　うわぁ、めっちゃ聞いたことある。誰やったっけ？　ごめん。

亜生　Dr.ハインリッヒさんです。

昂生　あぁーーー！　ハインリッヒさん、ごめんなさい。そうか、ハインリッヒさん。次の方お願いします。

亜生　デーデレーデレー♪

昂生　めっちゃ聞いたことある。先輩やんな、これも。27期さん？　もしかして。で、縛ってる？

亜生　縛ってない。

昂生　あぁ、ごめんなさい。わからない。

亜生　ダイアンさん。

昂生　ダイアンさん！　ダイアンさん、すみません。ダイアンさんでしたか、申し訳ないです。

亜生　もう～～～！

昂生　ちょ、俺わからへん。出囃子、そんな俺、そもそもそんな知らんから、それは。

亜生　当ててよ！

昂生　ごめんなさい。すみません。

亜生　いくよ。テーレレレレレー♪

昂生　テーレレレレレー♪…あぁ、わかんねんで（笑）。わかんねん。テーレレレレレーレレー♪

亜生　これ失敗したら、失敗タイやで。3つ失敗が今までで最高やから、タイやで。

昂生　テーレレレレレーレレー♪…うわぁ、うわぁ、誰これ。もう全然浮かびもせぇへん。誰や、これ。すみません、誰っすか？

亜生　スマイルさんです。

昂生　スマイルさん…（笑）。スマイルさんや、ほんまや。スマイルさん、すみません。ヤバい。

亜生　僕も今日用意してる曲…。

昂生　違う。3つ目は簡単なんでいってよ。

亜生　簡単やん、スマイルさんは。

昂生　確かに簡単やな、スマイルさん。超楽勝でいって。超楽勝、当ててからやろう。

亜生　これはもうわかると思うで。くちぶえ～♪

昂生　あははは！　わかりました。ありがとうございます、コマンダンテさんで。

亜生　もうラッキー問題やで。

昂生　これはわかります。すみません、ラッキー問題。今日はコマンダンテさんでいかせていただきます。

亜生　いきます。くちぶえ～♪

【漫才】よその弟

亜生　終わりましたか？

昂生　終わりましたかってなんやねん。俺が1人で勝手にやってたみたいに。

亜生　今日もこなしました？

昂生　こなすとか言うな。怒られるぞ、まみちゃんに。いやぁ、どうでしたかね？

亜生　観ていただいてよかったです。

昂生　今日はだいぶ気持ちの悪いネタでしたけども。

亜生　あ、なんかやってもうた。

昂生　（画面上に）「好きなアンパンマンのキャラクターは？」っていうのが出てきましたけど（笑）。

亜生　ごめんごめん。なんかポンと押してしまった。

昂生　ははは！　これなんなん？　どうしたらこうなんの？

亜生　なんかな、いっぱい質問がな、来んねん。違う質問欄みたいなのに。ほんで、それをポンと押したら出んねん、そうやって。

昂生　あぁ、なるほどね。

亜生　そうそうそう。こんなんとか。

昂生　「あぁ…」って、なんかやらしいな。好きなアンパンマンのキャラクター、なんですか。ちなみに答えてよ。

亜生　しょくぱんまん。

昂生　なんでなんで？　そんな当たり前やんみたいな言い方で（笑）。

亜生　あははは！

昂生　こんなん聞いてくるなや、当たり前やんみたいな言い方でしょくぱんまんって言ったって知らんし、そんなん。なんでしょくぱんまんなん？

亜生　なんかええやん。僕、サポートしてる人とかめっちゃ好きやから。

昂生　ざっくりしすぎやろ、そしたら。そんだけ確信的にしょくぱんまんって。

亜生　しょくぱんまんって青レンジャーみたいなことやん。ちょっと。青レンジャーがずっと好きやから、ちっちゃい頃から。

昂生　あぁ。

亜生　なんか僕の声が聞こえへんときがあったって。

昂生　俺もだいぶ聞こえへんかった。だいぶ割れてた。

亜生　ウソぉ。勘でやってたんや。

昂生　勘でじゃないけど。なにしてんの？

亜生　ちゃうねん。固まるねん。

昂生　昨日は晩ご飯、なに食べたん？

亜生　コロッケやって。さっきドーナツ作りました。

昂生　あぁ、知らんけど。

亜生　コロッケの油があったので、ドーナツを作りました。

昂生　知らんけど。僕はお昼寝しました、2時間ほど。

亜生　何時に起きたん？　今日。

昂生　めっちゃ早よ起きてん、今日。6時くらい、5時くらいかに起きて。

亜生　なんで？

昂生　昨日、早よ寝て。そしたら早く起きすぎて、昼飯食うたら眠なってもうて。

亜生　夢見た？

昂生　夢な。もうビックリすんで。夢も寅さん。寅さんばっかり観てるから（笑）。夢ん中も寅さん、マジで。

亜生　俺さぁ、寅さんじゃない話したいねん。

昂生　俺はずっと24時間、寅さん。俺、起きたときにビックリした、夢でも寅さん観んの？って。

亜生　寅さんじゃない話したいのに、マジで。

昂生　はははは！　パンサーでおなじみの向井さんは？

亜生　消えたな。

昂生　消えたか。おい、なんやねん、観るとか言っといてよぉ、パンサーでおなじみの向井さん。

亜生　パンサーでおなじみの向井さん。なんやねん、これ。

昂生　なにしてんねん。

亜生　ちゃうねん、ポンと押したら、向こうの画面になっちゃうわけよ。固まるのよ、携帯が。

昂生　あ、「観てるよ」って。パンサーでおなじみの向井さんが。ありがとうございます。うわぁ、嬉しいね。

亜生　パンサーでおなじみの向井さん？　嬉しい。

昂生　パンサーでおなじみの向井さん。あのパンサーでおなじみですから。

亜生　向井さんのベランダのインスタライブも観てますよ、僕は。

昂生　あぁ、知らないです。

亜生　あのファンとしては部屋の中…見たいなぁ！

昂生　パンサーでおなじみの向井さんの？

亜生　うん。ベランダの後ろカーテン閉めてやってはるからな。でも1回、ゲームの配信やってはってん。テレビのとこは見れた。

昂生　あぁ。うわぁ、「パンサーでおなじみのって言い方、二度とするなよ」ってパンサーでおなじみの向井さんが言うてる。もうええわ、パンサーで、そもそもパンサーでおなじみの向井さんはさぁ、俺らの…『王様のブランチ』（TBS）のロケおりたん？ あれは。なんかしたん？ なんか俺らがしたんやったら言ってほしいよな。なこなこのこうきくんが観てくれてる。「インスタでもめっちゃおもろいです」。ありがとう。あ、なこなこチャンネルでさぁ、俺がさぁ、DM結構返します、みたいなこと言ったんよ。なこなこチャンネルのYouTubeで言って。そしたら、マジでめっちゃ来るねん、そこからDM。

亜生　ウソぉ！

昂生　あのね、芸人のボケっていうか、そういうボケって8割ウソやと思ってください。返すわけがない。

亜生　はははは！

昂生　返すわけがないんだから、僕。返さない。絶対に。

亜生　普通のヤツとか送ってこんといて。「昂生さん、今なにしてるんですか？」とか。

昂生　やめてください。そう、そんなん。いや、「返すって聞いたんで連絡しました」みたいなんがパッて見たら結構来てるのよ。

亜生　みんな信じちゃうの。

昂生　だから今、正直、俺はDM見てないから。それが多いから。お願いします、もう。返すわけない。おかしいでしょ、だって嫁と一緒におんのに、女の子からのDMにバーっと返してたら。返さないです、基本的には。絶対に送ってこないでください。あれはボケです。

亜生　「ひどっ！」やって。

昂生　あはは！「ひどっ！」ですね。今日『せやねん』で僕らのロケやってたらしいね。1年半くらい前に行った「嗚呼！ニッポンの兄弟スペシャル」のロケ。

亜生　パパから連絡来たわ。

昂生　俺も来た。パパからもくるみからも来た。

亜生　俺も来た。

昂生　あのロケした家族とまだ僕らは仲よくやらせてもらってるから。会いたいなぁ。コロナがとけたら会いたいな。

亜生　お姉ちゃんはもう高校生やからな？

昂生　高校生になっておっきなっていくわ。俺、くるみの結婚式とか泣いてまうわ、ほんまにたぶん。

亜生　もうめっちゃ漫才してあげよ。な？

昂生　ふふふ！ いや、邪魔やって。邪魔やねん、俺ら別に。漫才せんでええねん。「昂生さん、お嫁さんかわいいですか」って当たり前やろ。かわいいに決まってるやろ。そんな質問して来るな。

亜生　きつっ…言い方きつっ。

昂生　あはははは！

亜生　ほんまにさぁ、これ観てくれてる人でさぁ、マジで言ってる人いると思うで。なんなん、あいつ。私らが書いてあげてるのに、質問してあげてるのに、なんでこんな言い方されなあかんねんとか言われてんで。

昂生　ごめんなさい。こういう人間なんですよ。そもそもが欠陥だらけやから、芸人になってるんでね。

亜生　ちいちゃん！ 兄ちゃんさぁ。

昂生　ちいちゃん？ なんでおかんのお姉ちゃんの呼び方で、俺のこと呼んだん？

亜生　似てたから、今！

昂生　一瞬、今ちいちゃんに？ わからんって。

亜生　あははは！ お兄ちゃんがずっとこうやってるからさ、ちっちゃい馬のなんかああいう木馬に乗ってんのかなって。

昂生　なんかあれらしい。『3年B組金八先生』（TBS）が全シリーズ配信らしい。

亜生　えーーー！ 嬉しい！

昂生　うん、昨日、松岡茉優ちゃんからそのLINEが来た。「お兄ちゃん、配信されるらしい」って。

亜生　ウソぉ。その松岡茉優ちゃんから連絡来たっていうのを言いたいだけやん。

昂生　ふふふふ！

亜生　もうええわ。もうええねん。

昂生　あと、いろんな人から連絡来たけど、また話そう。

亜生　もうええわ。誰々から俺、連絡来んねん自慢。既婚者の安心感があるだけやん。

昂生　ふははは！

4月19日

亜生　さぁ、始まりましたぁ〜〜。インスタ漫才ライブ12日目ですか、今日は。お願いいたします。だからみなさん、ちょっとリクエストは送んないで〜〜！ グチャグチャになるから〜〜。もう！！！ どれやねん。ちっくしょう。…これか。よしっ！

昂生　こんにちは。

亜生　こんにちは。あっ！ コウタが「来た来た」って。

昂生　はい。来た？

亜生　うん、コウタが。沖縄のコウタ。

昂生　あははは！ いつも空港まで迎えに来てくれるコウタね。

亜生　そうそう。昼飯も一緒に食うたし。

昂生　沖縄国際映画祭のときとかいろんな場所に行って漫才するけど、全部ついてくるヤツ。

亜生　俺、一緒にソーキソバ食うたもん、コウタと。

昂生　奢ったったんやろ、コウタに。

亜生　奢った奢った。いいの？って言うてた。

昂生　いいわけがない。奢ってもらうな、お前。いやぁ、すごい。7500人。

亜生　今日はちょっとごめんなさい。16時まで寝ちゃいました。

昂生　寝たねぇ！ 16時まで？

亜生　今日はもう眠さが止まらへんくて。

昂生　起きても起きても眠かった？

亜生　一応10時半に起きて、ちょっと朝ニュース観たけど1時間しか起きてない。そこから寝ちゃった。あかんな、こういう生活は。

昂生　あかんよ、気ぃつけんと、ほんまに。

亜生　後悔してる、ほんまに。

昂生　ほんまに気ぃつけや。なんか夏木マリさんが来てくれてはる？ もしかして。夏木マリさん、すみません。ちょこちょこ、いつもお世話になってまして。

亜生　差し入れとか、いつもありがとうございます。

昂生　いつもすみません。ありがとうございます。また復活したら、劇場にも遊びに来ていただけたらなと思います。すみません、ありがとうございます。

亜生　嬉しい！ ありがとうございます、夏木マリさん。

昂生　嬉しいですねぇ。夏木マリさん、ほんまに全部…観る作品全部に出てはります。

亜生　寅さんも出てはるやんか。

昂生　寅さん出てはる、そう。そこまで俺はまだいってない。34作やから。これから楽しみ。いやぁ、すごいからね、寅さん出てはる人。名女優さんばっかり。すごい人ばっかりですから。

亜生　そうやなぁ。

昂生　今日は僕はさっきまでっていうか、昼すぎくらいから山本耕史さんとちゃん萌音と毎熊（克哉）さんと4人でLINEのテレビ電話つないで、筋トレを山本耕史さんから教わるっていうのをやってましたから。

亜生　あははは！

昂生　今日、体バキバキ。めちゃくちゃしんどかった。汗かいた、やっぱり。いいなぁ、あの人、体バキバキやから。

亜生　教えてもらったん？ それええやん。毎日さぁ、つないで一緒にやったら痩せるんじゃない？

昂生　向こうもいろいろ都合もあるから。教えてもらったから、寝ながらできるから。

亜生　そんな豪華な筋トレのトレーナーいいひんで。

昂生　ありがたい。全部教えてくれはって。

亜生　毎熊さんもやったんや。

昂生　そう。いやぁ、めちゃくちゃ疲れて、それでちょっと汗かいて、やっぱ。お風呂に入って気持ちいいもん。昼くらいに風呂入って、いい気持ち。

亜生　なんか俺は今、独自でやってるわけよ、筋トレをね。で、ダイエットもやってんねんけど、ほんまに3キロ落ちたんよ、最初に1週間で。

昂生　あぁ、えぇー！ 落ちたね。

亜生　落ちたんやけど、そこからなんにも落ちちん。飽きてきた。もう楽しない。

昂生　俺とかも無理して毎日、スクワット100回やってんのよ。お風呂場で。いいねんけど、スクワットってめっちゃええらしいねん、鍛えるのに。スクワットいいけど、100回とかやったら絶対続かへんというか、いつかやめようってなるやん。そうじゃなくて、1日に10回とかやったらやるやん、なんとなく。だから、それくらいでええねんって言ってはったで。

亜生　僕、なかやまきんに君さんのYouTube、パッと観て。あれ7分でできるヤツが…4分か。4分ずーーっとスクワットして立ってスクワットしてみたいな。腕立ての体勢になってみたいなんやってるねん。

昂生　あぁ。だって1日のうちの何分かやからね。

亜生　そう。

昂生　ほかにすることないから、俺もそれくらいはやろうかなと思って。今日観た？ 観てへんの、16時まで寝てたから。

亜生　なに？

昂生　『ザ・ノンフィクション』（フジテレビ）録ってる？

亜生　録ってない。えぇ〜〜、言ってよ！

昂生　神回！ 神回！

亜生　言ってよ。何時からやってたヤツ？

昂生　『ザ・ノンフィクション』やから日曜13時とかちゃう？ もう神回でしたよ、今週。めちゃくちゃ笑うた。芸人さんの話やねん。52歳のガッポリ建設さんって知ってるやろ？ 聞いたことない？

亜生　あぁ、ある。

昂生　ヘルメットかぶってタンクトップの、2人の。もう解散しはってんけど。小堀さんって方、52歳の芸人やねんけど、「クズ芸人」っていうタイトルやねん。もうな、めっちゃクズやねん、ほんまに。事務所のネタ見せとかも歯ぁ痛いとか腹壊したとかで休むねん、すぐに。

亜生　52歳が？

昂生　そう。でも、実はスロット行ってんねん。
亜生　あははは！
昂生　（笑）。めっちゃおもろいやん。俺、この人こそ芸人やなって。
亜生　芸人やな、確かに。
昂生　根拠のない自信がずっとあるわけよ。で、「なんで続けてはるんですか？」っていうのでも、「いや、ほかの売れてるヤツとかもそばで見てきたけど、なんの努力もしてなかったし、それでいけると思う」みたいな、めっちゃ面白い。いや、すげぇな、めっちゃ面白い。これぞ芸人やなと思って。だから逆に恥ずかしなってさぁ。毎日18時から配信してる自分たちが。
亜生　せやなぁ。
昂生　うわ、真面目すぎて恥ずかしなってきて、その人観てたら。
亜生　しかも規則正しい生活って、10時半とかに起きてさぁ。
昂生　そうそう。いやぁ、あの人こそほんまに芸人やなって。まぁ家族はな？　お父さんお母さんとかはちょっと悲しいっていうか迷惑かけてはるかもしれへんけど、ほかは迷惑かけてないしな。その回、めっちゃおもろかって。
亜生　いいなぁ、それ。
昂生　大会出はるねん。お笑い大会。
亜生　あぁ、52歳で？　どこ、事務所は？
昂生　ワハハ本舗。
亜生　あぁ、ワハハ本舗。
昂生　クビにならはんねんけど。
亜生　えぇ？
昂生　だから、喰始さんって有名な演出家の人が見放さはんねん。お前、クビですって。で、ワハハ本舗をクビになってお笑いの賞レースみたいなのに出はるねん。で、エントリフィー4000円やねん。出て決勝進出できひんかった、ダメでしたって帰るねんけど、帰り際に「いやぁ、実は4000円払ってないんですよ。逃げましょう、逃げましょう」って。
亜生　あははは！
昂生　あはは！　エントリーフィー払わんと出てて。いやぁ、もうおもろ…めっちゃおもろかって。
亜生　めっちゃ面白い。『ザ・ノンフィクション』やからさ、ナレーションとかもマジの？
昂生　ナレーションがなんと吉岡里帆さんなのよ。
亜生　吉岡里帆ちゃん（笑）。
昂生　それがまたいいよ、豪華で。
亜生　いいなぁ、確かに。
昂生　で、「サンサーラ」が流れるとこも最高でさ、ほんまに。どこか忘れたけど、抜群のタイミングで「サンサーラ」が流れて腹抱えて笑うてもうて。
亜生　あぁ、観たかったなぁ。
昂生　いやぁ、『ザ・ノンフィクション』とかでやるからさぁ、みんな真面目に観るけどさ。いや、真面目は真面目よ、でも、ああやって観たら面白いなって。『ザ・ノンフィクション』なんやから。あれこそ芸人や、ほんまに。
亜生　いやぁ、いいなぁ。観たらよかった。
昂生　素晴らしい。20年間1つもネタ作ってへんらしいんよ。元相方さん、ガッポリ建設の人は違う仕事してはるねん。その人のとこにインタビュー行きはるねんけど、普通そういうとこやったらさぁ、あいつは才能があってってかばうやん、元相方やから。ボロクソ言うねや（笑）。
亜生　相方さんも52歳なん？
昂生　で、辞めてはんねんけど、この歳で。
亜生　その歳でボロクソ言うってめっちゃおもろいなぁ。
昂生　…なんの話してるねん。やりましょう。僕らは真面目に。いや、恥ずかしなってきたわ。
亜生　恥ずかしいな、これ。
昂生　恥ずかしなってきたわ、ほんまに。見習わんとあかんわ。じゃあ、亜生くんの出囃子からお願いします。
亜生　いきます。デデデデーデデ♪
昂生　うわぁ、1問目やから、俺がわからんって踏んでるやろ？　だから難しいとこいってるやろ？
亜生　まぁな。でも、僕はわかるんちゃうかなって思ってるよ。
昂生　デデデデーデデ♪　僕はもちろん喋ったことあるもんね？　そらね？
亜生　もちろんもちろん。
昂生　もちろんね。先輩後輩かだけ教えて。
亜生　そこは当ててよ。わかるって、絶対。
昂生　わかる？　えぇ、誰やろ？　span！さん。
亜生　もう違うよ！
昂生　違う。すみません、誰ですか？
亜生　正解はミートばいばいや。
昂生　（笑）。いや、わかるわけないやん。それはわからんわ。それはせこいわ。ミートばいばいはネタも観たことないし、知らん。
亜生　でも、同じ舞台でやってるやん。
昂生　知らん知らん。それは知らん。観たことない。それはごめんなさい。
亜生　なんでよ。
昂生　それはせこい。やめて。
亜生　せこいってなんなん？　せこいってなに？
昂生　俺が当てへんのわかってやってるやん。
亜生　知ってると思うよ。同じ劇場でやってたんやから。
昂生　ごめんなさい。違う人。
亜生　じゃあ、これ当ててください。デレレレーレレ♪
昂生　（一緒に歌う）いや、わかんねんで？　聞いたことあんねん。
亜生　え？　これはわかるやろ？
昂生　ヤバいねんな、これわからんの。…えぇー！（口ずさむ）…うわぁ、あ！　え？　和牛さんちゃうよな？
亜生　違う。もうお兄ちゃん、ほんまに。
昂生　これはちょっと当てさせて。
亜生　考えて！　みんなも考えて、これ。
昂生　みんな出てると思うねん。俺がちょっと。
亜生　そやねん、みんな出てるねん。
昂生　漫才師やもんな、絶対。
亜生　漫才師よ。まぁ、どっちもやらはるけどな？
昂生　（口ずさむ）…うわぁ、いや、わかる。めっちゃわかる。
亜生　ウソ、マジでわからん？
昂生　…なんでこんな急に明るなったん（昂生側の画面が明るくなる）。
亜生　明るい。
昂生　めっちゃ明るなってない？
亜生　怖っ！　え？　ちゃうで、お兄ちゃん、こっち向いて。あれ。それやったら明るなるで。
昂生　これやったら明るなるわ。
亜生　耳ピーンとやったら明るなる！
昂生　こうやったら暗いやろ。
亜生　上げて。あははははは！
昂生　新発見！　いや、ずっとこのまんまは変やもん。あははは！
亜生　両耳上げたら…なんで？　俺ならんで？
昂生　俺の耳が電気の役割を果たしてる？　ほら。
亜生　あはははは！
昂生　なんなん、これ。気色悪っ。
亜生　なにそれ（笑）。
昂生　いや、これ当てたい、ほんで。誰やった？
亜生　ちゃう、お兄ちゃん。もう13分やで？　もう普段やったら終わってるで、漫才。
昂生　（笑）なんやったっけ？　教えて。誰？
亜生　はぁ…アイロンヘッドさんです。
昂生　あぁー‼　これはヤバいな、俺。
亜生　これはヤバい。
昂生　これはヤバいわ。親友の…。
亜生　親友の。
昂生　ほんまや、アイロンヘッドや。ごめん。忘れてた、すみません。
亜生　じゃあ、次いきます。
昂生　もう3問目や。
亜生　これは全然レベル低いよ。
昂生　即答しますから。
亜生　ブッデイラ～♪
昂生　聞いたことある。
亜生　ウソやん。もう‼
昂生　あ、アインシュタインさん！
亜生　正解！
昂生　よっしゃ。アインシュタインさん。
亜生　これは当ててぇや。
昂生　すみません。
亜生　アイロンヘッドさんで当てな。確かにミートばいばいは難しかったと思うけど。
昂生　いや、むずすぎるわ。でも、ちょうどいい感じで人数増えてよかった。
亜生　これで増えるの？（笑）
昂生　じゃあ、アインシュタインさんで今日はお願いします。
亜生　いきます。
昂生　袖のゆず兄（髪の毛を直す）。
亜生　そのときの稲田さん、「（キョロキョロしながら）ゆずるさん？　河井さん？　兄貴？」。
昂生　もうええって。早よ出囃子言え。

［漫才］冷蔵庫に入ってないもの

昂生　どうもありがとうございました。ちょっと今日、長配信になりましたね。
亜生　18分。いつもより。
昂生　いやぁ、ありがとうございました、みなさん。すみません、ちょっと僕が出囃子クイズで手こずったのと『ザ・ノンフィクション』の話が長かった。
亜生　『ザ・ノンフィクション』の話がちょっと長かった。
昂生　でも長かったから増えてます、視聴者が。結果、増えてよかった。
亜生　よかった。
昂生　どうだったでしょうか？　ハッピーハンバーグさんもありがとうございます。
亜生　ありがとうございます。
昂生　「面白かった」と泣き笑い顔が3つ。「お兄ちゃん、めっちゃ髪触るよね」、そうやねん、めっちゃ髪触るのよ、ナルシストやから。「面白い」、ありがとうございます。「きゅうり食べたい」、あぁ、そう？　僕、きゅうり苦手やからね。
亜生　おい！　おもんないインスタライブしてんなぁ！
昂生　ふふふふ！
亜生　おもんないねん、そのインスタライブ。質問だけ答えるヤツ。おもんないインスタライブ。
昂生　よろしくお願いします。また明日。
亜生　質問を流し読みして答えるヤツ。おもんないねん、あのインスタライブ。
昂生　ふふふふ！　すみませんねぇ。えー、また明日。今日で日曜日終わりますけども。

亜生　そうです。また1週間が始まりますから。
昴生　始まるね。始まるけど、変わりばえのしない1週間だなぁ、本当。なにか変えていきたいね。
亜生　なんかね、変えていきたいですね。
昴生　筋トレもぜひね。あ、辻さんが「間に合った」って。
亜生　間に合ってへんねん。本題入ってないねん。
昴生　辻さん、間に合ってないから、これ。全然。
亜生　この前もおしゃれなん上げてたなぁ、なんか。おしゃれやったわ。ありがとうございます、みなさん。
昴生　今から録ってた『JIN —仁—』(TBS)の続き観たいので。
亜生　ちょっと待って！　俺、録ってないねん、それ。
昴生　だから、今から観たいんでちょっと…はい。ありがとうございます。それではまた明日18時から。
亜生　お会いしましょう。
昴生　お会いしましょう、みなさん。さようなら。
亜生　さようなら～！

4月20日

亜生　始まりました、13日目。インスタライブ！　漫才！　さぁ、みなさん、今日は月曜日。あぁ、違う、この人じゃない。危ない！　つぅ～…始まりましたぁ。ちょっと待って。えぇ？　これや。よいしょ。
昴生　あぁ、すみません。
亜生　はいっ！　よいしょ。ハッピーハンバーグさん、ありがとうございます。
昴生　(笑)。ハッピーハンバーグさんは毎日やなぁ。毎日観てくれてはりますよ。
亜生　ありがたい、ありがたい。さぁさぁ！今日も観てはる。
昴生　今日は月曜日かな？
亜生　そうです、月曜日です。
昴生　月曜日かぁ…。
亜生　質問で「ロケとかもまったくないんですか？」と来てます。
昴生　まったくないですよ。だって、外出てない。俺、さっきゴミ捨てに行ったんよ。ずっと奥さんに任せてたから、ちょっと俺が行くわって行ってんけど、久しぶりに玄関出たもん。1週間以上ぶりかな？　玄関のドア、ガチャっと開けて、久しぶりに靴はいて、靴下はいて。
亜生　うわぁって思うやろ？　外出たいなぁって。
昴生　ただ、わからんけど、しんどいような感じするよな。外ちょっと出て帰ってきたら、あれ？　なんか…。
亜生　でもほんまにちょっとな？　まぁ、ちょっとした散歩はマスクつけてやったらいいというのは出てるからな。
昴生　ちょっとした、やろ？
亜生　密集はしたらあかん、絶対に。
昴生　いやぁ、怖いねんな。
亜生　行動するなら1人で2メートル以上、なんとかエリアみたいなんやって。髪切ってください、とか来てるけど、そりゃ切りたいけども。
昴生　切りたいよな？　切られへん。
亜生　切られへんもん、そんなん。僕、もうこのまま伸ばしたろうか思うて。
昴生　なるほど。極限までね？
亜生　クリスティアーノ・ロナウドみたいに、ここでこうやって。
昴生　うわぁ、いちばんサブい、そういう人。そういう人、いちばん嫌やな。昔やってたもんな、お前な。
亜生　昔の髪型に戻そうかな。ここ剃って、金髪にして。
昴生　全然おもんない！　あんときのお前で笑ってなかったもん。
亜生　あははは！　ウソや、俺、ずっとお兄ちゃんで笑ってるのに。おかしいなぁ。
昴生　俺もちょっと髪剃ったり、金髪にしたりしようかなって。
亜生　金髪ええんちゃう？　この自粛期間だけな？
昴生　でも髪の毛痛むからな。
亜生　いや、なに気にしてんねん。
昴生　いやいや、違う。てっぺんが今、俺…。
亜生　あぁ、そうか。おざなりになってもうてるのか。
昴生　ポンポンやってるから、今。
亜生　ウソぉ！
昴生　増えてきたという。
亜生　え、やってんの？　これ。ポンポンやってるん？
昴生　ポンポンというか、オススメされたヤツ。
亜生　おい、ハゲてるやんけ！
昴生　ふははは！
亜生　あんま見せんほうがいいって、お兄ちゃん。
昴生　ハゲてないって。
亜生　違う違う、まぁつむじが広いってことやな？
昴生　そうそう。それでいいです。そうなんよ。いやぁ、どうしようかね、いろいろ。この時期にやらなあかんことも。
亜生　そうやなぁ。
昴生　「ちゃんとハゲてた」とかやめて。ほんまに？　ちゃんとハゲてた？
亜生　ちょっとつむじが広い。ちょっとだけ。
昴生　ふふふ！　それって慰めのつもりなん？
亜生　いや、そのおかんがよう言うやん、「昴(昴生)はつむじが広いだけや」って。それを言っとるだけ。ハゲてない。
昴生　ふふふ。悲しいねんなぁ、その擁護もなんか。でも、前は全然大丈夫よ。
亜生　あぁ、やってもうた！
昴生　「『恋つづ』の裏側が聞きたいです」…もう喋りすぎた、『恋つづ』の裏側。裏も表もあれへん。
亜生　やってもうた。
昴生　「引きました」って…ふふふ！　なにを引くことがあんねん、そんな。
亜生　ふははは！　人の頭見て引いて。
昴生　引くことなんかあらへん。
亜生　今日も結構8000人も観てくださってますよ。
昴生　すみませんねぇ。
亜生　すみません、ありがとうございます。
昴生　ありがとうございます。特にこれと言って喋ることもないんですけど。
亜生　しいて言うならなにか。
昴生　昨日、なに食べました？
亜生　えぇ？　昨日？
昴生　俺も昨日、なに食べたっけな。
亜生　昨日、なに食ったっけな？
昴生　お前、ドア映ってるの、珍しい。角度変わってる。
亜生　そう。今日ちょっと角度変えてやってみようかなって。
昴生　なんでや？　昨日なんやったっけな。
亜生　あ！　卵かけご飯。
昴生　えぇ、なにそれ。
亜生　ちょっと前によく行く居酒屋のママから卵かけご飯の醤油をもらって、おいしい。ママというか、常連さんからもらって。
昴生　なに食うたっけな。
亜生　そのママも観てくれてる。
昴生　あ、麻婆豆腐！　麻婆豆腐食べた、昨日。
亜生　あぁ！　俺も買うた、麻婆豆腐。
昴生　食うてへんやん。卵かけご飯言うてるやん。
亜生　あれはある。素！
昴生　買うただけやん。あるだけやろ？　素が。
亜生　そうそう。
昴生　なんやねん、それ。全然、あぁ、一緒みたいな感じで言うてるけど、そりゃあるやろ。
亜生　一緒、一緒。ほぼ一緒。食ってるか食うてへんかの違い。
昴生　(笑)さぁ、そろそろやりましょうか。もう6分とかなので。
亜生　もう6分か。
昴生　なに？　その感じ(笑)。
亜生　やりましょうか。
昴生　13日目？　今日で。2週間くらいか。(耳を指で摘んで持ち上げると画面が)明るなりました。
亜生　なんでなん、これマジで。
昴生　耳関係ないと思うけどな。手やと思うけどな。
亜生　いや、カラクリ言うたらおもんない。耳でええやん。耳で上がっててお兄ちゃんが明るなるでいいのに、おもんないやん。夢ちょうだいよ。お兄ちゃんの耳がすごいなってなったらええやん。
昴生　ははは！　すみません。じゃあ、亜生くん、出囃子からお願いします。
亜生　いきます。ドンドゥクドゥドゥドゥ♪
昴生　あぁ、わかった。はい、わかりました。すぐわかりました。ミルクボーイさん！
亜生　正解！
昴生　よっしゃー！　一発で。覚えててん、ミルクボーイさんの。
亜生　すげぇ、俺、これわからへんと思ったけどなぁ。
昴生　うわぁ、一発目で当たるの、なかなか珍しない？
亜生　なかなかない。今日はほんだらこれで。
昴生　ミルクボーイさん、M-1おめでとうございます。半年経ってますけど。やったー！
亜生　今日はこれでいいですか？
昴生　ミルクボーイさんでお願いします。
亜生　ドンドゥクドゥドゥドゥ♪
昴生　どうも～。
亜生　どうも～！
昴生　ミキです。よろしくお願いします！　あぁ、ありがとうございます。えぇ、乾電池2ついただきました(笑)。ありがとうございます。もうこんなん何個あってもいいですからね。あぁ、入ります。そりゃ入ります、乾電池2個なんで。
亜生　ふふふふ！
昴生　ありがとうございます。よろしくお願いします。
亜生　お願いします。
昴生　兄弟仲ようやっていかなあかんな言うてますけどね。
亜生　あの、うちのおかんがわからへんものがある言うねん。
昴生　いや、もうええわ！(笑)ミルクボーイさん、ええねん。

［漫才］怖い話

昴生　ありがとうございました。(深々と礼をする亜生の頭を見て)あぁ、つむじ見えてる！　すっごいつむじ。ありがとうございました。
亜生　よいしょ。

昂生 すごい、今日は8500人も観てくれてますよ。嬉しいですね、ありがとうございます。
亜生 これは南海キャンディーズさんの終わり方で。
昂生 ははは！ あのさぁ、しずちゃんさんのほうやろ？ 山里さんはずっとこうやってるから。
亜生 あはははは！
昂生 メガネがずれるから、ずっと押さえながら。
亜生 今のは南海キャンディーズさんの終わり方。こういうのもありますから、今後。
昂生 終わり方？ そんなんやってたら、お前、漫才に集中できへんぞ？ やめとけ、それは。
亜生 ふははは！ 確かに。ただでさえ、出囃子アップアップやねん。
昂生 辻さんがグッてやってくれてる。ありがとうございます。いつもすみませんね。
亜生 ありがとうございます。いやぁ、嬉しい。質問もいっぱい。やっぱりここを読んであげると、質問がいっぱい来んねん。
昂生 ここを読んであげるとってどういうこと？
亜生 あんな、質問ボックスみたいなんがはてなのとこにあってな、いっぱい質問が来るねん。お兄ちゃんのほうにはないわ。ほんなら、お兄ちゃんのほうでやってみる？
昂生 なんで？
亜生 アカウント。そうしたら、はてなのとこがあって。
昂生 いいですよ、別にそれは。あなたがここにポンと出したらええやん。タップして。
亜生 いくで？「シャンプーはなにを使ってますか？」
昂生 なんでこれやねん！ ほかもっとあるやろ？
亜生 これ、どう？
昂生 俺、3つくらい使ってるからシャンプー。
亜生 えぇ？
昂生 同じヤツばっかり使わんほうがええねんて。代わりべったに使ったほうがええねんて。
亜生 あ、そうなんや。代わりべった？
昂生 だから、俺は3つくらいを代わりべったに使ってる。いちばん使う頭皮を洗うシャンプーっていうのがあんねんけど、髪ガシガシになるのよ、ほんまに。
亜生 言うてんなぁ、それ昔から。
昂生 そう。でも、あれはそんなに使わんようにしてる。1週間に1回とかにして、ほかは…真面目に答えとんかい！ ほか、もう1つ質問。
亜生 質問？ ちょっと待って。じゃあ、これにしよか。
昂生「なんで面白いんですか？」…お前選ぶの下手やな。
亜生 なにがや？ 答えてあげろや！
昂生 お前、MC下手すぎるて、ほんまに。MCめっちゃ下手。盛り上がらへんトーク振りやがって、お前。
亜生 盛り上がらへんとか言うたらあかんで。かわいそう！ この子がせっかくさぁ。
昂生 いや、意味わからへん。じゃあ、キムタクになんでかっこいいんですかって言うてんのと一緒やで。芸人やから、それが仕事やのに。仕事やからや！
亜生 えへへへ！
昂生 面白く偽ってるねん。面白ふうにしてるのに。
亜生 面白ふうに？ 普段はそんなにっていうこと？
昂生 そうそうそう。ってあれやけど。さっき録ってた『（世界の果てまで）イッテQ！』（日本テレビ）観ててんけど、めっちゃ面白かった。
亜生 めっちゃ面白いやろ？ 昨日。
昂生 お祭り男面白かった。いやぁ、優勝してすごい。おめでとうございます。
亜生（宮川）大輔さん、おめでとうございます。
昂生 奇跡のホットケーキ、すごかったなぁ。
亜生 最後、ポロンってひと欠け落ちるところがやっぱり面白い。
昂生 よかったね。そもそもパンケーキ、ボロボロこぼした相手のチームもよくないよ。失格やけどな。
亜生 確かにな。あれ、失格やな。その前の『ザ！鉄腕！DASH!!』（日本テレビ）から、僕は楽しみにしてるから。
昂生 あぁ、そう？ 俺、観てないねんなぁ。
亜生 おもろいでぇ。
昂生 昨日、あれ観た？『下町ロケット』（TBS）観た？
亜生 観てない。お兄ちゃんのツイートで、うわぁと思うてもうてん。やすきよ観てた、ずっと。
昂生 ははは！ その時間、別にやすきよ観んでもええやろ。
亜生 いやぁ、観たなんねん。やっぱりあそこが最高や。足ガーっと掴んで。
昂生 空港の、飛行機のとこ。やっさんがめっちゃ面白い、あのネタほんまに。やっさんの喋り方が「おい！ 待っとけよ！」って。だから、あれがさぁ、寛さんみたいな感じなのよ、やっさんのあの感じがすっごい。
亜生 あそこ、何回も観てしまうねん。あぁ、池の水抜くヤツね。
昂生 やってんねや、昨日。
亜生 いや、最近『～鉄腕！DASH』はやってないよ？
昂生「やすきよ、DVD全部あるよ」って、俺もあるもんね。
亜生 誰と張り合ってんねん。
昂生 ふふふ！
亜生「オンライン飲み会やってますか？」ってお兄ちゃん。
昂生 やってない。
亜生 まぁ、飲めへんからな、お兄ちゃん。
昂生 やってんの？ お前、そんなん。オンラインなんちゃら、みたいなの。
亜生 あれでやってるよ。兼近（EXIT）とかフワちゃんとか。フワちゃんとかほんまに家で暇してるから。
昂生 へぇ！ 亜生軍団ね。
亜生 うん、やってる。大阪の亜生軍団と今度やる。
昂生（笑）。大阪に亜生軍団あんねや。
亜生 なにわスワンキーズのこじまラテと職人のこーぞーと人生は夢の星霞。
昂生 あぁ…知ってるようで、知らんようで。
亜生 ふふふ。いいヤツらやねん。
昂生 あぁ、そうなんや。今日はなにするんですか？ このあと。別に予定なし？
亜生 今日は…まぁでも昨日と同じやなぁ。
昂生 ふふふ。今日テレビなんかあったかな？ またあとで確認してみよう。月曜やからね。月9で『SUITS』（フジテレビ）やってるらしい。忘れてた。では、また。明日も観ていただけたらなと思います。
亜生 ありがとうございました。
昂生 ありがとうございました。それでは、さようなら。
亜生 さよなら！

4月21日

亜生 始まりましたぁ！ おっしゃ、いけてるか。おっしゃ、おっしゃ、ちょっと待ってくれ。いける！ ちょっと…今、参加待ちです。
昂生 よいしょ。
亜生 ちょっとだいぶ今日、調子悪いかも。
昂生 調子悪そやな。
亜生 イヤホンどれ使っても無理や。
昂生 イヤホン使わんかったらええんちゃう？
亜生 イヤホン使わへんかったら、みんなが聞こえにくいねん。マイクついてるから。
昂生 イヤホン、こっち（ケーブル）もついてるやん、そんなん。
亜生 いや、だからこれもあかんねん。使われへん。携帯がたぶん壊れてるんやと思う。
昂生 買い替えなさい。今はちょっと無理やけど。
亜生 今は無理や。
昂生 おい、なんや、そのケンカ口調。しばいたろかな。
亜生 いやいや、外出んなってあんだけ散々言うてるのに、買い替えなさいって今は無理や。
昂生 今はしゃあないって言うたやんけ。
亜生 その前に今は無理やけどって、言葉の最初につけとかんと。今は無理やけど買い替えたらええんちゃうって。
昂生 90ポイント貯まってますから、それは。
亜生 え？
昂生 今ので90ポイント貯まりました。
亜生 いやいや、ちょっと待ってよ！ 40ポイントやったやん。
昂生 だから、それはでも前の話ですから。
亜生 そんなにマジでやってないで、俺。
昂生 こっちのストレスもあるから、外出られへんっていうそれも込みで貯まってるんで。
亜生 そんな！ 俺、90ポイント…ヤバいって。
昂生 楽屋、別にしてもらったほうがいいと思う、ほんま。
亜生 え？ ミキちょっと仲悪いんちゃうんって言われてもいいもん、それやったら。90ポイントはもう、ほんまに死ぬで、俺。
昂生 死ぬ、死ぬ。
亜生 今まで正直7ポイント。
昂生 7ポイントとかでも相当しんどかった。
亜生 相当ヤバかった。俺、7ポイントで泣いてたもん。
昂生 90ポイントはちょっと自分で想像するのも怖い。
亜生 ちょっとやで？ 3日前くらいまでは40ポイントとか言っててんで？
昂生 俺もストレス貯まってるから、やっぱり。
亜生 それは俺じゃないやん。俺に来んのおかしいやん。
昂生 じゃあ、どこにぶつけたらいいかわからんって。
亜生 いやいや、ぶつけんでいいやん、まず。俺にぶつけんのがおかしいやん。
昂生 いやぁ、それはごめんなさい。申し訳ないです。今日も多いですよ、8400人観てくれてますよ。
亜生 すごっ！
昂生 嬉しいね。ハッピーハンバーグさんも今日も観ていただいて、すみません。
亜生 ありがとうございます。
昂生 みんな観ていただいて。
亜生 ちょっとお兄ちゃん、質問があんねんけど、お兄ちゃんの思い出に残る合奏曲ってある？

昴生　なんやねん、それ。俺、合奏曲は、ははな～る～♪

亜生　「大地讃頌」ね。そんなんじゃないです。

昴生　なんで2人で歌うねん。

亜生　ふふふ。

昴生　ずれるヤツ、「大地讃頌」はいいね。なんやそれ。

亜生　聞いてみたんや。

昴生　いやぁ、ありがとうございます、みなさん。たくさん観ていただいて。うわぁ、今日多いね、よかった。嬉しいですよ、毎日なにしてるんやろうね？　みんな。

亜生　お兄ちゃん「風呂上がりですか？」って。

昴生　ふふふ。いやぁ、ちょっと今日すみません。ちょっとだけベタついてるだけです。

亜生　あはははは！

昴生　（笑）。髪の毛、ちょっと…オイリーなんで、僕。

亜生　なんでよ。朝から現場仕事入ってたん？

昴生　してないけど。シャワー浴びてないんですよ、今日。

亜生　あぁ、朝？

昴生　そう。俺、すぐオイリーになるから、こうやって。

亜生　野良犬やん、もう（笑）。

昴生　今日ちょっとオイリーやね。

亜生　ちょっとすごいね。つむじのほうまでいける？

昴生　嫌だ。今日は見せたくない。ベタついてるというか、ちょっとオイリー。すみません。

亜生　守谷日和さんと同じ後頭部してるもんな。

昴生　してへん。あそこまで広ない。

亜生　いやいや。

昴生　あそこまで広がってない。

亜生　いやいや、兄ちゃんしてるわ。

昴生　ふふふ、「お兄ちゃんの頭部は昨日から引いてます」って。すぐ引きよるなぁ。あと、また見つけました。YouTubeに上げてる人、ミキのインスタライブを上げてる人いましたけど、90ポイント…それも込みで貯まってますから。

亜生　ちょっと待ってくれよ！

昴生　だから、亜生が怒るべき、ほんまはこれに。

亜生　むちゃくちゃやんけ！

昴生　上げんなよ、YouTube、ほんまに。しばきまわすぞ！　誰や、上げてるヤツ。しばきまわしたろかな、ほんま。

亜生　おんなじ人？　それ。

昴生　知らんけど、上げとんねん、ほんまに。

亜生　ちょっとそれやめて。これな、その自宅待機解除されたあと、ボコボコにされて、もう1回自宅待機せなあかん可能性あるから。

昴生　そうですよ、亜生くんだけね。あ、「『恋つづ』、今日みんなで観ますか？」って来てますけど、僕らには連絡来てないですね。

亜生　うん。

昴生　てか、しいひんのちゃう？　僕はたけちゃん（佐藤健）から、なにも聞いてないから。

亜生　7話ね、今日は。

昴生　今日は7話。うわぁ、久しぶりに9000人いった！

亜生　おぉ、すげぇ。なんでやろ？

昴生　今日みんな家にいるのかな。

亜生　今日早めに告知したからかな？

昴生　毎回早めに告知せぇや、それやったら。

亜生　ふふふ。めっちゃ指、きれいちゃう？　見て。

昴生　長いなぁ、お前。

亜生　長っ～！

昴生　短っ！

亜生　めっちゃきれいよ、俺の指。

昴生　めっちゃ短いわ、俺。ほら。もうほんまに女の子みたいな手よ、マジで。

亜生　あははは！　赤ちゃんの手してるからな、兄ちゃん。

昴生　そう。ほら、へへへ！　俺、自分で見てもかわいいって思う。

亜生　かわいい。お兄ちゃんのここらへん、お肉が。僕ってちゃんと男やねん、手が。ゴツゴツしてんけど、お兄ちゃん、ほら、お肉がやっぱりついてるねん。かわいいねん。

昴生　俺だから、あぁ、疲れたって思って、自分の手見たら癒されるもん。

亜生　それ、ほんまに言ってる。それ、ほんまに言ってる？　お兄ちゃん。

昴生　うるさい！

亜生　ふふふふ！　うるさいって言うな。

昴生　（笑）。なんか最近、昨年の全国ツアーのDVDとかちょっと観たりすんねんけど、やっぱ早くお客さんの前で漫才したいなって思うよね。ああいうの観てたら。泣きそうになってくる、（お客さんの）笑い声が。

亜生　僕、正直これしてるときになってるからな、もう。これしてるから、やりたいなってなってるから。

昴生　ね？　お客さんの前でどうにかして…。

亜生　逆にこれしてへんかったほうが耐えられてるかもしれへん、もしかしたら。これしてるから、あぁ、早よちゃんと漫才したいなって。ちゃんとしてないやん、だって。

昴生　そうですね、ほんまに。さぁ、そろそろしますか。

亜生　今日もする？

昴生　今日もしましょう。

亜生　これさぁ、俺がこっち向きやったらさぁ、立ち位置になんのちゃうん？

昴生　立ち位置になってんねん、たぶんすでに。

亜生　そういうことか、ごめん。

昴生　ふふふ！　お前、立ち位置見失うよな、ほんま。

亜生　俺わからん。俺たぶんなぁ、一生無理、立ち位置。

昴生　わかるやん。

亜生　ほんで、そういうとき、必ずまたお兄ちゃん、立ち位置間違えてるやんっていう頭になんねん。

昴生　そうそう（笑）。

亜生　「こっちや！」「いや、お前こっちや」「あぁ、ごめん」って。

昴生　俺が間違えてると思ってるときは、自分が間違えてると思って（笑）。

亜生　そうそう。

昴生　そっちで切り替えてくれ。じゃあ、出囃子お願いします、亜生くん。

亜生　いきます。テテテテー♪　テテテテテー♪

昴生　はい、わかりました。うわぁ、俺わかるわ！　ニッポンの社長！

亜生　正解！

昴生　よっしゃー！

亜生　めっちゃ多いねん。漫才劇場の漫才ライブでニッポンの社長さんのあと、僕らっていう。ニッポンの社長さんでした。今日はすごい。なんか昨日から正解率が上がってますね。

昴生　いやぁ、ちょっとやっぱり寄せてきてくれてるからやで、亜生が。

亜生　まぁね。明日は…明日答えられたら、なかなか。

昴生　そうか。もう用意してんの？　それが気持ち悪い。

亜生　一応、1週間のはバーっと出しますので。

昴生　じゃあ、お願いします。

亜生　テテテテー♪　テテテテテテー♪

昴生　始まり、そんなんやったかな？　始まりがピンとけぇへん。

［漫才］従兄弟

昴生　おぉ、今日はすごい。今日は多いで。

亜生　今日は多いね。

昴生　いつも8000人くらいやけど、今日は9000人。

亜生　1000人多い。

昴生　増えました、今日。ありがとうございます。まぁ、最初は1万8000人くらいいましたけど。

亜生　ふふふ！　いや、兄ちゃん、それあんまり言わんほうがええで。結構そのさぁ、来るねん。「人ばっかり気にして漫才すんな」って。

昴生　あははは！

亜生　「なんなんですか？　人減ったらテンション下がるんですか？」とか。

昴生　下がってへんやん。

亜生　下がってへんけど。

昴生　イジってるだけやん。

亜生　イジってるだけやけど、来るからさぁ、あんまり言わんほうがええんちゃう？　この人は気にしてやってると思われたら、なんか嫌やん。

昴生　いや、どこまで減るかも見ものでね、正直、自分の中で。

亜生　いや、でもすごいよな。ずーっと、この辺で止まってて。

昴生　いやぁ、ありがたい。みなさんのおかげですよ。嬉しい。

亜生　すごい、すごい。僕は『GOOD LUCK!!』観てるねん。

昴生　最近？

亜生　うん。

昴生　急にその話し出したけど。

亜生　『GOOD LUCK!!』のキムタクが謹慎になるねん。で、飛行機乗られへんねん。なんやかんやあって飛行機乗れるってなって、最初の台湾便かな？　それに乗ってくれって言われて最初にバーバーってやったら、えーっと下から無線でな？　コックピットいるねんで、キムタクが。そうしたら、えーっと、こちら技術部みたいな。声聞こえて、「これ大丈夫ですか？　整備は完璧ですか？」ってちょっとふざけて言うねん。柴咲コウさんやねん、この相手は。で、「大丈夫に決まってるでしょ！　なんだと思ってんの？　私のこと」ってブチっと切れるねん。キムタクが外見たら、空港のところで柴咲コウさんが下立ってて、キムタクがちっちゃい窓からこうやったあとの顔、めちゃくちゃかっこよかってん。

昴生　知ってるわ。なんで俺も観てるドラマを今、しかもあんなかっこええシーンをお前が。

亜生　ちょっと待って、お兄ちゃん、お兄ちゃん！　俺、これ毎回されてる、お兄ちゃんに。卑怯やわ、そんなん。

昴生　ふふふ！　でも、俺は知らん情報を提供してるでしょ。

亜生　いやいや、知らん情報提供してへんよ。

昴生　え、なんかコメント見てたら、やっぱりお前の声が聞こえへんって。1回さぁ、イヤホン外してやってみぃや。今喋ってみ。

亜生　外した。あ～～！

昴生　あぁ、聞こえる、聞こえる、全然。聞こえてる？

亜生 聞こえてるよ。

昴生 ちょっとラグある？

亜生 じゃあ、「大地讃頌」歌おう。

昴生 うん。ちょっと悪いな、やっぱり。

亜生 あかんな。

昴生 いけてる？

亜生 ずれる。でも、そんなに俺はこっちのほうがやりやすいかもしれんけど、どうなんやろ？ お客さん的には。

昴生 なにが？

亜生 聞こえやすいんかな？

昴生 いや、聞こえやすいことは聞こえやすいねん、今。ただラグがあるのかって話、タイムラグが。

亜生 そんな変わってないんかな？「ずれてます」やって。やっぱこっちでやったほうがいいって。

昴生 でも、聞こえへんのはなぁ。

亜生 なんでやろ？ どうしよ。

昴生 いや、お前のイヤホン次第よな。

亜生 違うねん。本体やわ。ここまで来たら。

昴生 携帯の？ 確かに聞こえへんときあんねんな、漫才してて。

亜生 ウソぉ。携帯変えなあかんなぁ。

昴生 なんでそれ、何年くらい使ってる？ そんなに長いこと使ってへんやろ。

亜生 まだ1年くらいしか使ってへん。めっちゃきれいやで。

昴生 今日は『恋つづ』ですね。第7話が放送されますので、みなさんでぜひ観ていただけたらなと思います。その、みなさんがずっと危惧してはるYouTubeやリモートのヤツですが、あるんかな？ 僕らはないです、はっきり言いまして。

亜生 今日はもうなにもない。

昴生 僕らはなんの話も聞いてないので知らない。もしかしたら健さんがやるんかもしれんけど、ほんまに知らん。

亜生 うん、でも健さんも告知してへんからさぁ。

昴生 あぁ、せやね。

亜生 たぶんないんちゃうかな？ 告知してはんのかな？

昴生 知らない、それは。また機会があればということですね。未公開シーンもあるから、今日は。楽しみにね。

亜生 あぁ、そうなんや。

昴生 そう。どこが未公開なんかは見比べながらね。

亜生 あぁ、なるほど。やっぱりカットされてるところ、あんねやな。

昴生 そりゃあるある。全然ある。あぁ、俺のここのセリフ、今あぁっていうの。1話であったもん、だって俺。

亜生 えぇ！

昴生 1話のシーンで。

亜生 1話ですぐあんねや。

昴生 そう。俺が「もうなんで？ なんであんなこと言うてまうねん」つって。最初に会うところ。俺が勇者を紹介するところ。勇者を紹介して、勇者を見て「気持ち悪いんだよ」ってバーっと行くやん。で、「なんであんなこと言うねん」って言うたら、向こうから来た毎熊さんに「もう僕、無理です！ あの人耐えられません。もうフォローしきれません」っていう一連のシーンがあんねんやんか。あそこは全部バッと切られた。

亜生 あぁ、でも1話放送してもうたから。

昴生 そうそう。誰も観ることがない（笑）。

亜生 悲しいなぁ。

昴生 俺も観てないし。俺しかたぶん覚えてないし。

亜生 あははは！ 毎熊さんも忘れてる？

昴生 全員忘れてる、あのシーン。もう観ることのないシーン。

亜生 あぁ、なるほど。あと、『ミキBASE』（MBS）のYouTubeアカウントがありますので、ぜひ登録して観てください。

昴生 そうです。だから、ミキのYouTubeといっても過言ではないです。番組内でやってるYouTubeですけどね。

亜生 そう。

昴生 ぜひ『ミキBASE』で調べてみてください。というわけで、明日もまた18時から。

亜生 その時間にお会いしましょう。

昴生 それでは、さよなら。

亜生 さよなら！

4月22日

亜生 さぁ！ 始まりました。今日は14日目。聞こえてますでしょうか？ みなさま。どうですか？ 聞こえてますか？ ちょっと待ってくださいね。…観てますか？ いろいろ観てくれてます。石塚まりあ観てるやんけ。漫才劇場の重鎮作家・石塚まりあが観てくれてますねぇ。誰やったっけ？ ほんこんさんと同期の女性の作家さんなんですけど。お兄ちゃん、ちょっとリクエスト送ってる？ これ。あぁ！ ちょっと待ってな。なんかちょっと待って、みんな！ リクエスト送らないでください。はぁ〜〜、押せた。押してんねんけどなぁ。…ちょっと…もう押されへん、ボタンが。もう！ もう1回切りますね。（一旦、接続を切る）

亜生 すいません。ちょっとつながらないのよ。……だから！ え？ なんでこんなにみんな、なんでなん？ あった。いけたかな？ あぁ、やっと！

昴生 やっとつながった。まだ送ってくる人がいるんや。あ送ってくんねん、みんな、リクエスト。ブワーってなんねん。固まんねん、こっちのボタンが。

昴生 なるほどね。

亜生 そう！ せぇへんって言うてるやん！

昴生 やめてください。そういうのをメモしてかたっぱしから。

亜生 大丈夫。スクリーンショットを撮ったから。俺、とことん嫌うから、そういう人。

昴生 あははは！ かたっぱしから。

亜生 俺、毎回言ってるもんな？ これやめてなって言うてるのにやってきてるから。

昴生 拒否みたいなんしたらいいんちゃうん？

亜生 うん、全員のあれとか観てちゃんと顔も覚えるし。

昴生 顔はどうやって覚えるのよ、だって。ハッピーハンバーグさんが「こんにちは」って。

亜生 こんにちは。石塚まりあが観てくれてるわ。

昴生 別にええわ。石塚まりあ、元気してるかな？ まりあちゃん、石塚さんは。

亜生 （モノマネしながら）あぁ〜〜、昴生さん、聞いてください。

昴生 だるいって。なんやねん。

亜生 昨日ね、YouTube観てたらね…犬かわいかった。

昴生 なんやねん、それ。二度と喋ってくんな！ そんなんで。ほんまにようやるけど（笑）。今日も多いね、8600人が観てくれてる。すみません、ありがとうございます、もう毎日、毎日。

亜生 おぉ！ すげぇ！

昴生 申し訳ないですよ。

亜生 ありがとうございます。あのー、明日がね、時間どおりにできない。

昴生 あ、せや。それ、お前と打ち合わせするの忘れてた。そうやねん、しようと思ってたんや。

亜生 うん、今しちゃおう、打ち合わせ。せっかくやし。

昴生 諸々こっちの諸事情がありまして、18時から配信できないので。

亜生 早めにするか、遅めにするか。

昴生 いや、遅めにするほうがいいんじゃない？

亜生 ほな、21時にしようか。

昴生 21時にしよか。明日は。

亜生 明日だけ21時。

昴生 夜の9時、21時から配信します。すみません。そうや、せや、それするの忘れてた。よう覚えてたな、お前。よかった、よかった。そうそう。それ言うの忘れてたんや。

亜生 そうそう、明日ちょっとね。

昴生 そうやね。まぁ、またインスタとかTwitterで呟きます。そうそうそう、よう覚えてたなぁ。よかった、よかった。

亜生 そりゃ、覚えてるよ（笑）。毎日やるから。

昴生 それ言わなあかんと思いながら、忘れてた。

亜生 メモしといてな。あ、盛山さん（見取り図）から「観てますよ」って来てた。

昴生 ほんまか？ 盛山さん、どこや？ おらんなぁ。

亜生 わからん。

昴生 もりし…え？ これってみんな、どうやって見つけてんねやろ、森島さん。森島さん言うてもうた（笑）。

亜生 森島さんは…（笑）。

昴生 セレッソ大阪。

亜生 8番や。

昴生 どうやって見つけてんねやろ？ わからんなぁ。とうとう『男はつらいよ』も41作。だいぶさびしなってきた、観てて。

亜生 ウソぉ。どうなんの？

昴生 最後どうなるとかじゃない。最後はだって渥美清さんが亡くならはるから。最後って決めんと、ほんまはだってもう1作品作るって予定あったのに、亡くならはったから。

亜生 なんかさぁ、え、復活するやろ？ 寅さん。

昴生 してん。『おかえり寅さん』が昨年。で、観に行こう思うてんけど、やっぱり年齢層が上やんか、寅さん観るのって。その人らに合わしてはるから、毎日の上演時間が10時とかしかないねん。行かれへん、それ。

亜生 あははは！ あぁ、レイトショーはないんや。

昴生 そう、レイトショーないねん。時間が合わんくて、全然観に行かれへんくて。でも、DVDは買ってみようかなと思ってますけど。

亜生 あ、いいですね。

昴生 もう後期やから、だいぶ…なんて言うの？ 元気な寅さんじゃないから。元気なっていうか、言い方はあれやけど。だから、なんか穏やかやねん、ちょっと。

亜生 あぁ、なるほどね。前までの破天荒さがないというか。

昴生 そう。前まではちょっとのことでケンカしてたのに。自分にメロンがないとかだけで大ゲンカしてたのに。

亜生 言ってたなぁ。働きもせず、メロンだけ。

昂生　そうそう。最近はほかの人になに言われようが…ウィーンに行くねん。
亜生　え？
昂生　41作目で、ウィーンに行くねん。
亜生　オーストラリア？
昂生　オーストリア！　オーストリアのウィーンに行くねんけど、それもみんなに言われんねや。「あんたがウィーンなんて行ってどうするんだよ」みたいな。寅さんにわからないでしょ、芸術のことなんてとか言われるけど、寅さんは「そうだよな」って言うねん。前とかやったら、「なんだよ。ばかやろう！　おめぇら」みたいな…。だから観てて悲しい。そろそろやりますか、減ってきたんで、僕が寅さんの話したら。
亜生　あははは！
昂生　ふふふ。
亜生　お兄ちゃんが気にしてんねんで？　俺、もう気にしてないもん。
昂生　いや、寅さんの話したら減ってきた。
亜生　一気に1000人減ったんだ。
昂生　ははは！　俺が悪いんか、寅さんが悪いんかようわからへん。
亜生　いやいや、寅さん、なんも悪ない！　マジで悪ない。お兄ちゃんが悪い。
昂生　俺が悪いの？
亜生　寅さんのせいにしたらあかんわ、これが。
昂生　今、ちょうど7900人とかやから、8000人いったらやります？
亜生　あと60人。それまでちょっと寅さん。
昂生　いや、あかんて。寅さんの話したら。もっと有意義な話しよか？『恋つづ』の裏側！
亜生　はい、8000人になりました。すぐ8000人いったわ！
昂生　よっしゃ。『恋つづ』ありがとう。
亜生　ありがとうございます。
昂生　じゃあ、やりましょうか。コメント消してください、あなた。
亜生　そうか。ごめんなさい。
昂生　3回に1回言わなあかん？
亜生　おかんに似てるわ、今の言い方。めっちゃおかんやったわ。
昂生　今日、髪型いい感じじゃない？　どう？
亜生　どうでもええわ、そんなん。夏木マリさんや。
昂生　ええやんけ（笑）。夏木マリさんも寅さん出てるからね。すーーっごいよ！
亜生　もうええねん。横の画面になったら、寅さん禁止！
昂生　すみません。じゃあ、亜生くんお願いします。
亜生　テーテレッテ、テーッレッテ♪
昂生　うわぁ、聞いたことある。あぁ！　なにわスワンキーズ。
亜生　ブー！
昂生　やすもとさん（海原やすよ　ともこ）や、やすともさん！
亜生　もうあかん、アウト、アウト！　遅いわ。やすともさんよ。
昂生　一時期かぶってたから。
亜生　そう、かぶってたんや。で、先になにわスワンキーズがやってて、あとからやすともさんやったのに、なにわスワンキーズがやめてやすともさんが決まった。
昂生　あははは！　そら、そやわ。そこは譲らんと。うわぁ、ごめん。やすともさんやったか。
亜生　これは当てたかったでしょうね。
昂生　すみません、すみません。
亜生　いきます、次。
昂生　もうやすともさんでええけどな。
亜生　なんやねん、ここ楽しめよ。
昂生　（笑）。ごめんなさい。
亜生　なぁ？（笑）こっちもやってんねんから、ここ楽しんでよ。テンテンテンテンテン♪
昂生　うわぁ、もう検討もつかへん。
亜生　え？　ウソ…。
昂生　なんとなくわかんねん。女の人やんな？
亜生　そうや。
昂生　コンビがじゃないやろ？　歌ってる。
亜生　歌ってるのは女の人やわ。
昂生　うわぁ、ごめん。誰？
亜生　さや香！
昂生　あぁ！　さや香かぁ。
亜生　もう～～～！
昂生　すみません。じゃあ、3問目はお手柔らかにお願いします。
亜生　お手柔らかに。テッテテレ！　テッテテレ！
昂生　あぁ、わかった（笑）。和牛さん、和牛さん。
亜生　正解、正解。
昂生　ありがとうございます。これはわかりました。
亜生　これは絶対、テストに出るチャンス問題です。
昂生　和牛さんはもうずっと一緒にやってますから、もう覚えてます、そりゃ。和牛さんはわかります。はい、お願いします！
亜生　テッテテレ！　テッテテレ！
昂生　テッテテレ！　テッテテレ！　誰の曲なんやろ、それ。

［漫才］サッカークイズ

昂生　いやぁ、近所迷惑になってないだろうか。それくらいおっきい声出しましたよ。今日、髪型決まってるわぁ。
亜生　決まってへん、決まってへん。
昂生　今日ずっとそう思いながら漫才してた。髪型決まってるわぁって。
亜生　集中してないやん、漫才に。
昂生　ふふふ！　ずっと自分の髪型見ながら、え？　え？とか言いながらずっと。
亜生　自分の髪型見て、いいなぁって？　じゃあ、俺のこととか一切見てへんかったんや。
昂生　そう（笑）。お前のことなんか見てない。自分のことだけ。アイコンタクト送ってるところもなんとなくで。なんとなくの間で。
亜生　なんとなく？　うわぁ、そんなんやったら練習せんとこうや。
昂生　練習とか言うな。冷めんねん。…いやぁ、よかった。
亜生　また声途切れてた？　僕。
昂生　ちょっとね。ちょっと聞こえへんかったところはあった。
亜生　曇ってるからな、今日。
昂生　関係ない（笑）、天気。お前のその天気説、絶対関係ないわ。
亜生　いや、おばあちゃんが言うてた。曇ってるとき、電波悪いっておばあちゃん言うてたもん。
昂生　おばあちゃんになにがわかるねん。
亜生　おばあちゃん、電池冷やしてるやん。
昂生　冷やしてた。
亜生　冷凍庫に。ああいうの、わかってんねんから。
昂生　どういうことやったんやろ、ほんまに。やっぱり亜生の声、聞きづらいって。
亜生　ほんまにそれはごめんなさい。携帯やわ。携帯を替えなあかんわ。
昂生　携帯な。でも、なんとなくわかるから大丈夫でしょう。
亜生　すみません。明日は21時からですね？
昂生　そうです。明日は21時からになります。すみません、みなさん。すみませんけども、よろしくお願いいたします。いつもはね、18時からですが、明日は21時。…はぁ。
亜生　あ、画面を横にしたら、声が聞こえないときあるって。
昂生　あ、なるほどね。
亜生　こっちでは聞こえてんねや、もしかしたら。
昂生　いやでも、それは掛け合いをするからやと思うで。
亜生　たぶんな。そやねん。急に僕がおっきい声とか出したら、聞こえへんようになるねん。だから、逆に強弱つけてるって思ってくれたらいいかな。
昂生　それええように取ってんのか？　あの、ツートライブの周平に赤ちゃんが…。
亜生　産まれました～！
昂生　よかった。
亜生　周平さん、おめでとうございます。
昂生　周平〝小〟魂ができまして。
亜生　女の子か？
昂生　男の子。確か男の子やった。言うてええんかな？　わからんけど。
亜生　めでたいなぁ。
昂生　めでたい、本当におめでとう。
亜生　お父さんの顔になっていくやろな、周平さんもどんどん。
昂生　この時期に素敵なニュースだというか、嬉しくなる。
亜生　心温かくなる。
昂生　ほんまに。おめでとうございます。よかった、よかった。
亜生　おめでとうございます。昨日はね、知床に住んでる熊と共存する漁師の人のドキュメント観てね。猟場に熊が来んのよ、めっちゃ大きい。
昂生　へぇ。
亜生　ほんで怒って撃退するんやけど、くらぁ！とかじゃないねん、怒り方が。おい！　おい！
昂生　響く感じ。
亜生　そう。でもね、それがねぇ、国際なんとか機構が来てね。なんやったっけ？　ほら！　あぁ…ユネスコ！　もうここを世界遺産に登録します言うて。そこから話が難しかったから、俺ちょっとわからへんかったけど。
昂生　（笑）。Ｎｅｔｆｌｉｘでシカゴブルズのドキュメントが。
亜生　なにそれ！
昂生　絶対面白い。もう早よ観たい、俺。
亜生　なんなん、それ。
昂生　ブルズの黄金期を支えたピッペンとかジョーダンとかのインタビューみたいな。あのときはこうやったみたいなんが、ずーーっと1週間に2話ずつくらい更新される。早く観たい。俺、溜めて観よ。
亜生　1週間に2話も？　いいなぁ。
昂生　うん。最近、漫画もちょっと読んでて。『ガンニバル』。
亜生　…あぁ『ガンニバル』。
昂生　知ってる？
亜生　知ってる。
昂生　めっちゃおもろいなぁ、『ガンニバル』。
亜生　うーーーん。
昂生　あぁ、そうでもない？　お前は。
亜生　うん。僕、最初読んで面白いなと思ったけど、ちょっと失速しちゃったかなって。
昂生　俺、逆やねん。最初、なんかうーん、微妙やなって読んでいって、どんどん面白なってきた。
亜生　あぁ。僕は最初のとこでグッと…。
昂生　『ガンニバル』面白かった。
亜生　今日の晩ご飯、ちなみにお兄ちゃん。
昂生　うわぁ、今日考えてない。なんやろ？　うわぁ…。

亜生 どうしよ。俺も考えてないなぁ。
昴生 今日、なにしようかな。俺、基本的にまみちゃんと一緒に考えるタイプやからね。
亜生 いい旦那さんアピールしてるわけだ！ そうやって。
昴生 （笑）。いやぁ、いい旦那さん、ちゃうやろ？ 俺が作んねやったらいいけどさ、指示して作ってもらったりするから。
亜生 いい旦那さんしてるわけ？
昴生 いい旦那さんしてないですよ、別に。いやあ、というわけで明日は21時から。
亜生 そうですね、21時からです。
昴生 になりますので、よろしくお願いいたします。明日21時からぜひ観てください。
亜生 ちょっと増えるかもな？ もしかしたら。
昴生 あぁ、どうなんやろ？ 増えるか減るか、ちょっと楽しみ。
亜生 ほんまや。うわぁ、これやったらすごいわ。
昴生 腕上げたら（画面が）明るなるんですよ。
亜生 耳上げたらでええやんけ。だからカラクリを解くな。
昴生 ふふふ。やめろ、パイセンの言葉使うな。
亜生 カラクリを解くな。
昴生 今日もみなさん、観ていただいてありがとうございました。そして、このインスタライブも絶対に上げないでください、YouTubeとかに。
亜生 DMで上げてましたよって僕に送ってきてる人いたけど、そんなんも送らんでいいです。
昴生 それ見て、また腹立ってくるからな。
亜生 はい。別に僕、見てないんで、そういうのは。
昴生 俺も見てない。
亜生 いちいちそんなんは送ってこんで大丈夫です。みなさん上げないって。
昴生 そこは約束ごとでお願いします。それでは、明日21時からよろしくお願いいたします。さよなら！
亜生 さよなら！

4月23日

亜生 さぁ！ 始まりました。これでできるんかな？ 今日は3時間遅れでやらせていただいておりますが。そうですよねぇ、みなさん、すみません、毎日。ありがとうございます。…これでいけたかな？ お！ ハッピーハンバーグのあれを買っていただいたと。ありがとうございます。
昴生 ありがとうございます。今日20時から販売開始してますんで、オンラインでハッピーハンバーグさん。ぜひみなさん、買っていただけたらなぁって。
亜生 もうでもな、ほとんど売れてるって。
昴生 あぁ、そう？
亜生 買えへんかったって。
昴生 えぇ！ 嬉しいことです、それは。ぜひね、この機会に。
亜生 僕の皮のね、サコッシュも。
昴生 亜生くんが提案したレザーの。
亜生 あれ、結構いい値段するからね。正直9000円くらいするからな。
昴生 あぁ、そう？
亜生 それがなくなってるという。あれ、ほんまにおしゃれ。使える。
昴生 いいですね。あとは、CM観てくれました？ ほっともっとの。
亜生 流れてますねぇ。
昴生 流れてるらしいです。僕、1回も観てないんですけど。
亜生 出てくるの嫌やな、自分がテレビに。
昴生 あぁ、そう？ 歌ってるんですよ、僕がな？ あれ、どんなんやったっけ？
亜生 あたら〜しく♪ あたら〜しく♪
昴生 あたら〜しく♪ おいし〜くなった〜♪や。振りつけもちゃんとやったからね。あれ、結構練習したというか。
亜生 お兄ちゃんが全然踊られへんかった。
昴生 そう。ほんまに！ 全然覚えられへんかった。
亜生 全然覚えられへんくて。
昴生 悪戦苦闘しました。
亜生 お兄ちゃんって、自分がバーってでけへんようになったら不機嫌になんの、あれやめたほうがええわ。
昴生 あははは！
亜生 兄ちゃん！
昴生 なってない。全然なってない。
亜生 いやいや、お兄ちゃん、最近そういうのを見るよ、よく。声優のあれ。
昴生 あぁ！ その話はあんまりしたらあかん。まだやから。
亜生 まだやけど、そういうお仕事をいただいたときに。ぜひ観てください。
昴生 踊りに関しては、マジで俺、楽しくやったけど、この間の声優のお仕事のヤツはもうほんまにイライラしか…もうほんまに（笑）。
亜生 だって、できてへんのやからしゃあないやん、それは。俺、全部一発やったで。
昴生 あれ、できてるとかできてへんとかちゃうねんもん、ほんまに！
亜生 監督の想像と全然違うから、違う！って。俺、座ってる間、違う！ 違う！って。
昴生 いや、知らんし。言うことがコロコロコロコロ変わるから、どれしたらええねんって。だから言うてもうたもん。
亜生 「いや、もうわからん！」って。あんなん言うたらあかんねん。
昴生 あははは！
亜生 監督に向かって。あんなん俺、恥ずかしい。すみません！って言いそうやった。
昴生 わからんもん。限界やった。僕らのお仕事の都合でこの時間になりましたけど、この時間のほうが少ないな、観てる人。この時間のほうが多いんかなと思ったけど。
亜生 まぁ、好きなテレビもやってるんでしょう、なにか。
昴生 なるほどね。
亜生 うん、やっぱり18時って13時くらいからずーーっとニュースやってるから、パッと観やすいのよ、やっぱり。
昴生 どの時間が観やすいのか。僕はなんで18時からにしたかというと、みんなに家にいてほしいからなんですけどね。みんなに我慢して家でっていう。だから、18時からっていうのもあるから。
亜生 18時がいいんじゃない？
昴生 いや、逆に21時とかのほうがみんな観やすいんかなと思ってたけど、そんなこともないんか。
亜生 そんなこともない。いちばん視聴数がないわ、今日。
昴生 今日ね、確かに確かに。
亜生 今、『笑神様（は突然に…）』（日本テレビ）やってましたね。
昴生 やってた、やってた。観てた、観てた。観てました。ね？ まぁ、それぞれ思いはあるでしょうけど、今日は誰が観に来てくれてるんかな。
亜生 ここで芸能人とか探すのやめぃ、芸能人とか。それを楽しみにしてるところあるやろ？ お兄ちゃん。
昴生 ふふふ！ あるよ、そりゃ。
亜生 あぁ、出た！
昴生 知り合いが観に来てくれたら嬉しい。
亜生 辻さんがまた観に来てくれてるわ。
昴生 また？（笑）
亜生 えぇって、「『（秘密の）ケンミンSHOW極』（日本テレビ）観な」とかもうええねん。
昴生 『ケンミンSHOW』も観よ、確かに。テレビ観ながらできるからね。
亜生 そうそう、そうやけど。「危なっ！ 時間変わってた」ってええねん。
昴生 チェックせんでええねん、辻さん、それは。
亜生 なんかうまそうなん作ってたで。ガパオライスみたいなん、作ってた。
昴生 ご飯食べた？
亜生 食べた。
昴生 あぁ、食べたんや。
亜生 はい、生姜焼き。
昴生 俺、まだ食べてないねんなぁ。
亜生 今日ほんなら、まみちゃんもペコペコちゃう？
昴生 まみちゃんはさっき明太子とご飯食べてた。「もう私は先いただくで」って。
亜生 ふふふ。冷やご飯と？
昴生 そうそう。誰や、この「おもろない」って呟いてるヤツ。タップしたら観られへんのかな？
亜生 もうええねん、そんなんはほっといたら。こんなん、いちいち気にしてても意味ないねん。
昴生 いや、観んかったらええのにと思って。
亜生 だから、それでええねん。こういう人はこういうことを言いたくて来てはるだけやねん、ええねん。
昴生 もうほんまに家でやることなくなってきたなぁ。みんながインスタライブやってくれてるから、ありがたいよな。生存確認のためにも観てるもん。
亜生 もうずーーっと辻井さん（アイロンヘッド）、やってるわ。
昴生 やってるなぁ、夜中。
亜生 辻井さんに電話して聞いたんよ。どういう生活を送ってんのか。大体いつも夜の7時くらいに全員寝るねんて。
昴生 あぁ、それどういう生活リズムなん？
亜生 18時とか19時くらいに寝んねん。で、22時くらいに起きて、そこから朝の7時くらいまでずーーっとみんなでインスタライブすんねんて。ほんで、またちょっと昼くらいまで寝て起きてっていう生活。
昴生 え？
亜生 だから、グッチャグチャって言うてた。
昴生 あぁ、それは大変やなぁ。こういうインスタライブを定期的にやってるから、僕らはまだやることあっていいけど。
亜生 寝んのは遅なっちゃうわな？
昴生 自然とね。そろそろしましょうか。
亜生 はい。
昴生 でも、7000人も観てくれてますから、ありがたいです。
亜生 今日、お兄ちゃん、さっき電話してたら「ほな6時に」って言うたけど、21時やからな。
昴生 いつ言うた、俺それ。
亜生 さっき言うたよ。ほんまに俺がそれで6時って信じてたら、朝の6時にインスタライブ仕掛けてたよ。
昴生 それはお前が相当アホなだけで、大体わかるやろ。
亜生 うわぁ…。そういうの、ほんまに卑怯やな、お兄ちゃんって。自分がそう言ったとき、「大体それわかるやん」って言うくせに、俺がそういうのちょっと間違えたときは「お前さ」って言うやん。ほんまに卑怯！
昂生　ははは！　いや、6時はわかるやろ、そりゃ。
亜生　もう6時すぎてたで？
昂生　だって、2週間も6時でやってたら口は6時になる。たぶん、俺、さっきもまみちゃんに言うてもうてるから。
亜生　あははは！　じゃあ、いきますよ。ペロン♪
昂生　うわぁ、おったなぁ。おった、こんな人。めっちゃ聞いたことある。
亜生　今日は難しいって言うてるやん。昨日あんだけ手加減したんやから、明日は難しいですよって。この出囃子に関係してるけどなぁ。
昂生　あぁ、そう？…あっ！　え？　違うよな、蛙亭じゃないよな？
亜生　違うよ。もう！
昂生　関係してる？　え、誰？
亜生　おたまじゃくしさんやん。
昂生　ははは！　ごめんなさい。
亜生　もう…頼むわ、お兄ちゃん！
昂生　片隅にもなかった、おたまじゃくし。いるね、モノマネするヤツらな？
亜生　そうやん、地味ハロウィンやん。
昂生　ネタ観たことないのよ。モノマネしか観たことないからわからへん。聞いたことある、出囃子は。ごめんなさい。
亜生　頼むわ。これ、だいぶ簡単なので。
昂生　え、2個目でいく？
亜生　ラブミー！♪
昂生　もうおもろないなぁ。
亜生　いやいや！
昂生　おもろないなぁ、これは。よっしゃー！って言われへんもん。こんな楽勝すぎて。
亜生　ちょっと待って。俺はだいぶ合わせてんで、そっちに。
昂生　ちょうど間ないん？　おたまじゃくしとそこの間、空きすぎやん(笑)。
亜生　間ない。いや、俺はこの何日間かで間を使い切ったのよ。
昂生　あるって！
亜生　もうない。もうどっちかしかない。
昂生　ＮＧＫの師匠のほうが俺は嬉しい。いや、でも嬉しいよ、ジャルジャルさんね。
亜生　正解。
昂生　ジャルさんのこれはわかりますよ。
亜生　違うねん。お兄ちゃんはこれわかるよっていうヤツがないねん。
昂生　今、かまいたちさん、なんやったっけ？って思ったもん、想像して。思い出せる？
亜生　思い出せるよ。
昂生　やってみて。
亜生　それは明日やるわ、だから。俺もストックないもん。
昂生　そしたら、それがかまいたちさんかって言うだけのヤツやん。明日、答えを発表するだけの時間になる。意味わからへん。
亜生　アナ～♪
昂生　そうや！　お前、すごいな。変なとこの記憶力あるよなぁ。
亜生　違うねん。俺は観てるのよ、ずーーっと袖で観てるねん。だから、出囃子は入ってくんのよ。人の漫才観るの好きやねん。
昂生　じゃあ、今日はジャルさんでお願いします。
亜生　ラブミー♪
昂生　合ってるよな、この出囃子、お2人に。ほんまに。
亜生　みんな合ってるねん、出囃子って。
昂生　ジャルさんは合ってる。合ってない人もいるよ、時々。
亜生　誰？
昂生　(笑)。いや、誰やろ？　誰かはわからんけど、なんでこれなんやろ？みたいな人おるよ、そりゃ。

【漫才】初恋

昂生　いやぁ…白熱しましたね、口ゲンカが。
亜生　ケンカになるとこやったな？　お兄ちゃん。
昂生　危なかったですよ。
亜生　な？　俺、ケンカはしたくないんや、兄ちゃんと。
昂生　よう言われるよな？　俺ら、ＮＧＫとかでやってたら、終わったら。
亜生　ＮＧＫは特に！
昂生　終わったあと、袖はけたら師匠とかに な、兄弟ゲンカやめろって毎回、絶対言われるもんな。
亜生　あれさぁ、なんて返したらええの？
昂生　あははは！　いっつも俺は「違います。漫才です」って言うてるよ。あれはでも誉め言葉よ？
亜生　そやで。長谷兄が絶対言うてくるもん。
昂生　長谷兄は絶対言うてくる、ティーアップの(笑)。「お兄ちゃん、そんな怒るな」って、長谷兄が。「いや、怒ってないんですよ」って。
亜生　その隣から(ちゃらんぽらん)冨好さんが「神戸コレクション」って言うてくる。
昂生　あはは！　ええって、この間、テレビで観たヤツ。あれ、ビックリした。神戸コレクション、そんなん観てんの？って。
亜生　ははは！　夜中の3時にやってたヤツやで、あれ。
昂生　いやぁ、ヤバかった。すみません、途中ちょっとごめんなさい。電池が僕、充電してなくて。
亜生　危なっ！
昂生　危ない、切れるとこやった。
亜生　お兄ちゃん、僕に漫談をさせんといてよ。でけへん。最悪やで？
昂生　(笑)。どうすんのよ、俺がもし病欠とかになって1人の出番になったら。なにすんの？
亜生　ＶＴＲを流してもらうわ。お兄ちゃんのドッキリのＶＴＲ。
昂生　ははは！『漫才のＤＥＮＤＯ』の冒頭やないねんから。
亜生　あはは！　冒頭みたいな感じのを。
昂生　寄席でＶＴＲやめてくれ。
亜生　作ろうかな。でも、俺もそれはでもなぁ、ヒヤヒヤしてる。逆にお兄ちゃん、どうすんの？　俺がさぁ、病気とかになって出られへん、急に。
昂生　頭の中ではあるよ。俺は逆にやりやすい。「すみません、僕がなったらよかったですよね」って。
亜生　それができる人って芸人で最強よな。
昂生　最強ってどういうこと？
亜生　マジでそれできひんとさぁ。
昂生　できひんというか、頭の中には多少あるやん。あぁ、こんなん喋ろうみたいなんとかお客さんをこうイジってとか。
亜生　そやな。いや、それはな？
昂生　頭の中にある。それが10分できるかっていうたら、あれやけどな。
亜生　いやでも、10分は無理やん。5分くらいあったら。
昂生　5分できたらいいからな。
亜生　うん。でも、どうしよ、ほんまに。ただただガクガク震えながら意味わからん話して、5分終わる。猫の話とかして。
昂生　お前しそうやなぁ、ほんまに(笑)。まとめてはいけよ、頭の中で。
亜生　当たり前や！　それはやっていくよ。やっていくけど、舞台出たらなに言うかわからへんからな。
昂生　ふふふ！　でも、それってあるからな、今後たぶん1回は絶対。
亜生　あるやろうな。
昂生　朝起きて、うわぁ、ちょっと立たれへんみたいな。
亜生　いや、それはお兄ちゃんやん、だから。
昂生　お前も全然あるよ。俺は度々あるんや、それ。ヤバいな、腹とかあったりするけど、無理やりやったりするの。いけるのよ、なんとか。でも、お前っていきなりパタンとなりそうやん。
亜生　そう。記憶飛んで連絡つかへんとか。
昂生　そうそう。そうなった場合やな。
亜生　そやな。考えとかなあかん、ほんまに。
昂生　気ぃつけりぃな。体も気ぃつけなあかんし、まぁそんなんはいずれ来るやろうしな。人間、なにをしてても健康なわけないんやから。
亜生　どうしようかな？　お兄ちゃんが声出ぇへんとかになったら。今のうちに兄ちゃんの声とか全部録っといて。
昂生　はははは！　1人でやれよ。
亜生　100パターンくらいのさぁ、お兄ちゃんの声。
昂生　気持ち悪いやろ。音声とやるって、お前。
亜生　ふふふ。いや、その頃はお兄ちゃん、声出ぇへんねんで？　車椅子でセンターマイクのとこまで来て、ラジカセ、膝の上に持ってるねん。
昂生　はははは！　いや、そんなヤツ、(舞台に)上げんなって。
亜生　ふふふ！　で、俺が元気よく喋るから。
昂生　なんでそこまでしてやりたいねん、そんなに。
亜生　お兄ちゃんにポンって押してもらったら、声が出るって。そんなんしたらええねん。
昂生　逆にウケそうやけどな。違うときに流れて、「お兄ちゃん、そこ違う！　そのボタンちゃう」って。「お兄ちゃん、好きな音楽流してるわ」とか。もう漫才になってるけど、それでも。
亜生　なってんねん。そやで。間違えて、お兄ちゃんが。
昂生　いいけどね、それは。楽しそうやけど。で、明日から通常営業で18時からさせていただきますので、よろしくお願いいたします。あと、ＹｏｕＴｕｂｅ載せないようによろしくお願いいたします。
亜生　出たっ！　もうみんな、本当に。
昂生　言われてん。会社の人とかに「決まり文句みたいに言うとかんと、すぐ載りますよ」って。毎日言っといたほうがいいですよって言われたんで。
亜生　あぁ、なるほどね。お兄ちゃんは言うてます。
昂生　はい。よろしくお願いいたします。というわけで、また明日6時からよろしくお願いいたします。
亜生　お願いします。
昂生　それでは、さよなら。今日は21時からですみませんでした。
亜生　ありがとうございます。さよなら！

4月24日

亜生　始まりました！　ありがとうございます。さぁ、今日も始まりまして。えぇ…13日目とかですかね？　はい。お願いします。
昂生　お願いしまーす。今日でもう16日目です。

亜生　あぁ、そんなか！

昴生　16日。もうそうか、もう3週間くらいは家にずっといてるってことやな。なかなかないなぁ、こんなこと。

亜生　人生で1回もないわ。

昴生　この先もないんちゃう？　ほんま。なくなってほしい。

亜生　まぁな。5月6日までと言われてるけど、どうなるかわからんしな？

昴生　まぁまぁ、でも5月6日までと思ってやりたいよ、正直。どうかわからんけど。

亜生　そうや。あの、奈良の公演のヤツ（『ミキ漫全国ツアー2020』）、延期になりまして申し訳ございません。

昴生　あぁ、すみませんね。申し訳ない。でも、仕方ないんですよね、それはほんまに。

亜生　まぁね。無理くりしてもということやから。

昴生　うん。どうなるかがわからんからね？　そもそもね。5月6日にもし自粛がとれたとしてもね？　人集めてなにかするっていうのがね、どうなるかわからんからね。

亜生　そうなんですよねぇ。できれば100%の状態で観ていただければという。

昴生　そうですね。…うん。

亜生　あ！「から揚げのCM観ました」と。ありがたい。

昴生　あぁ、ありがとうございます。ほっともっとさんのね、王道から揚げ。ぜひみなさんね。

亜生　観ました？　結局あれ、俺、勝ってたなぁ。チーからカルビとチキ南しょうが。

昴生　全然、そら余裕で勝ってたんちゃう？　俺が観たとき、倍くらい。

亜生　あ、でもな、そんなに倍の差もなかった、最終的に。

昴生　あぁ、そうなんや。

亜生　まぁ、あれ勝っても賞金…。

昴生　ないやろ。お前、関係ないもん、チキ南しょうがに。なんにもしてへん、別に。

亜生　負けたチームから10万とか。

昴生　ないです、そんなん。だって、こっちで開発したんならわかるけど、してへん。

亜生　でも、一応勝負してたんで、10万くらいは。言ってなかったっけ？　買ったほうがとか、お兄ちゃん。

昴生　言ってませんよ。うぉ、今日はむちゃくちゃ減りましたね。

亜生　みんな、花の金曜日ということで外出してんちゃうか？

昴生　したらあかんよ？　本当に。絶対にいてください。

亜生　ここでわかるから。

昴生　わかる？　いや、そんなことない。ただ、飽きられてるという可能性が高いから。

亜生　そ〜んなことはない。

昴生　ふふふ、あるよ、だってなんの絵変わりもしてない、そんなん。

亜生　飽きられることなんか絶対にない。

昴生　あるよ。あ、（渡辺）直美さんがなんかやってはんねや。

亜生　あ、インスタ。

昴生　11万人も観てるんやって、直美さん。ええ、そうか。そりゃ、直美さん…。

亜生　給料日や、今日！　25日。

昴生　あぁ、給料日言うても、なんの使い道もあれへんがな、そんなん。

亜生　そうやで、ほんまに。

昴生　俺、昔からでもそうやねんな。給料日や言うて、よっしゃってならへんねん、あんまり。

亜生　確かに。

昴生　意外とケチやからさ、俺。そんなにドワーっと使ったりせぇへん。

亜生　でも、「あれ？　あれ？　お前、今月いくらやった？」って言うときあるよな、お兄ちゃん。

昴生　俺らの職業は波激しいやんか。だから、あれって思うときあんのよ。あれ、今月なんでこんなに安いんやろ、みたいな。安いっていう言い方もあれやけど、あんのよ。

亜生　あんまり気にしてへんな、給料も。ちゃんと観てない。

昴生　家庭があったら気にするよ。いくら、どれだけ消えるのか、みたいなんは。

亜生　あ、今日は初任給か。そうやね、新卒の人は。

昴生　新卒で入社した人ってことやろ？　新入社員。

亜生　4月1日から働いてる人。

昴生　新入社員の人は働けてへん人もいるんちゃう？　在宅みたいな。

亜生　自宅で、うん。それでも一応、お給料は出るって言うてる。

昴生　いやぁ、そうか。大変だなぁ。新卒、仕事してないっていう人もいるもん、ほら。ね？　生活費に消えていくよね。だから、ほんまにこっちはお金が貯まらんから。給料明細とかどうなってるんやろ？　自宅に届いてるんかな。いつもマネージャーからもらうけど。

亜生　うん、たぶん。忘れてるんかな？

昴生　なんか俺らのマネージャーって歴代、給料明細のこと忘れるよな？

亜生　忘れる。

昴生　なぁ？　半々やな。自分から持ってくるのと、こっちから「あれ？　給料明細って届いてます？」って言うのと半々じゃない？

亜生　そう。俺らもそんなに給料明細を気にしてへんから、だいぶ遅なる。

昴生　そうそう。俺、だから誰かに聞いて、あぁ、せや。給料明細届いてるわって聞くから。てか、俺、そもそもさぁ、家のお金のことについてまったく聞かんようにしてるから。いくら入って、いくら出ていってるとか聞きたくない。

亜生　あぁ。

昴生　もう嫌やから、なんか。

亜生　自動引き落としやろ？　でも。

昴生　せやけど知ってるやん、大体。税理士さんとかとコンタクト取ってるのは、まみちゃんやから。でも、それ知ったら、俺は逆に働く意欲がなくなるのよ。こんだけ出てるって知ったら、うわぁ、もう嫌や。こんだけ出てるんかい、なんじゃこれってなるんよ。

亜生　あははは！

昴生　これ分、どんだけ働いてんねんって思っちゃうから嫌やねん、なんか。

亜生　さぁ、もうそろそろやりましょうか。

昴生　はい。

亜生　5000人いったらやりましょうか。

昴生　これ、難しいで。5000人いったらやるって。今までででも、いちばん少ないよな？　5000人でもすごいけどな。すごく嬉しい。

亜生　あれかな？　告知を石塚まりあから送ってきたメッセージで、いっつもやってるからかな？

昴生　どういうこと、それ。

亜生　まりあちゃんから、折り紙の「今日18時からミキの漫才あります」みたいな写メが届くのよ。

昴生　石塚まりあとは絶交せぇ。あ、5000人いった。オッケー。それでは亜生くん、お願いします。

亜生　はい。トゥーン、ドゥクドゥクドゥクドゥク♪

昴生　もう原曲もわからん（笑）。もう1回やって。

亜生　ドゥクドゥクドゥクドゥク♪

昴生　いや、マジで原曲もわからん。誰？

亜生　コロチキさん。

昴生　コロチキ？　絶対聞いたことあんのに。全然ピンと来うへん。

亜生　最初のとこ難しいねんて。

昴生　ちょっと全然ピンと来ぇへんかったな。

亜生　ラーリラリラリー♪

昴生　いるいるいる！　わかる、わかる。うわぁ！…デデンデンデンやんな。うわぁ、誰？　ビーフケーキさん違う？

亜生　もう〜〜〜！

昴生　わからん、誰？　聞こえない。

亜生　なんで聞こえへんねん。ライスさん。

昴生　あ、ライスさん。ほんまや、ライスさん、これや。ほんまや、ほんまや。

亜生　3問目やで、次。

昴生　ライスさん、ごめん。関町さんの夜中の熱帯魚配信も一瞬だけ観て、すぐ消す。

亜生　ははは！　あれ、だって芸人しか観てへんもん。

昴生　ははは！　すごい、でも7000人いった。

亜生　うわぁ、すげぇ。ライスさんのおかげや。

昴生　関町さんのおかげなんか絶対にない。

亜生　関町さんのおかげや。

昴生　関町さんなんか、足引っ張るだけなんやから。ほらほら、関町さんの話してるから7000人切ってる。

亜生　あぁ、そうか。もう最後、これは絶対わかるで。

昴生　3問目はね？

亜生　いきます。アーウォン〜♪

昴生　ちょっと下手やねん。下手やねん！（笑）

亜生　なにがよ？

昴生　音が下手。

亜生　ガリーヴァイ〜♪　フーフーフー♪

昴生　中田カウス・ボタン師匠。

亜生　正解！

昴生　カウス・ボタンさんね。

亜生　そう。難しない？

昴生　下手やって。全然違う。

亜生　一緒やって！

昴生　俺のほうが近いよ、絶対。俺にやらせて、今のは。

亜生　確かにお兄ちゃんのほうがうまい。コロチキさん、1回やってみて。原曲わからへんっていうから。

昴生　いや、わからんねん。お前の音で迷走してんねん、だいぶ。

亜生　（歌い直して）俺、最初と全然違う。全然違うな。あれ、どんなんやったっけ？

昴生　違う曲に聞こえてた。

亜生　どんなんやったかやって？

昴生　だから、思い出せへんって。

亜生　歌ってたら思い出せる。

昴生　ワンツースリーフォー！

亜生　違うって。

昴生　これ、誰やったっけ？　逆に。これもいたよな、誰か。

亜生　あぁ、わかった。バイクさんや。

昴生　あぁ、バイク（川崎バイク）さん！　お前すごいなぁ。

亜生　バイクさんや。

昴生　今日はカウス・ボタンさんでいかせていただきます。500人くらい減ってるから、これのせいで。

亜生　カウス・ボタンさん歌ったら戻ってくんねん。大丈夫や。

［漫才］遠慮のかたまり

昴生 ごめんなさい、途中グチャっとなっちゃって。すみません。
亜生 （キョロキョロしたあと、声を潜めて）マンションの廊下側でいつもやってるので、廊下に人が立ってます。
昴生 どういうこと？
亜生 えぇっと、たぶんお隣さんが、僕が大声出してるから窓に耳を当ててる感じです。
昴生 はははは！ 怖っ。今、一瞬、めっちゃ怖かった。
亜生 はい。2つの影が。
昴生 一瞬めっちゃ怖かったもん。
亜生 僕、だからオチくらい、ものすご声ちっちゃなってます。
昴生 いや、お前、今言うとけって。ちょっとって言うとったほうがええって。
亜生 大丈夫、大丈夫。行かはったから。挨拶してるねん、1回。あぁみたいな感じはあったから、たぶん大丈夫やと思う。
昴生 怖っ。今、一瞬、めっちゃ怖かったわ。
亜生 ごめん。
昴生 声をちっちゃくして喋るのやめて。なにかあったんかなと思っちゃうから。
亜生 5往復くらいしてはるから、廊下を。
昴生 ふふふ。なんで今日、そこでやったん？
亜生 いっつも僕はここやねん。廊下側で、誰も通らへん。けど、廊下通ったら聞こえちゃうのよ。
昴生 あぁ、なるほどね。大丈夫？
亜生 大丈夫。
昴生 ドキドキしたから、今。怖かったわぁ。
亜生 こうやってはったから（と、耳を近づける仕草をする）。
昴生 あははは！ すりガラス越しに。
亜生 すりガラス越しに、こうやってはったもん（と、耳を近づける仕草をする）。
昴生 ケンカしてんのかと思われるしな？ 誰かと。
亜生 そうそう。ケンカしてんのかと思われるし、配慮のかたまりやん！って言うてるから。ふふふふ！
昴生 ははは！ それはね。
亜生 おかしいって。
昴生 近隣のトラブルだけは避けてくださいよ、本当に。
亜生 いつかはちゃんと言いたいと思います、漫才してました、お兄ちゃんとって。
昴生 頼みますよ、ほんまに。
亜生 結局７０００人くらいは観てくれはった。
昴生 ありがたいです。いつもすみません、ほんまに。なんの聞き応えもないでしょうし、申し訳ない。
亜生 ありがとうございます。
昴生 あ、「雷ヤバい」って、東京、雨なの？ 今から。
亜生 たくみさんか、まなぶさんかどっちか。まぁまぁ、まなぶさんのほうがヤバいか。
昴生 …アマチュアとかの以前に、おっさんのやるヤツやもんな。おっさんのボケや。
亜生 いや、これ、ほんまにまだおっさんで止まってるだけでも偉いと思ってや。
昴生 なんでや？
亜生 照れてるってだけでも、やっぱり。誰とも喋ってへん中、ボケられてるっていうだけでも。
昴生 そうやな。
亜生 おもろいじゃなくて、よう言うたって言うてほしい。
昴生 （笑）。それくらいは言えるやろ、別に。いやぁ、このあと、ご飯ですね。なに食べようかな、今日は。昨日、僕は豚肉に大葉とチーズ巻いて炒めてみたいな。
亜生 絶対うまいやん。
昴生 うまい。あと、コンソメスープ作って、それにニラと揚げさんと卵を落としてちょっと。
亜生 こう見えて、お兄ちゃん、汁もんは絶対、食卓にいるタイプ。
昴生 そうやね（笑）。
亜生 お兄ちゃんって案外、こう見えて、ご飯とおかずだけでいいんかなと思ったら、汁もんは絶対いる男の人やから、メモ取っといてほしい。
昴生 はははは！ 今聞いて、まみちゃん、めちゃくちゃ笑ってると思うで、それ。
亜生 まみちゃんも大変やと思う。
昴生 大変。毎日言ってるねん。
亜生 汁もん、作るのめんどくさいんやから。でも、お兄ちゃんはいるタイプ。な？
昴生 ほんまに欲しいねん、俺は。汁もん、欲しいねんなぁ。
亜生 メインとは思ってないけど、ないと食卓に彩りがないと思っちゃうタイプ。
昴生 彩りとかじゃないけど、欲しない？ 汁もん。
亜生 はははは！
昴生 え、絶対欲しいわ、汁もん。
亜生 いや、お兄ちゃんの見た目で汁もん欲しい人ってあんまりおらんから。
昴生 意味わからん（笑）。見た目、関係ないって、そんなん。
亜生 なんでもご飯の上に乗っけるタイプやん。
昴生 お前、ほんまのこと言え。そんなに作り込むなって、俺のこと。ご飯の上？
亜生 お兄ちゃんはマジで、ご飯は真っ白で食べる。
昴生 せやろ？ 俺の虚像を作んなって、そんな。面白おかしく。
亜生 『王様のブランチ』とかで、ご飯となんか食べるっていうとき、お兄ちゃん、何バウンドさせようかなとか言うやんか。
昴生 ボケで。
亜生 でも、あれって全然いつもバウンドとかさせたことないねんで、みんな。
昴生 ははは！ 俺、ご飯に色つけるの、嫌いやねん。
亜生 嫌いやから、白米は真っ白で食べたいタイプやから。
昴生 そう。だから、行儀悪いくせができてる。俺がさぁ、おかず食べてご飯食べたら、ご飯に色がつくやんか。それが嫌やから、お箸をねぶるっていうくせができちゃった、それのせいで。
亜生 最悪（笑）。
昴生 一旦、お箸をまっさらにさせるっていう。
亜生 二次災害。
昴生 ひどい（笑）。
亜生 あと、一時期、塩かけてご飯食べてましてん。学校の先生の家行って。
昴生 そうそう！ あれはほんまによくない先生よ、あの先生。
亜生 うちのお母さんがＰＴＡで戦ったと聞いてます。やめさせてくださいって。
昴生 いい先生やってんけどね。全部ゲームやねん。いい点数取ったら、カードみたいなんもらえんねん。ワパスっていうカード。忘れもんパスやねん。それ、めっちゃ貯めて。だから、1人それ貯めまくって手ぶらで学校来てるヤツおって。そんなん、絶対あかんやん。忘れもんパス、めっちゃできるから。ワパスのせいで。
亜生 おもろい。その、お塩はみんな使い放題やろ？
昴生 いや、それもなんかあってん、券が。あんなん、栄養のバランスめちゃくちゃ取れてんねんから。給食でバーっとやってたら、先生が引き出しから青の食塩取り出して、あれ、ご飯の上にかけるねん。
亜生 京都・岩倉のフォルクスに家族で行ったとき、お兄ちゃんだけ塩かけて、さすがにおとんが「昴生、お前、それはやめとけ」って。俺、覚えてるもん。
昴生 あははは！ あれはでも、レストランとかのご飯は塩かける用のヤツやねん。
亜生 そうなん？
昴生 お皿に乗ってるヤツあるやろ？ まっ平のヤツ。あれって、お塩かけるねん。
亜生 あぁ、そうなんや。
昴生 そうそう。
亜生 でも、おかんが「もうほんまに嫌！ 直してほしい！」って言ってた。
昴生 俺、それでご飯、全然いけてた。おかずなしで。
亜生 わかる。それのおかげで、お兄ちゃんがご飯いっぱい食べるようになったんや。
昴生 うまかった、あれ。懐かしい。今日やってみようかな。
亜生 塩ご飯。
昴生 塩ご飯。もうただかけるだけ。
亜生 みなさんもぜひ。
昴生 ただ、汁もんは絶対にください。
亜生 まみちゃん、大変やな。汁もん、毎日。味噌汁続いても怒るやろ？
昴生 俺、全然それでええねん。コンソメは自分で作ってるもん。
亜生 あぁ、そうなんや。
昴生 まみちゃんがよう作られへんっていうから。味噌汁は任せるけど。
亜生 うちの実家でお味噌汁でやってたけど、まみちゃん、味噌汁のサツマイモ入れんのだけはやめてあげてな。お兄ちゃん怒る。
昴生 いや、お前、まったくわかってないな。俺、味噌汁のサツマイモ、めちゃくちゃ好きやで。
亜生 あれ好き？
昴生 そや。俺、大根が嫌いやねん。
亜生 あぁ、大根や（笑）。
昴生 俺、大根が嫌いやねん。味噌汁の大根はほんまに嫌い。マジでやめてほしい、大根だけ入れるの。うまさがわからん。
亜生 うわぁ、俺、ちょっとお兄ちゃんがわかってなかったなぁ。
昴生 俺はシンプル、揚げさんとお豆腐さんでいいねん。
亜生 え、わかめさんは？
昴生 わかめはいらない。大っ嫌い、味噌汁のわかめ。お豆腐さん、お揚げさん、これでいい。余計なことすなタイプ。ただ、豚汁になったら話変わって来る。大根もありです、それは。
亜生 じゃあ、川島ばあちゃんが作ったポテトサラダのリンゴは？
昴生 ははは！ そもそも川島ばあちゃんのポテトサラダ、マヨネーズ強すぎてあんまり好きじゃなかった。
亜生 あはははは！ まぁ、確かにな。
昴生 な？ 真っ白やったやろ？
亜生 マヨネーズ食うてるやんっていうヤツ。
昴生 甘味がすごいのよ。それに加えてリンゴも入ってるから、すっごい甘味。まみちゃんのポテサラ、めちゃくちゃうまいで。今度食べさせてもらい。めっちゃうまい。
亜生 あぁ、そう。うわぁ、食べたい。川島ばあちゃん家行って、ポテトサラダ作ったから食べてって言われて、バーっと食べたときに川島ばあちゃんが見てへん隙に、歯の隙間からちっちゃいリンゴをお兄ちゃんが出してたん、思い出すもん。

昂生　ははは！　それ、なんやねん。

亜生　歯がな、生えかけのときやってな、お兄ちゃん。前歯の隙間からリンゴ取って出してた。

昂生　よかった、インスタライブでその話。お前、『踊る！さんま御殿』（日本テレビ）とか『ダウンタウンDX』で、その話すんなよ。絶対無視するからな。

亜生　え？　なんでよ。

昂生　オチもなにもない。

亜生　帰って、おばあちゃんに「リンゴ入ってんけど、川島ばあちゃん、ボケはったんかな？」ってお兄ちゃんが言って、おばあちゃんが「そんなことないで」って。

昂生　おい、なんやその話。

亜生　「入れる人もいるんや」「でもおかしいやん。ポテトサラダにリンゴなんか入ってるの」って。

昂生　川島ばあちゃんって当たり前かのように言うな。誰もわかってない。川島ばあちゃん言うたあとに、おばあちゃんが出てこんがらがってるねん。おばあちゃん、2人いるって。

亜生　おばあちゃんの親友やんけ。片方だけのイヤホンをテレビにつなげて聞くおばあちゃんよ。

昂生　前に入院してはって、そのときに買わはったイヤホンをまだ使ってるねん。

亜生　めっちゃ長い。10メートルくらいあるイヤホン。

昂生　3畳から7畳までやったらしいで。あのイヤホン、伸ばしたら。

亜生　あはははは！　いいねん、それはさぁ。もうええから。明日、かよちゃんの話するから。

昂生　あははは！　爆走シャレコウベ。怒られるぞ！　怒られるから、お前。かよちゃんに。

亜生　だって、頭こんなんあったで。

昂生　やらんでええねん、それでわざわざ。後ろ下がらんでええねん。お風呂上がりにな？　タオル巻いてな。

亜生　そう。タオル巻いたらここまであんねん。顔はここやで。

昂生　もうええねん、そんなもん。関係のない話すな。かよちゃんの話はしません！　久しぶりに言うたわ、かよちゃんって懐かしい。川島ばあちゃんの娘さんね。ええねん、そんなん。懐かしい。よう覚えてるなぁ。大坪さん、元気してはるかな？

亜生　大坪さん（笑）。夕方くらいにゆっくりお父さんと帰ってきはるわ、向こうのほうから。遠くから。なんでかって言うたら、お父さんが3メートルくらいあるから。

昂生　確かにちっちゃい頃、でかく見えたけど。めちゃくちゃでかいおじいちゃんやった。めっちゃでかいおじいちゃんがめっちゃちっちゃい家に入っていって、ガリバートンネルかと思うたわ、俺。

亜生　あははは！　向こう入ったら、ちっちゃいんやろなと思うてたもん。出てきたら、おっきならはるんやと思ってた。

昂生　ヤバいな、この話は。めちゃくちゃ面白い。笑ってるの、俺だけやで。どんどん減っていってるから。あぁ、懐かしい。

亜生　ほんまに。西川さんのとこに、お兄ちゃんがピンポンダッシュした話しよか？　バレてんのに。おばあちゃんの親友の家にピンポンダッシュしに行って、謝りに行った話しよか？

昂生　ははは！　せんでええ。俺、近所でピンポンダッシュしてない家、ないからな。

亜生　あははは！

昂生　全部、ピンポンダッシュしたから、ちっちゃいとき。

亜生　めちゃくちゃ悪やった。

昂生　しかも友達ととかじゃないで、俺。1人でやって（笑）。

亜生　ほんで、なんでバレるかって言ったら、一本道やからお兄ちゃんが走っていってるのがわかるっていう。

昂生　あははは！　隠れへんねん。隠れる通路あんねんけど、隠れへん。俺はもう一旦おばあちゃん家に逃げる。本拠地、そこやから。

亜生　ビートたけし、たけしさんみたいに走って後ろ見るけどバレてるっていう。

昂生　楽しすぎて、たけしさんのことをビートたけしって普通に言うてる（笑）。今、もう！　楽しくなりすぎて、たけしさんのこと呼び捨てにして。

亜生　だって俺、正直、今2人で喋ってるみたいで（笑）。

昂生　いや、家で喋ってたんちゃうで。今のはひどい！

亜生　ごめん。

昂生　今のはヤバい。普通に呼び捨てして。

亜生　ははは！　なんやったら、これ終わったあと、お兄ちゃん家行きたいもん。この話したい。

昂生　ははは！　いやぁ、もうええ。

亜生　行きたい！

昂生　この話したってしゃあない。あぁ、おもろ。それでは、また明日18時からしますんで、ぜひよろしくお願いします。

亜生　お願いします。さよなら〜！

4月25日

亜生　始まりました。これか、よしよし！　はい！

昂生　お願いしまーす。

亜生　お願いします。

昂生　髪伸び伸びやん、ほんま。

亜生　俺、人生で初めて今日、応募したヤツが当たった、グッズで。

昂生　なに？

亜生　釣り道具やけど。

昂生　へぇ。全員当たるヤツじゃないの？

亜生　全員当たるヤツじゃないねん。俺、年会費払ってんねんけど、15000円くらい。その中から限定で何人かしか当たらへんルアーが。まぁ、使うところもないし、どうしようかなって感じやけど。

昂生　今はね。来たるべきときのために。

亜生　今は眺めて。

昂生　僕はつい先ほどですね、何時ぐらいでしょう？　16時頃、『男はつらいよ』全49作品、観終わりました（拍手）。

亜生　あぁ、お疲れさまでした。

昂生　最後は感動でしたね。最後の作品観てるようで、うろ覚えやった。阪神大震災の次の年に作ったヤツやから、阪神大震災にテーマが寄ってるというか、物語に入ってきてて。けど、その長田で最後やねん。で、山田洋次監督も渥美清さんが亡くならはんの、わかってて作ってはんのや。だから、最後って決まってないねんけど、キャスト勢揃いやねん。

亜生　もう余命宣告されてはったん？

昂生　5年くらい前から体調悪くて。

亜生　お兄ちゃん、Wi-Fiつないでる？

昂生　つないでるよ。

亜生　ほんま？

昂生　それで最後の寅さんの言葉、「みなさん、お疲れさん」っていう。わかって言うてはんのかっていうセリフが…でもよかった。49作観ましたから、全部観た。だから今、寅さんのなんの質問されても全部返せる。

亜生　だから、寅さんの質問がないんよ。

昂生　ははは！　寅さんクイズされたら、全部わかります。

亜生　寅さんクイズしても、質問がわからへんから。お兄ちゃん、荒いなぁ、画像。

昂生　ウソやん。ほんま？　ぼやけてる？　荒い、これ。

亜生　どんどん荒くなってる。ほぼモザイクやで、いま。

昂生　自分のヤツではっきりしてるけどな。

亜生　結構みんな言うてる。「お兄ちゃん、画質悪い」「お兄ちゃん見えない」って。

昂生　なんでやろ？　Wi-Fi、ちゃんとつないでるのに。

亜生　今日、僕、『せやねん』に朝出演させていただいて。

昂生　あぁ。

亜生　雅さん（トミーズ）の髪型、やっぱりおもろいなぁ。

昂生　ずーっと一緒の髪型やから、雅さん。ずっと同じ。

亜生　ちょっと変えはったやんか。ここ剃ってて。あれ、イジられへんわ。

昂生　手術しはったから、後ろ隠すためにな。

亜生　そうそう。僕、あれやな、兄ちゃん。健さん（トミーズ）、絡んでくるな、めっちゃ。

昂生　ふふふ。みんな、元気やった？

亜生　みんな元気。懐かしいというか。

昂生　スタジオにいはんの？　ほかの人は。

亜生　みんなは楽屋やねん。アナウンサーの人だけスタジオで、みんな楽屋でリモートでやってて。

昂生　はぁはぁ。お前、結構出たん？　長いこと。

亜生　最初、挨拶して、そのあと純烈の人出てきはって、その人が今どんな感じで生活してるか、みたいな。

昂生　純烈の人って誰？

亜生　リーダー。

昂生　あぁ、リーダーね。

亜生　そうそう。で、出てきはって、そのあと王子動物園の赤ちゃんが産まれましたっていう。

昂生　あぁ、素敵な話。

亜生　素敵。『せやねん』ってあんまりそんなんせぇへんやんか、赤ちゃん産まれたとか。

昂生　いま、だってニュースないからな。コロナ関連やろ、でもニュースは。

亜生　コロナ関連。でも、向こうは楽屋にいるから早いねん。こっちは遅いから、雅さんが「亜生、ちょっと遅れてるなぁ」って毎回CM中に。「俺、お前、先週、これ家でやってな。途中で切れて終わったあと泣いたんや。もうつながらへんからな、腹立って泣いてもうたんや、俺」って（笑）。

昂生　はははははは！　腹立って泣いたん？　もうおじさんやなぁ。

亜生　雅さん、大好き。

昂生　腹立ってまで泣くようになったんや。感動ですぐ泣くとかじゃなくて。

亜生　「腹立って泣いたんや、俺」って。「亜生、『美女と野獣』観たか？」って「あぁ、はい、観ました」って言ったら、「あれ、野獣に変えられた王さまおるやろ？　あいつ、そんな悪いことしたか？」って。

昂生　ははは！

亜生　「あいつ、そんな悪いことしてへんぞ」って。

昴生　あそこまでされるほどってことね。
亜生　「いやいや、考えてみぃな。夜やで？知らんおばあさん来て泊まらせてくださいって断るで、そんなもん誰でも」って。「それをやで、断られたからっておばあさんに魔法かけられてな？あんなろうそくやらなんやらさせられたら、たまったもんちゃうで、お前」って。
昴生　めっちゃ面白いなぁ、雅さん。
亜生　めちゃくちゃ面白かった。
昴生　それをCM中に言ってたんや。
亜生　CM中に。オンエアでは言わへん。「あんなこと、わしがあんなことされたら断るで！」って。
昴生　はははは！　あぁ、雅さんおもろいなぁ。
亜生　「わけわからん、ヨボヨボのおばあさんが家泊まらせてくれ言うてんねんもん。断るで、それは」って。
昴生　寅さんと真逆の人や、雅さん。寅さんと両極端におる人、それが雅さん。寅さんなんか、誰でも来い。だって、見ず知らずのおじいちゃん、家に泊めてんで。家族が誰なんあれって怒るねん。ええがなって。雅さんは逆なんや。
亜生　気持ち悪いって言うねん。知らん人泊めるのなんか、家に。
昴生　はぁ、おもろい！
亜生　雅さんやったわ。行きたいなぁ、また『せやねん』の。
昴生　そやなぁ。スタジオにも呼んでいただきたいですね。
亜生　楽しかった。
昴生　さぁ、そろそろやりますか。画像はどうなった？　俺、マシになった？
亜生　あ、マシになった。1回、音声がガガってなって、そのあとよくなった。
昴生　なにが起こったんやろ？　やりましょう。「リモート漫才ってしにくいですか？」ってしにくいに決まってるやん。しやすいわけないよ。
亜生　これでしやすいって言ったら、普通に漫才でけへんやん。
昴生　しにくいに決まってるやん。それでもやってるんやから。むちゃくちゃしにくいよ。でも、17日目やけど、まだ全然しにくいよな。
亜生　なんか嫌やなぁ。だって、この画像になるとどうしてもな？　タイムラグがな。
昴生　待たなあかんしな。まぁまぁ、いいでしょう。じゃあ、出囃子からお願いします。
亜生　デケデケデケデケデケデケデケデケ♪
昴生　あぁ…あるわぁ。いはる、いはる。誰やったけ？　これ。名前にモンキーは入ってますか？
亜生　いや、入ってないです。
昴生　入ってない？
亜生　モンキー入ってんの、360°モンキーズさんしかいいひんからな。
昴生　誰やったっけ？　えぇ？　誰？　シャンプー(ハット)さん？
亜生　違うわぁ。ライセンスさんです。
昴生　はははは！　いやぁ、でもあんまピンとけぇへんな、ライセンスさんって言われても。聞いたことあるけど。
亜生　そやねん。聞いたことあるけど、これライセンスやったんやって。
昴生　ライセンスさん、これやったっけ？
亜生　これやねん。じゃあ、次いきます。きみが～♪
昴生　うわぁ、いるいる。俺、今、一瞬覚えてたのに。東京の人やろ？　東京の人やろ？
亜生　そう。
昴生　東京の人やねん。ルミネで一緒やねん。漫才師な？　もう1回歌って。
亜生　きみが～♪
昴生　これさぁ、俺らと同じ楽屋にいはる？　それとも隣の楽屋にいはる？　どっちが多い？
亜生　結構同じ楽屋にいはる。
昴生　同じ楽屋にいはるよな？
亜生　あぁ、もう出ぇへんわ。遅い、遅い！
昴生　出るねん、出るねん。わかるねん。ライスさんまわりの人らやん、ライスさんに近い人。
亜生　ライスさんまわりの人しかおらんやん、正直。ライスさんを中心にやってんねんから、ルミネは。
昴生　やってない。えぇ、誰やったっけ？　うわぁ、わからん。ごめん。
亜生　マヂカルラブリーさんです。
昴生　あぁ、そうや！
亜生　袖でいっつもベース弾いてくれはるやんか。
昴生　知らん。それは知らん。
亜生　ノってくれはるやん、野田さんが。もう！　じゃあ、次。これは当てなあかんで？
昴生　3問目やからね。3問目は即答するわ。
亜生　ウォオオオ～♪
昴生　COWCOWさん。
亜生　正解。
昴生　これはわかる。
亜生　サービス問題や。
昴生　そこらへん来てくれって、だから頻繁に会う人っていうか、頻繁に出囃子を聞く人。
亜生　だって、マヂラブさんなんて、ほぼほぼめちゃくちゃ聞いてるで？
昴生　聞いてたな。だから覚えててんけど、マヂカルラブリーさんっていうのがバーンって出てけぇへんかった。
亜生　僕らの前とかあととかにめっちゃ多いからな？
昴生　めちゃくちゃライスさんまわりやったやんけ、ほんまに。長いで、この出囃子クイズがネタより長なってんねん。
亜生　あははは！　当てへんからや、一発で。
昴生　そうか。今日はCOWCOWさんでお願いします。
亜生　ウォオオオ～♪
昴生　ウォオオオ～♪
亜生　あのな、いっつも思うねん、タイムラグがあるから、そっちが歌うと合ってないのよ。
昴生　早よやってって。俺も歌いたなんねん。
亜生　ウォオオオ～♪
昴生　ウォオオオ～♪

［漫才］校長先生が言っていた

昴生　後半、だいぶ聞こえへんかったなぁ。
亜生　後半がガチャガチャガチャってなっちゃった。
昴生　今日ちょっと電波だいぶ調子悪いな。
亜生　途中、お兄ちゃん、いっこく堂さんみたいになってたわ。
昴生　ふふふ、ウソ？
亜生　特技披露してきたと思ったもん、途中で。
昴生　俺は全部聞こえてたけどな。
亜生　お兄ちゃんの声が先に聞こえたあと、お兄ちゃんが口パクで…逆いっこく堂さんみたいになってた。
昴生　先に声が聞こえるよ？(笑)
亜生　あれ？　先に声が聞こえる…そやねん。
昴生　そんなペチャペチャ言わしてた？
亜生　うん。中学の校長先生みたいやった、ほんまもんね。
昴生　よかった。「面白かったです」ってありがとうございます、観ていただいて。いやぁ、すごい。今日も5000人も観ていただいて嬉しいですね。ありがたいですよ、毎日毎日。
亜生　ありがとうございます。
昴生　土曜日ね、今日。
亜生　厳しい…曜日感覚厳しいわ、もう。
昴生　ずれてるって。わかるやん、お前だって『せやねん』出てたんやろ？　土曜日やん(笑)。覚えとけよ。
亜生　言い方あると思うわぁ、なんか。
昴生　覚えといてよ、曜日感覚。
亜生　あ！　見て！　ヤジマリー。さん(スカチャン)や。「とてもエンターテインメント！」って来てる。
昴生　はははは！　ヤジマリー。ありがとう。
亜生　ヤジマリー。さん！
昴生　嬉しいね。お前、フォローしてんのか、ヤジマリー。のこと。
亜生　僕してる、ヤジマリー。さんのこと。
昴生　俺もしようかな。
亜生　ヤジマリー。さんのインスタライブ、めっちゃええで。夜、屋上でな、質問に1人ずつ答えていくっていう、お酒飲みながら。
昴生　いや、観たないなぁ。気色悪い。
亜生　僕、あれめっちゃ好きやねん。ほんまにめっちゃ。
昴生　5人くらいしか観てないやろ、それ。
亜生　結構観てるねん、それが。50人くらいは観てるねん。
昴生　結構なんか？　それ。結構ちゃうやろ。
亜生　時々、ローラースケートで走ってくれたりして。
昴生　屋上？　ベランダやろ？
亜生　違うねん、屋上やねん。素敵なところやねん、ヤジマリー。さん住んでるとこ。
昴生　昨日、有村架純さんがインスタライブやってた。
亜生　やってたな。
昴生　めちゃくちゃかわいかった。ずっとコメントしようか、ドキドキして迷ってた。
亜生　俺も。俺、裏アカでコメントしてん。
昴生　ははは！　なんて？　なんてコメントしたん？
亜生　「お笑い芸人、誰が好きですか？」って。
昴生　しょうもな！　いや、一か八かミキって…いや、ミキのことどう思ってますかって言えよ。しょうもな！
亜生　有村架純ちゃん、はてなのとこの質問ボックスみたいなんの見方わかってなかったから、いかれへんかった。
昴生　有村架純さんの最後、ちょろっとだけ関西弁なの観た？　めちゃくちゃかわいかった。めちゃくちゃかわいかった。
亜生　ばりかわいかった。
昴生　癒されたわぁ、ほんまにあれ。最高やったわ。まぁ、今日も今からまた録ってる『JIN ―仁―』観たいと思います。
亜生　うわぁ！　言うたろか、今日のヤツ。
昴生　いや、知ってるし。1回観てるから。
亜生　『JIN ―仁―』って続く？
昴生　続くよ、続編ある。
亜生　めっちゃ長い？
昴生　明日たぶんシーズン2やるんちゃう？
亜生　何シーズンまで？
昴生　2。言うたろか？
亜生　なんで言うねん。
昴生　いやいや(笑)。いや、お前すごいな。
亜生　頭おかしいんか。なに考えてんねん。
昴生　実は仁先生っていうのは…。
亜生　ちょっと！　ちょっと！　ちょっと!!(イヤホン外す)

昴生　ははは！
亜生　ちょいやめて、ほんまに。
昴生　仁先生って、実は恐竜やってん。ティラノサウルスの生まれ変わりやってん。
亜生　俺、お兄ちゃんのこと、おもんないって言いたないんや。
昴生　ははは！　でも、どっちやと思う？　ほんまかどうか。観て、最後まで。
亜生　…え？　なんて言えば…なんて言ってほしい？（笑）
昴生　あははははは！　いや、別になんも言わんといてほしい、逆に。このまま終わりたい。
亜生　あははははは！
昴生　このまま終わりましょう。
亜生　エンターテインメント！
昴生　（笑）。まだエンターテインメント返してんの？　ヤジマリー。、俺、同期やからな、まさかの。嬉しいわ。だから俺、早よ飲みに行きたい。辻井ちゃんにも言うてるねん。ヤジマリー。聞いてる？　辻井ちゃんに、ヤジマリー。と一緒にご飯行こうって誘ってるから、今度一緒に行こう、ヤジマリー。。
亜生　俺、1回な、ヤジマリー。さんにな？
昴生　返事来るの、待とう。
亜生　観てるかな？
昴生　なに？
亜生　ヤジマリー。さんに大阪のアパホテルで会って、劇場近くの。
昴生　あぁ、みんなが泊まってるとこ？
亜生　2時くらいやってんな？　1時か2時くらいやってんけど、たこ焼き18個買ってたわ。
昴生　あははは！　売ってる？　その時間に。
亜生　「これ売ってるんですか？」って言うたら、「ずっと持ち歩いてた」って。
昴生　買ってから？
亜生　持ち歩いて。18個も食う？　たこ焼き1人で。
昴生　ヤジマリー。から返事がまったく…観てへん。行きません、あいつとはご飯。
亜生　こういうとこ観てへん。
昴生　タイミング、ほんまに悪いよな。
亜生　タイミングが悪いから、ずっとくすぶってはってんから。ようやくタイミングよく出てきはったんやから。セミと一緒やねん、ヤジマリー。さんは。鳴くで、ここから。鳴かはります。
昴生　だって、12年くらいやってるのに。
亜生　初めてやったな？　この前のイベントで。
昴生　1年前くらいに初めて（同期だと）知った。
亜生　だって、みんな面白いって笑ってるのに、お兄ちゃんだけ「あれ？　同期やん」ってずっと言うてたもんな。
昴生　うん。ビックリして。だって12年もやってたら知ってるからな、もう大体の人は。
亜生　東京やからちゃう？
昴生　それを知らんってなかなか…名前も知らんくて、ヤジマリー。って初めて聞いたもんな。じゃあ、また明日ということで。ヤジマリー。観てたら、明日も観てください。
亜生　ヤジマリー。さん、もう観ぃひんで、絶対に。
昴生　（笑）。さよなら！
亜生　さよなら！

4月26日

（昴生の携帯からインスタライブをやる予定がつながらず）
亜生　ちょっとこっちでやりますが、アーカイブが残せへんかったりするのが申し訳ないな。
昴生　すみません、ごめんなさい。ずーっと接続でけへんって。
亜生　入られへんかったよな。
昴生　俺も入れんかった、全然。
亜生　ちょっとアーカイブ残されへんかったら、落ちたらすみません。
昴生　まぁ、しゃあないでしょ、それは。しゃあないというかね。
亜生　「ちゃんと充電してくださいね」とか（コメントが）来たもん。
昴生　ふふ、そりゃそうやろ。アーカイブも観たい人もおるし、そんなん。嫌な言い方で、お前。
亜生　いやいや、充電はしてるんですよ。全部万全なんやけど、携帯がこれ終わる頃には熱々になっちゃってんのよ、いつも。
昴生　えぇ、ヤバいやん、お前の携帯。
亜生　ずっと前からインスタライブしたら、熱々になるねん。
昴生　いや、怖っ！　壊れてんちゃう。
亜生　つないでるとどうしてもな、携帯が…。だから、充電も満タンでいつもやってますから。
昴生　あぁ、そうか。熱々なんねや。俺、全然ならんなぁ。最近、iPhoneケースが分厚なったから、熱々なんを感じられへん、全然。
亜生　あぁ、やってもうた！
昴生　止まってる。なんか止まってる。お前の音悪いなぁ。
亜生　うん。もうイヤホンやめるわ、今日。ちょっとグチャグチャや、今日。
昴生　ふふふふ！
（固まる）
亜生　もうイヤホンもちゃんとできひん。ちょっと…（固まる）。
昴生　うわ、あかんわ。
亜生　ちょっと喋っといて。
昴生　あ～～！（固まる）いやぁ、だるいなぁ。全然、声聞こえへん。
亜生　あ～とかじゃなくて、フリーでトークしといてってこと。
昴生　お前の声と顔面が全然合ってないわ。ラグある。
（固まる）
昴生　なにしてたん、今。ずっと止まってて。
亜生　イヤホンもあかんし、イヤホンで聞かれへん。
昴生　やってみぃや、イヤホンで。どう？　イヤホン。
亜生　こっちからも聞こえてるし、こっちからも聞こえてるもん。二重音声みたいになってる。
昴生　携帯からの音声、消したらええんちゃうん。
亜生　だから、普通はこれつなげたら携帯からの音声は勝手に消えるねん。でも、どっちも聞こえてる、今。
昴生　なんでなん、そんなことある？
亜生　いやぁ、俺に…（固まる）なんでって言われても。
昴生　1回切ったら？
亜生　今のとこいけてる。
昴生　いけてる？　じゃあ、いいや。
亜生　途中でギャっとなったらすみません。
昴生　お前の目の下のところがグルグルってなってたのよ、止まってるから。その間、俺がずっと喋っててんけどさ、喋れば喋るほど、どんどんどんどん視聴数が減っていくのよ。
亜生　なにを喋ったかによると思う。
昴生　なんも喋ってないよ、別に。大変や、亜生が1人で止まってますよみたいなこと言ってても、どんどん7000人おったんが5000人くらいに減って、地獄みたいな時間やった。
亜生　そんなことない。
昴生　地獄の時間やった。
亜生　お兄ちゃんが止まって、俺が1人で喋ってても減るもんは減るねん。
昴生　最悪やった。消したかったもん。どんどん減っていくんやったら。
亜生　だって、自分のせいでしかないかもしれんもんな。
昴生　そうそう。もう意味わからんかった…。でもよかった、復活してね。
亜生　復活しました。
昴生　さっき広瀬姉妹が。
亜生　はい、観てました。
昴生　アリス&すず姉妹がやってましたよ。
亜生　観てた。かわいかった。
昴生　ワンちゃんとかな。お前も猫持ってこいよ、同じ感じで。アリスちゃんみたいに。
亜生　（猫）持ってくるか。
昴生　いやいや！　持ってこんでええねん！　ややこしいって、また。もう！　言うただけやって！　うわぁ、だるい、だるい。誰か止めて！
亜生　ちょっと待って。
昴生　隣の廊下歩いてる人、ドンドンってしてくれへんかね。
亜生　（「ニャア～～！」と鳴く藤に）こっちおいでぇ～。こっちおいで！
昴生　俺、別に見たない。だるい、だるい、早よやろうや。
亜生　寝てたのにな？　寝てたの！　寝てたんですぅ（と、藤を抱いて）。これ、お兄ちゃん。初めて見るんちゃうか？　これ、お兄ちゃん。
昴生　あははは！　しょうもなっ！
亜生　これ、お兄ちゃん。
昴生　初めてちゃうし、こいつ。実際会ったことあるし、何回も。
亜生　あるか。これ、お兄ちゃんや。
昴生　お兄ちゃんやとか言うな。なんもわかってへんねん、こいつ。アホなんやから。人とか認識せぇへんねん、こいつ。
亜生　ほな、やろか。
昴生　ほなやろか、やらへんねん。そいつ、どっかやれ。
亜生　かわいいやろ？
昴生　猫抱きながら漫才やれるかい、そんなん。
亜生　ゴロゴロ言ってる。藤です。
昴生　ゴロゴロ言ってねん、違うねん。あ！　猫来たら、7000人になった（笑）。
亜生　せやろ？　だから、オープニングでちょっと猫やろうや。
昴生　あぁ、それはいいかも。
亜生　みなさん、観て。藤でーす。
昴生　ははは！
亜生　いつもお父さんがお世話になってまーす。
昴生　お父さん言うてる（笑）。きっつ！　きっつ！　早く外出せ！　野良にせぇ、早く。もう邪魔や。
亜生　外出したらあかんねん。
昴生　ちょ、ちょ、早よどっかやれって。早よやろうや、もう。邪魔やって、マジで猫。うっとうしい。
亜生　怖いよぉ！
昴生　トラでーす（と、ぬいぐるみを）。
亜生　持っていくわ。
昴生　（笑）。おい、共演させろってなぁ？　なんで俺がやったら急に…。
亜生　よいしょ。
昴生　なにが気にくわんかったんじゃ。
亜生　よいしょ、よいしょ。どうですか。増えたね！
昴生　もう早よやろ。チャンスは今や。じゃあ、亜生くん、出囃子からお願いいたします。

亜生　いきます。

昴生　あぁ～！　いてはるなぁ。えぇ、誰？　誰やろ、それ。

亜生　うわぁ。まぁ、わかってほしいけどなぁ。

昴生　いや、わかれへん。

亜生　あぁ、わかってる！　わかってる！　そうそう。

昴生　キム兄さん？　っぽいよな。

亜生　違うよ。

昴生　誰々？

亜生　ヤナギブソンさんや。

昴生　ははは！　ギブソンさん、確かにボブ・ディランや、ほんまや。

亜生　ボブ・ディランでやってはんねんから。

昴生　祇園花月とかで一緒になるからな。ギブソンさん、1人で出てはること…祇園花月くらいしかないからな。さすらいのピン芸人みたいな感じで出てくる(笑)。俺、もうギブソンさんの『千原ジュニアの座王』(関西テレビ)のときの立ち振る舞い、大好きやねんな、俺。

亜生　あははは！　面白いなぁ。

昴生　かっこいい。

亜生　かっこいいよな。

昴生　魂注ぎすぎや、大喜利に。ごめんなさい。

亜生　もう当ててよ。じゃあ、これいきます。は～れたひ～は♪

昴生　おぉ(と一緒に歌う)。あぁ、守谷日和さん！

亜生　正解！　ピン芸人縛りでいかせていただきました。

昴生　守谷さん、よかった。クロスバーさんと迷ってましたけど。

亜生　クロスバーさんは出てましたから。過去問やで？　過去問見といてや、ちゃんと。

昴生　いや、どこでこれがテストに出るねん。

亜生　これ出るよ！

昴生　守谷さんはこれやな。これはわかる。

亜生　観てる方もね、絶対予習してもらって、これで。

昴生　いつか劇場で。

亜生　もしかしたら、僕らの単独でこれやるかもしれんやん。

昴生　やるか！　なにがおもろいねん。お願いします、じゃあ、今日は守谷さんで。

【漫才】給料明細

亜生　猫持ってこうか。

昴生　僕が代わりに持ってきます。

亜生　いや、それええねん。

昴生　(ぬいぐるみを持って)トラちゃんでーす、ガオ～！…ふははは！

亜生　ははは！

昴生　広瀬姉妹もこんなことしてたけどなぁ。なにが違うん？

亜生　してた。いや、三木兄弟はちゃうで、たぶん。

昴生　なにが違うんやろな？

亜生　今の「笑うてもうた」って言うてます。

昴生　ありがとう。今日はね、素敵漫才でいかせていただきました。

亜生　CMは決まってないので、みなさん、純粋やからね。決まったんかと思って、「CM決まったんおめでとうございます」って。

昴生　ははは！　あのねぇ、漫才で言うてることってね、9・5割ウソやと思ってください。いや、俺、悩みがあってねぇって言うてるのも、悩みなんかないから。

亜生　そうそう。

昴生　冷めるわ(笑)。

亜生　ははは！　だから、僕が彼女欲しいなとか言ってるんは、あんまり欲しいなと思うてないかもしれへんで。

昴生　ははは！　いや、彼女欲しいなも限界あるからな。俺、作らへんようにしてるねん。な？　彼女おるとか言ってあとあと結婚してもうたら、そのネタでけへんようになるから。俺なんて無理やもん。好きな人できてねぇが無理やもん、結婚してるのに意味わからんやん。まぁまぁ、でも気になる人っていうのはいいかもしれんな。コンビニの店員さん、かわいいねんけどくらいはいけるか。彼女欲しいは無理やわ。

亜生　そうやな、確かに。

昴生　昨日もまみちゃんとプチゲンカしてね。あかんよ、別々に寝た。

亜生　うわぁ、質問で来てるわ、「亜生くん、彼女いますか」って。もう…わかるやんな？　兄ちゃん。

昴生　うん。

亜生　こんな背景、真っ白なんやから察してよ。察して、みんな。

昴生　どういうこと？(笑)どう察したらいいの？　いや、わからん、それ。お前のメッセージがわからんけど。

亜生　いや、俺も背景真っ白で、みんなにメッセージ送ってんねんから。

昴生　俺も真っ白やけど、なんのメッセージもないけど、別に。

亜生　プチゲンカも白？

昴生　俺がまみちゃんの全部の質問に、知らんって答えたら怒って。

亜生　あぁ…お兄ちゃんのよくあるヤツや。考えごとしてたんやろ？

昴生　そう。考えごとしてて、質問も入ってけぇへんかってん。とりあえず音に知らんって…いいリズムで言っててん。知らん、知らん、知らんって。そしたらキレた。

亜生　結構、まみちゃんも質問する感じなんや。

昴生　めっちゃするよ。怒って、俺のご飯だけ作って寝た。

亜生　うわぁ！　今日、朝の5時に起きたと。なんでなん？

昴生　俺はリビングで寝てて、まみちゃんは寝室で寝ててんけど、5時くらいにパッと目が覚めたらまみちゃんが布団かけに来てくれてたから。素敵やろ？　素敵エピソード。

亜生　素敵。え、起きたっていうのは一瞬だけ起きたってこと？

昴生　昼くらいまで起きてて。12時くらいまで起きてて、あぁ、ちょっと眠いなと思ったから、1～2時間寝ちゃって、そこから。『少年寅次郎』を観てね。U-NEXTでやってる寅さんの少年時代。お父さんを毎熊さんがやってはるヤツ観てんけど、めちゃくちゃよかったな。毎熊さんもお父さんの役。

亜生　へぇ！

昴生　だらしないというか、そりゃ寅さんのお父さんっていう感じで最後のシーンもめちゃくちゃよかった。みんなに観てほしい。U-NEXTで、レンタルで観られるからね。めっちゃいいよ。

亜生　僕は昨日ずーーっと歴代の『M-1グランプリ』を全部観たんよ。

昴生　なんでなん？　『M-1』観ても別に勉強にならへんで、あれ。漫才と言えば『M-1』みたいな。

亜生　一応な。とりあえずYouTubeは、ほぼほぼ観てもうたから。

昴生　YouTubeはほぼほぼ？　お前エグいなぁ。

亜生　観た。

昴生　ほぼほぼ観たん？　エグいで、だって。すごいで、量、YouTubeって。それをほぼほぼ観たん？

亜生　漫才だけちゃうで。犬のヤツとかも。

昴生　そやろ？

亜生　怖い話とかも全部観た。

昴生　エグいやん。ずっとYouTubeつけてるやん、これやってる以外。

亜生　ずっとYouTube。もう全部観たから。『M-1』は今、活躍してはる人が俺らと同じくらいのときってどんな感じやったんかなとか。審査員がほんま1回目、2回目、3回目くらいのとき、人殺しみたいな目で漫才観てるときあるなぁ。

昴生　そう。めちゃくちゃ怖い。

亜生　なぁ？　俺、あんなんで漫才でけへん。

昴生　カウス師匠とか笑ってるときは優しい顔してはるけど、笑ってへんときに抜かれたらめちゃくちゃ怖い顔してる。

亜生　俺、ちょっと観てられへん。うわぁ、怖っ！と思ったもん。

昴生　そう。(立川)談志師匠とかだって、どんだけサムいねんっていう格好してるからな、ほんま。

亜生　飛び込みやろ？　あれ。

昴生　ははは！　飛び込み飛び出しの格好やわな。楽屋も寄ってへんで、あれたぶん。

亜生　そうそう。寄ってないねん、たぶん。来てすぐあの審査員席に座ったと思う。

昴生　久しぶりに俺も観てみよかな。

亜生　僕もほんまに久しぶりに観て。

昴生　『M-1』はでもな、特殊やからな。漫才やる上ではな？　だから、『M-1』だけ観ても全然勉強にはならへんけど、ほかのヤツとミックスして観たら面白いかもしれん。傾向と対策はできるかもしれん。

亜生　やすきよをずーーっと観てたから、ちょっと『M-1』も観て。

昴生　なるほどね。昔のやすきよさんとかB&Bさんもそうやし、(太平)サブロー・シローさんとかもそうやけど、そこら辺の人らが『M-1』がもしあったとして4分の縛りの中でネタ作るとなったら、俺、めちゃくちゃ観てみたいけどな。どんな4分作るのか。とんでもない4分作るで。だって、10分、15分であんなテンポでブワーってやんねんで？　すごいと思う。

亜生　俺、入りきんのかなと思って、逆に。やすきよさんとかほぼほぼアドリブ入ってるもん。1つのくだりやったら、絶対なにかしら入ってるからさ。

昴生　だから抜けられるし、足せるねん、ああいう人らって。よう師匠とか言わはるやん、「1本丸々、それで作るの、すごいなぁ」みたいな。俺らの漫才とか観て、「よう1つのテーマだけでそんなにいけるなぁ」って。昔の人って1つのテーマでいってはらへんもん。

亜生　そうそう、何個も入ってる。

昴生　ざっくりしたテーマの中に何本もあるから。

亜生　で、急に、あれ、この話なに？っていうときもあるし。

昴生　そうそう。人間でやってるからな。それがまぁ、気になったり気にならんかったりするから、あれやけど。すごいよね。

亜生　今の人が観たらちょっと気になるとこもあるんかもしれん、昔の漫才は。

昂生　あぁ。そりゃ、気になるやろな。『M-1』=漫才ってなってるからさ。普段の俺らの漫才観てても物足りひんかったりもするもんな、たぶん。

亜生　ちょっとフリートークに近いな。

昂生　『M-1』くらいスピーディにやってないからな。あんときだけやから、ブワーってやるのはね。インターハイ中止になったんですか？　かわいそうにね。

亜生　なりましたね。かわいそう。

昂生　まぁでもね、仕方ないとしかいいようがないけどね。ここ踏ん張って、あとあともっといいことがあると信じてね。

亜生　努力はウソつかない。

昂生　そうそう。まぁ、わからんけどね。努力すればいいってことじゃないと思うけどね、俺は。努力ってね、俺はウソつくと思うのよ、結構。

亜生　ははは！　ウソつかれたタイプ？

昂生　全然ウソつくよ。なんでこんだけしたのにって思うし、特にこの世界なんて完全にそうやんか。だから、努力しても報われへんと思うけど、いずれなにかで役に立つと思う。努力することが。

亜生　そこやろ、ほんまに。だって正直、今やってることもさぁ、たぶんすぐには絶対出ぇへんもんな、この芽が。

昂生　そうそう。今やってることがいずれなにかのタイミングで、あのとき、あれやってたからよかったんやみたいな、めちゃくちゃあるもんな？　この仕事やってても。

亜生　そうそう。あぁ、やっといてよかった、あれとか。4年後とかに。

昂生　諦めへんことよな。

亜生　やってることはすぐ役立たんのよね。だから、凹むねんな。

昂生　そうそう。これ、また自粛期間ももしかしたら延長されるかもしれへんやんか。まだわからんやん、5月6日って言われてるけどさ。とりあえず、このインスタライブは5月6日までっていう限定でやってますけど。そこから先はどうなるかわからん。

亜生　継続してやっていくのか。

亜生　みなさん、今日、感染者が106人になりましたとか言ってましたけど、くれぐれも外に出ないように。

昂生　ほんまにそう。

亜生　まだ安心できないからね。

昂生　まったく安心できない。

亜生　日曜日やしっていうのもあるから。

昂生　みんな遊びに行きたいねんからな。自分らだけやったらいいやろみたいな考えが起こっちゃうとさ、もっともっと外出られへんようになるから。アメリカのディズニーが2021年までもしかしたら閉鎖するかも、みたいな。

亜生　言ってたなぁ。

昂生　悲しいよなぁ。でも、人が集まるところは仕方ないかなって思うねん。

亜生　でも、国によっちゃあさ、集団免疫みたいな。わざとかかって免疫作りましょう、みたいな。ようわからん。

昂生　情報が飛び交いすぎてて、もう判断は自分でしていかなあかんなと思うけどね。みなさんも耐えてね。とりあえず、5月6日までというのを決めてやっていきます。わからんけどね。僕らの仕事が再開でき次第なので、それがどうなるかなので。

亜生　お兄ちゃん、質問が。

昂生　なんですか？（「月収いくらですか？」という質問を見て）ふふふ！

亜生　言える範囲でいいわ。

昂生　言うわけないやろ、そんなん。もうそういうの、夢なくなるから言いたないねん。どっちにしても。

亜生　ふふふ！

昂生　みなさん、ぜひまた明日もやりますので、観てください。STAY HOMEでよろしくお願いいたします。日曜日を楽しんでください。それでは、さようなら。YouTube載せないようにね。

亜生　あ、明日はできるんかな？　この時間に。

昂生　できます。そのあとなんで、仕事は。

亜生　あ、そうか。家でのリモートですけども、仕事があります。

昂生　もちろん、もちろん。仕事は全部リモートです。

亜生　ありがとうございましたー！

4月27日

亜生　さぁ、今日もぴったしに始まりました。オッケー！　はい。ハッピーハンバーグさん、ありがとうございます、いつも本当に。毎日観てくれてはるなぁ。

昂生　はい、こんにちは。

亜生　そんなに気になる？　髪の毛。毎日さぁ、絶対にパンってこの画面になったらこうやってる（髪触ってる）わぁ。

昂生　ふふっ、初めてここで自分の顔見るのよ、1日の。

亜生　いや、見てきぃや。こんだけ5000人も観てもらってんねんからさぁ、鏡でやるとかしぃや。

昂生　うわぁ、5000人も観ていただいてありがとうございます。

亜生　僕は昨日、あれを観たよ。

昂生　ん？

亜生　『ノーサイド・ゲーム』（TBS）。

昂生　あぁ、観た観た、俺も。全部っていうか、第1話やろ？

亜生　いや、ちゃう。全部観てん、あれから。

昂生　あははは！　Paraviとかで探してってこと？

亜生　そう、Paraviで全部観た。池井戸潤さんやなぁって感じやな。

昂生　でも、全部つながってんの知ってる？　俺、昨日『ノーサイド・ゲーム』観てて思ってん。新しい監督がさぁ、前のとこでさぁ、いろんな資金を集めて会議してるとこあるやん？　こういう会社から資金集めてきました、みたいな。そこで、今まで池井戸潤さんがやってたドラマの会社、バーンと出てきてんの。

亜生　えぇ！　うわぁ、それ先に聞いといたらよかった…。

昂生　ははは！『下町ロケット』のなんとか重工とか『陸王』（TBS）のすごい靴の会社とか。それ観たとき、一時停止したもん。うぉお！って。

亜生　なんか『スター・ウォーズ』みたいな話やなぁ。

昂生　ちょっとちゃうんちゃう？　違うストーリーがってことやから。『スター・ウォーズ』はまったく同じストーリーやから。

亜生　せやなぁ。まったく一緒やな。

昂生　お前、なんかいうたら『スター・ウォーズ』みたいやなって言うの、やめたほうがええで。別に『スター・ウォーズ』はなにかの集大成じゃ…。

亜生　万能じゃないの？

昂生　万能じゃない、全然。

亜生　あぁ、そうなんや。

昂生　いいよな？　面白いよな。

亜生　面白い。定例会ってあるやん。最後のさぁ、上司やった人が裏切ってさぁ、最後潰しますみたいになったら、ちょっと待ってください。今…。

昂生　言うなって。

亜生　なんでやねん。

昂生　俺、観てへんねん、まだ『ノーサイド・ゲーム』、全部。

亜生　え、観てへんねや。なんか、あれがって詳しそうに言うてたけど。楽しいの？それ。

昂生　あははは！

亜生　やっぱり最後はほんまに倍返しなんや、結局。

昂生　そら、そう。全部そうよ。『陸王』だって…観てへんやろ？

亜生　『陸王』観てへん。

昂生　『陸王』なんか、めちゃくちゃええで！

亜生　えー、観ようかな。Paraviあるやろな、たぶん。

昂生　絶対ある。1話と最終話が最高！

亜生　ウソぉ。

昂生　うん。途中もめちゃくちゃええけど、めっちゃいい。めっちゃ泣くもん。

亜生　あぁ…観よかな。

昂生　俺もさぁ、『恋つづ』とかでドラマちょっと出たからさぁ、セリフとかちょっと思っちゃうねん。現場でやってたから。大泉（洋）さん、すごいよな、やっぱり。

亜生　長台詞が？

昂生　あんなによう覚えられるわ、すごいわ！　あれ。

亜生　あと思うのがさぁ、やっぱりその会議シーン、ミーティングシーンで大泉さんが熱くバーって語ってはるときさぁ、いろんな角度で撮ってるやんか。うわぁ、これ何回撮らはったんやろうと思って。

昂生　せやろなぁ。ほんまやで。でもわからんで、あれだけは1回で撮って、カメラで。

亜生　だっておかしぃもん。俯瞰で撮ってるヤツと後ろから撮ってるヤツ、静止目線のヤツと横のヤツって全部どこ行ってもカメラが映るから、何回もやってはるねん。

昂生　大変やで、あれは。あれはすごいわ。『ノーサイド・ゲーム』楽しみね。あと、『JIN ―仁―』もね。

亜生　『JIN ―仁―』は土日しかやってへんから。

昂生　『JIN ―仁―』の男の子すごない？

亜生　うまい！

昂生　あの子すごいよなぁ。ドーナツ、お母さんに食べさせようなのシーンとかめっちゃすごかった。

亜生　あとはなんやろな？　あ、『M-1』も昨日もちゃんと観返してたんけど、ノブさん（千鳥）、普通に関西弁使ってはるなぁ（笑）、ツッコミ。

昂生　ノブさん？　あぁ、そう。

亜生　自分でも言うてはって。東京に進出して、岡山弁強くしたみたいな。

昂生　あははは！　それはあるかもな。

亜生　だって、ほんまにノブさんじゃない感じやったもん、観てたら。

昂生　まぁ、でも『M-1』の時期は全然違うもんな、今と。『THE MANZAI』くらいから変わりはったもんな。それはわかるような気がする。俺、千鳥さんの漫才であれがめっちゃ好きやねんな、屁こきだ屁こ男。めっちゃ好きやねん（笑）。

亜生　庭の松に縄くくりつけて引き抜く男？

昴生　松の木引き抜く男ね。あれ、めっちゃ好きやわ、あのネタ。ああいうのがいちばん面白い。さぁ、6分。そろそろやりましょう。6000人いったらやりましょうか。自宅にみなさんいてください。STAY HOME。日光浴がいいとか言ってたりしますけど、ほんまにわからん情報やから。

亜生　もしそれがね？

昴生　いいなら、ベランダで。

亜生　そやな。

昴生　結局、外出たって一緒なんやから。効果もそんなに変わらへんやろうし、家がいちばん安全、本当に。みんなも安全なとこ探して外出よみたいな言ってはる人もおるらしいけど、いちばん家が安心やから。そこがいちばん安全なんやから、絶対家にいてください。お願いします。

亜生　STAY HOME!

昴生　そうです。さぁ、やりましょう。じゃあ、亜生くん、出囃子からお願いします。

亜生　デデッ！ デデッ！

昴生　…なんの曲？(笑)

亜生　ズダッ！ ズダッ！ ダッダッ！

昴生　マジでわからん。想像もつけへん。

亜生　もう〜〜〜!!

昴生　なんちゅう曲か教えて、普通に。

亜生　俺もタイトル知らん。だって、出囃子でしか聞いたことないから。

昴生　東京ダイナマイトさん？ 雰囲気がそんな感じやったなぁ。

亜生　違うよ。おいでやす小田さん。

昴生　ふふふ！ わからんわ、おいでやす小田の出囃子なんか覚えてないわ、そんなん。

亜生　覚えといてよ。

昴生　覚えたくもないわ、おいでやす小田の出囃子なんか。

亜生　じゃあ、次は特徴的やし、わかってほしいな。

昴生　お前の中でわかってほしいヤツ？

亜生　うん、わかってほしい。いきます。笑って〜♪

昴生　わかった、わかった。モンスターエンジンさん。

亜生　正解！

昴生　よっしゃー！

亜生　素敵やで。その中出ていくの。僕はそれで覚えてた。

昴生　あぁ、いいね。

亜生　笑ってほしいっていう気持ちを歌に乗せてるっていう。はい、いきます。

昴生　いきましょう。

［漫才］のど自慢

昴生　ふふふ(と言いながら、変な顔をする)。よっしゃ、さぁ終わりました。このあとね、僕ら、お仕事がありまして。ありがとうございました。

亜生　ちょっと今日はこの辺で。準備がね？

昴生　そう。自宅でお仕事がありますんで、それの準備をしなければいけない。

亜生　結構大変よ、準備。

昴生　なんだかんだリモートで仕事、ちょくちょくしてるよね。

亜生　してる。俺もここ3日くらい、いろいろやったりしてるわ、なんか。

昴生　リモートで？

亜生　猫撮ったり。

昴生　あぁ、いろいろね。

亜生　雅さんと絡んだり。

昴生　ははは！ 雅さんの話、面白かったなぁ。面白いなぁ、雅さん。『アメトーーク！』でアキナさんが1回、雅さん大好き芸人をプレゼンしようかなって言ってたとき、めっちゃ嬉しかったもんなぁ。出たかった。

亜生　嬉しかった。僕、ほんまに嬉しかった。

昴生　めちゃくちゃ多いと思うで、雅さん大好き芸人な。千鳥さん、かまいたちさん、アキナさんもそうやし。

亜生　チュートリアルさんやろ？ フットボールさんもやし。

昴生　ブラマヨさんも中川家さんもおるし、めちゃくちゃ豪華や、メンバー。

亜生　うわぁ、観たかった。

昴生　みんな元気してはりましたか？

亜生　元気そうでした。

昴生　アキナさんもリモートで出てはったん？

亜生　アキナさんも局には来てたけど、誰にも会わずに楽屋に入ってみんなでリモートした。

昴生　なるほどね。そうなってくるよな。『アメトーーク！』も俺、どんだけ出てへんやろうなぁ。

亜生　ふははは！

昴生　1年くらい出てへんかもしれん。

亜生　もうな、『アメトーーク！』もな、メンバーもちょっと固まりつつあるもんな。

昴生　そやな。

亜生　そう。○○芸人とかじゃ最近なくなってきて、どんどんレギュラーメンバーみたいになってきはったから。

昴生　なんやろ？ 2回くらい断ったからかな。

亜生　断ったからやろ。やと思うで、お兄ちゃん。

昴生　ふふふ！ 断ってない、断ってない。スケジュールの都合であかんかっただけ。断ってない。

亜生　ほんまか？

昴生　うん、断ってへん。

亜生　へぇ〜。「俺、これやめとこかな」って言うてへん？

昴生　はははは！ 言ってない、言ってない。

亜生　よう聞くで、俺。マネージャーと電話してるときに、「いやぁ、俺はそれやめとくわ。亜生だけでええで」って。

昴生　ははは！ いやぁ、俺は昨年思ってん、仕事しすぎはよくないなってね、ほんま！ 本業が疎かになるなって。

亜生　確かにな。そんなん言うてるヤツが、今からリモートで仕事します言うて。

昴生　そうそう。ほんまやで。仕事なくなって、こんなんやってな？

亜生　そう。なんや、結局働きたいやん。

昴生　仕事はな、やっとかんと、ほんま。落差激しすぎるんよ、昨年と今で。間ないんかっていう。

亜生　そう。こんなに休みあっても困るねん。

昴生　休みあっても、外に遊びに行かれへんしね。でも、ほんまにみなさん、外に遊びに行かないように、STAY HOMEで。僕は普段の日常に帰りたいっていうかさ、漫才したいし、いろんなところにも遊びに行きたいやん。

亜生　あれ？ 着替えてる？ (ネクタイをほどきながら)え？

昴生　ちん○ん出すん？ ヤバいって(笑)。こいつ、ヤバいって。

亜生　もうそろそろ準備せなあかんからさぁ。

昴生　早いって！ それにしても。俺がなんで喋ってるとこで、そんなん…(笑)。でも、みなさん、ほんまに家にいましょう。

亜生　家にいてください。

昴生　なんかさぁ、パチンコ並んではる人とかでさぁ、ストレス溜まるからって言うてはる人いるけどさぁ、みんなストレス溜まってるしさぁ、みんな我慢してるからさぁ。みんなで我慢してさぁ、終息するかどうかわからへんけど、いつになるかわからんけど、そうなって我慢して、よっしゃー！って飲むお酒とかご飯って、めちゃくちゃおいしいと思うねんな。

亜生　絶対うまい！ それは。だから、俺はBBQ企画するわ。

昴生　そう。一致団結して、終わったあとのご飯やお酒って絶対うまいもんな。そのため今、我慢しよう。だって、一生家におれっていうわけじゃないし、そんなん。

亜生　そうそう。まぁ、いつまでっていうのがちょっと今わからへんから、モヤモヤするけど。

昴生　うん。不安になってるのもあるけど。毎日18時とかのこのインスタライブとかを観て、気が紛れてくれたらいいなと思います、本当。俺ねぇ、思うねん。別に批判されてもいいと思うねんけど、俺は。別に大したことじゃないけど、今、外出てね、遊んでる人とか沖縄にも6万人くらい行こうとしてるらしいやん。沖縄の人も医療従事者の人もパンクしてんねんて、病院とか。もしコロナにかかって熱出たとしても大変なことになる、病院が。今からもし遊びに行くなら、それ覚悟で行って病院行くなって思うねん。病院も行かんと1人で巣篭もりせぇと。家族にも会わんし、友達にも会わん。それ覚悟なんやったら行けよって思うねん、俺は。でも、そうじゃないやん。絶対、病院に駆け込むやん。それをするんやったら、そもそもやめよ。人の迷惑になってるからっていう話！ あと、これもYouTubeに載せない。亜生くんも途中で服着替えない。今、めっちゃセクシーやもん。

亜生　だって今、ちん○ん出してるんや、俺。これのほうがニュースになんねん。

昴生　ちん○ん出さんでええやろ(笑)。あと、うちの岡村さん(ナインティナイン)がすみませんでした。どえらいことして。

亜生　ちょっと今年の『岡-1』は延期になるか。

昴生　危ぶまれます。ほんまにねぇ、ボケなんですよ。ボケやとしてもちょっとね、うちの岡村さんがすみません。いいヤツなんですよ。

亜生　元気出して。

昴生　だって、僕にもね、こういう期間でも気にかけてくれて、LINEとかしてくれてたんよ、岡村さん。ええヤツなんよ。ちょっと度が過ぎるボケがありました。

亜生　まぁ、ラジオって言いがちやから。

昴生　言いがち。お前も怖いよ？ 生放送じゃなくていいとき、めっちゃあるもんな。収録で。

亜生　ほんまに俺、言ったらあかん人物とか言うから。

昴生　あははは！

亜生　人物はマジであかんヤツやから。

昴生　てか、亜生くん。ほんまにそろそろやめよ。マジで次の…すみません。また明日18時からやりますので、よろしくお願いいたします。

亜生　さよなら〜！

4月28日

亜生　どう？ 始まったか？ おっしゃー！ どうだ！ さぁ、お兄ちゃんも招待しました。出ました。

昂生　どうも。これで今日なんの映画観たか、当てて。

亜生　うん。

昂生　な～にかい～こと～♪

亜生　わからん…。えぇ?

昂生　絶対、お前観たことある。

亜生　聞いたことある。あれ、『色即ぜねれいしょん』。

昂生　おぉ、さすが!

亜生　じゃあ、俺がなに観たか。しんじ～よう～♪

昂生　『海猿』観たん?(笑)今日?『海猿』、毎回もうヤバい、もうヤバいってときに告白すんのやめろやって思うねんな。そんなときに言うてる場合ちゃうって。

亜生　そう。水、ここ(喉の下)まで来てんのに。

昂生　そうそう(笑)。今違うって。今、告白したらあかん!「結婚しよう」やあらへんねん。

亜生　バンビーノの石山さんがいちばん好きな映画やから。

昂生　そうなん?　あいつ。なんでこんなに俺、メガネ曇ってんねん。意味わからん。なにを熱帯びることがあるねん。

亜生　映画の話好きやから、お兄ちゃん。毎回思うねんけど、お兄ちゃん、オープニングだけVTR流してる?　毎回同じやけど、こうやってやって(と髪流してる)。収録したヤツ流してない?

昂生　おかしいやろ、それのために。流してないよ。

亜生　『色即ぜねれいしょん』観たん?

昂生　いやぁ、久しぶりにね。なんかあったから、U-NEXTに。観てみようと思って観てんけど、めっちゃいいなぁ。

亜生　「フリーセックスゥ!」。

昂生　そうそう。臼田あさ美さん、お前好きやったよな。

亜生　大好き!　今も好き!　OKAMOTO'Sの人と結婚しはってん。

昂生　えぇ!　誰?　ボーカルの人?

亜生　ギターの人かな?　あぁ、ドラムや。

昂生　浜田さんの息子さんじゃない人やろ、じゃあ。

亜生　そうそう。浜田さんはベースやから。

昂生　めちゃくちゃうまいんやろ、浜田さんの息子さん。

亜生　もう超絶やで!

昂生　あぁ、そうなんや。すごいな。なんて言うの?　親の七光りとかじゃないやん、もうこうなったら。だって、確実に実力で来てるわけやろ?

亜生　そう。星野源さんのライブで、後ろのバンドに入ってはんねん。でももうな、そっちも人気やねん。ギタリストの人とかもドラムの人もベーシストの人も人気やから。逆に、そっちでも武道館埋まるくらいちゃう、今。

昂生　あぁ、そう。

亜生　すごい!

昂生　いいなぁ、そういう才能。なにが違うん?　違いが俺にはあんまりわからへんねんな。音楽やってないから、この人のベースうまい、この人のギターうまいとかわからへんねんけど。

亜生　指とかも観てみぃ。

昂生　だから、あの人はすごいなと思うねん。

亜生　MIYAVIさん?

昂生　MIYAVIさん。すごいやん、あの人。

亜生　あれやったな、『アナザースカイ』(日本テレビ)で。

昂生　知らん、観てないわ。『アナザースカイ』全部観てんのになぁ。いや、全部は観てないか。指全部使ってるんちゃう?　あれ。三味線みたいな。

亜生　うわぁ!　え、MIYAVI?

昂生　え、どういうこと?

亜生　MIYAVIと一緒のこと言うてるから。え、『アナザースカイ』観てへんよな?

昂生　観てない、観てない(笑)。

亜生　MIYAVIがこの弾き方は三味線からインスパイアされてって。え?　俺、MIYAVIと漫才してんの?

昂生　してない、してない。そりゃ合うやろ。そういうのは大体、観てたらわかるやろ。三味線っぽいやん、なんか。

亜生　お兄ちゃんも下手したらMIYAVIになってた?

昂生　(笑)。いや、俺、結構音楽の才能あるって言われるからな。サックスも習い始めて独学でできたし、曲聞いたら吹けるっていうな?　あの特技おもろかったよな。

亜生　曲聞いたら吹けるっていう特技はおもろかったけど、1回あれでやったやんか。

昂生　霜降り(明星)との番組でな?

亜生　『マッチングⅣ』(TBS)のときに、本番に弱いっていうことがわかった。

昂生　いや、違うねん。あれは無理やって言うてん。俺、長いことやってへんし。やってたときは覚えてんねん。どの指でやったらこの音なるって覚えてんねんけど、もう覚えてなかったから。

亜生　『プラチナ5』ってユニットでやったとき、めちゃくちゃおもろかったもんな。スタジオでお兄ちゃんがさ、これ弾いてって言われて。

昂生　吹けるヤツ。あれ、おもろかった。俺、曲とかも2～3回聞いたら歌えるねん。2回くらいか。

亜生　すげぇな。

昂生　だから、まみちゃんとかが言うもん、「また覚えてる!　これ何回聞いたん?」って。「2回くらいかな」「なんでそんなに覚えんねん!」って。なんで怒られなあかんねん、そんなん。覚えただけで。

亜生　才能(笑)。

昂生　才能。今日も6000人観ていただいてありがとうございます。

亜生　ありがとう。昨日は久しぶりに寝落ち。12時半くらいにお風呂も入らず、カーペットで寝落ちしてしまって。

昂生　俺、最近11時前くらいになったら眠なる。もう我慢できひん。だから、その前に風呂も入ったりするけど、起きてられへん。

亜生　だから5時に起きるの?

昂生　そうそう。5時とかに起きちゃうねん。で、全然寝てないねん、正直。12時前とかに寝て5時くらいに起きてるから、5時間ちょいしか寝てない。だから、昼間めちゃくちゃ眠なんねん。めっちゃくちゃ眠くなるねん。

亜生　目覚ましかけてへんかったから、気づいたら12時やったわ。僕も起きてるからさ、早くに起きる。10時には絶対起きるようにしてたから、毎日。その分の寝てないのがバーンと来てもうてしんどいもん、今日。

昂生　じゃあ、やろうか。

亜生　いや、まだ聞いて。

昂生　なんでそんな聞かなあかんねん。

亜生　僕の寝てない話聞いてよ。

昂生　もうええよ、お前の寝てない話。岩橋さんおったって。

亜生　はまちゃん(濱咲友菜)もさっき観てくれてた。

昂生　あぁ、AKBの?　元気にしてるか、はま。

亜生　はま、どんどんきれいになっていってる。

昂生　「素敵やん」って岩橋さんが。岩橋さん、『スッキリ』観ましたよ、出てはったん。

亜生　ウソぉ!

昂生　『スッキリ!』の投稿してってなんか動画とか(注:「クイズッス」というコーナーのこと)。

亜生　あぁ、みんなやってる、ハッシュタグで。

昂生　クイズとか投稿してって。お願いしますよってみんなにやってたとき、岩橋さんも出てはって、どの3択でしょうって(いう問題で)、その3択になかった白金バースディパーティっていうのやって。なんやねんそれって終わっといたらよかったのに、真面目やから「ウソです、ウソです」って普通に…。そこで終わっとったほうが、岩橋さんっぽくってええやんと思って。

亜生　岩橋さん、真面目やから。

昂生　ええ人やから。

亜生　コメント消します。

昂生　はい。さぁ、じゃあ亜生くん恒例の出囃子からいきましょう。

亜生　テレッ、テレッ♪

昂生　うわぁ、俺もうわかってもうた。

亜生　あ、これ、ほんならやめて。

昂生　嫌や、嫌や(笑)。もうわかった。

亜生　2曲目にするから!

昂生　ジソンシンさん。

亜生　うわぁ～、おもんない、今日。

昂生　ははは!　わかってもうた、これ。孝太さん(酒井)チョイスやと思うねんけど。うわぁ、ごめん。わかっちゃった。

亜生　空気読んでくれよ。

昂生　なんの空気やねん。

亜生　わからへんとき、全然当たらへんのにさぁ。

昂生　わかってもうた。ジソンシンさんは覚えててん。孝太さんっぽいから、めっちゃ。

亜生　もう!　じゃあ、ごめんなさいね。これ、楽しみにしてる人、めっちゃ多いねんで、ほんまに。

昂生　知らんがな。じゃあ、今日はジソンシンさんでお願いします。

[漫才]　大事なもらいもの

昂生　漫才やってたら増えましたよ、めっちゃ。嬉しい。

亜生　ウソぉ。

昂生　7600人になった。1000人以上増えましたよ、嬉しい。ありがたい。

亜生　最初、ずっと万華鏡っていう(ネタにはない)言葉が出てきてた。

昂生　ふふふ、万年筆が?　万華鏡でもいいねんけどな、もうそこはなんでもいいねんけど。

亜生　でも出てけぇへんがな。

昂生　万華鏡?　出てきてないな、こいつ。どうやってなにを言うんやろうなって思った。

亜生　『JIN —仁—』観てるから。

昂生　ありんす?

亜生　ありんすでね。すみません。

昂生　ありがとうございます。

亜生　すごい。今日も多くの方が観てくれてますね。

昂生　なんか足が太ってきたんか知らんけどさぁ、太ももと太ももが歩いてたらくっついてるような気がするねん。擦れへんところが擦れてる気がすんねんな。

亜生　歩いてへんからちゃう?

昂生　そうなんかな?　おかしいんかな、そうか。そういうことかな。あれ？こんなとこ、擦れてたってなって思うな。
亜生　あと、これストーリーに残せへんくなってさ、やっぱり。何回やっても。
昂生　亜生の普通の投稿のほうに残してるってことやろ？
亜生　そうです。あれ、知ってる？ＵＦＯ。
昂生　ＵＦＯやろ。絶対、お前それ言うと思った。
亜生　もうワクワクしたわ。
昂生　防衛大臣の河野さんが「僕は信じてないけど」って言ったとき、めっちゃ冷めたわ、なんか。なんでそんなこと言うねんと思って。みんな、こんなにワクワクしてんのに。
亜生　でも、「一応、準備してる」って言ってたで、日本の人が。そういうときのために。
昂生　なんか言うやん。パイロットの人は未だそういうのを見たことがないってへんって都市伝説で聞くよな。それ河野さんが言っててんけどさ、言われたらどうかしたって思われて(仕事を)降ろされるっていうね。ＵＦＯ見るとか言ったら疲れてるのかなっていうので降ろされる。
亜生　ナダルさん(コロコロチキチキペッパーズ)が言ってたヤツ言ってもいいんかな？大丈夫かな、消されへんかな。
昂生　ふふふ、ナダル情報？
亜生　うん。
昂生　なんなん、ナダル情報。
亜生　いい？言っていい？
昂生　いや、知らん。俺、わからん。内容知らんから。
亜生　ナダルさんがずっと言ってんねんけど、国会議事堂の下にめっちゃでっかいロボット埋まってるって。
昂生　はははは！えぇ、ヤバいやん、その情報。お前、それ大丈夫？(笑)
亜生　ナダルさんとタクシー乗ったときに言われてん、いきなり。
昂生　それ大丈夫？
亜生　いや、俺にはわからへんねんけど。
昂生　ヤバいよ、それはたぶん。
亜生　来たるべき日のために、日本が作った巨大ロボが、ガンダムみたいなんが埋まってんねんて。
昂生　いや、それヤバいんちゃう？言うて大丈夫？消したほうがええんちゃう、アーカイブとか。
亜生　いや、残す。
昂生　残したら、お前知らんで。
亜生　俺が消されへんやろ。ナダルさんがまず消されるやろ。
昂生　お前も消されるやろ。こうやって情報流してねんから。
亜生　でも、ナダルさんから聞いた話やから。発信源はそこやから。
昂生　もう1回言うて。
亜生　国会議事堂の下に、巨大ロボが埋まってんねん。
昂生　埋まってるってどういうこと？準備してるってこと？
亜生　そう。来るべき日のために。スイッチをポンと押したら国会議事堂がバーンと開いて、中からロボがブワーって。
昂生　どういう開き方？国会議事堂も。
亜生　野党と与党がバーって開くらしい。
昂生　衆議院と参議院ね。
亜生　あぁ、そうか。
昂生　(笑)。そんな分かれ方してないから。
亜生　え、そうなん？野党はどっち？
昂生　そこら辺はようわからん。そんなに詳しくないから。もうすぐアホがわかる。そんなヤツが…全部、情報がアホなのよ。
亜生　分かれるらしい。それか、国会議事堂が変形してロボになるっていう説も出てる。
昂生　あはは！確かにてっぺんのところは。
亜生　パカーン！って開いて。
昂生　でも、あそこが顔でもいいけどな。顔に見えんことはないけど。
亜生　今、国会議事堂は肩までロボが出てる状態らしい。
昂生　あははは！え、そういうこと？あれって。お前が最初に言っててんと全然違うで。
亜生　なにが？
昂生　お前は埋まってる言うてんねん。埋まってるっていうのは、半分埋まってるってこと？
亜生　そう。肩まで出てる。
昂生　あぁ、そういうことなん。あれ、実はロボの上半身なん。
亜生　そう。ロボの肩まで。ちょっと遠目から見たらロボやもん。
昂生　なるほどね。…ちょっとやめていい？終わろう。しんどいわ。
亜生　ふふふ。衆議院、参議院なのよ。
昂生　もうしんどい、しんどい。もうしんどいわ、ごめんね。
亜生　っていう噂やねん。みんな、信じるか信じないかはあなたたちです。
昂生　あなた次第です、や。なんや、信じるか信じないかはあなたたちですって。なるほどね。というわけでした、また明日。明日も18時からやりますので。
亜生　ほな、明日なんか仕入れとくわ、都市伝説の情報。
昂生　うん、頼むで、お前。これはだいぶヤバいから。お願いしますよ。都市伝説っていうか、確かなこと以外あんまり言わんといてほしいわ、それは。
亜生　マジで確かやから。
昂生　何%確か？国会議事堂はロボットの上半身っていうのは何%真実？
亜生　俺の見た感じでいうと、8割。
昂生　8割!?
亜生　うん。あれはロボットの肩出てるっていうのが8割。
昂生　どこまで出てるか。チューブトップくらい出てるっていうこと？
亜生　そうそう。だから、真ん中が顔やねん。
昂生　あぁ、だいぶ出てるなぁ、そしたら。
亜生　だいぶ出てるねん。だから、みんなもあんまり言わんほうがええけど、これ。
昂生　最初に言ってたんと違うけど。お前は全部埋まってるって言い方やったけどな。下半身だけっていうふうには言ってない。
亜生　どうしても、予算的に埋まるくらいにしか穴が掘れへんかったらしい。日本はお金が…。
昂生　じゃあ、上半身を国会議事堂にしちゃえっていうこと？
亜生　建物にして、ここで会議とかさせてもらっとこうって。
昂生　なるほどね。また明日18時からやりますんで、みなさん観てください。
亜生　で、警視庁が…。
昂生　さよなら！
亜生　剣やねん(昂生、退室する)。……で、神宮球場が盾やねん。…巨大ロボ…そう。で、皇居の水が全部燃料で、あの水がなくなったとき、国会議事堂が動き出すって言われてるけど。あの水を全部、国会議事堂に入れる、燃料やから。で、動き出すって言われてる…そう。ふふふ……お兄ちゃん、どう思う？まだ観てくれてるから。……ほんで俺が思うにな？国会議事堂がロボで、燃料が皇居の水。あれ燃料やから。で、警視庁が剣。でも真の剣、ほんまのマジの伝説の剣は、新宿にあるこんなヤツ、タワー。あれがすごい剣らしい、伝説の…っていう噂があるわ。で、代々木公園が対決の場になるらしい。コロシアムみたいな、巨人ロボットの対決。そこで戦ってもらうらしい。うん。…ほんで、やっぱりここだけの話やけど、敵は宇宙から来るヤツやから。でも、ロボは飛ばれへんから乗り物が必要やと思うねん。…乗り物が必要やねんけど、それがあれです。あの…渋谷１０９。……１０９から道玄坂辺りまで埋まってます。だから、ちょうど道玄坂ってこうなってるやん？で、１０９ここで、ここ道玄坂。要は宇宙まであのロボを飛ばさなあかんから、エンジンがすっごいでかいのよ、ここの。こっち側エンジン。で、１０９がコックピットやねん、ロボの。で、エンジンがデカいから、あれ埋めるにはどうしても坂作らんとしゃあなかってん。あれをなんて言うの？このままでもよかってんけど、埋めるお金がないからそれやったら坂にしてまおうっていうことで、ここエンジン。ここだけの話です。…今日はこの辺に…すごい人数減ってきてるから。明日またこの続きします。お兄ちゃんもずっとツッコんでくれてありがとう。お兄ちゃんがいなでけへんかったで。だって、こういうインスタグラムってほかの芸人さんがツッコんでくれるんとか観たことあるけど、相方がずっとツッコんでくれるってなかなかさびしいインスタグラムやで。ありがとうな、兄ちゃん。また明日！東京都内…対宇宙兵器陰謀論、これまたみなさんに言いますので。今日のことはもう！一応、アーカイブ残しますけど…さよなら。

4月29日

亜生　いった？始まりました。えぇ…21日目ですかね？今日。うわぁ、固まりましたねぇ、また。インスタライブ漫才、おっ、これ、ごめんなさい。ちょっと待ってよ！待ってよ…ふぅ！あっ！ちくしょう。またや。
昂生　なに？
亜生　イヤホンが全然接続されへん。
昂生　ちょっと…(と固まる)。
亜生　お兄ちゃん、ちょっと1人でやってて。
昂生　またや。(インスタライブが固まる)僕が見えてますか？
亜生　ケーブルありのほうでするわ。今日もでけへんかった。はい、すみません。
昂生　お前が止まってる間も、ちょっと…止まってたらしい。
亜生　すみません。
昂生　大丈夫？これで。
亜生　うん、今は聞こえる。復活しました、すみません。
昂生　すみません。今はどうですか？今はもう聞こえてますか？みなさん。
亜生　増えてるから見えてはいるんやと思いますけど。
昂生　やっと通常になった。暗転した。
亜生　今日、『やりすぎ都市伝説ＳＰ』(テレビ東京)らしいね。
昂生　らしいね。録ってた、録ってた。
亜生　昨日、夜中に今まで1回も聞いたことない音が聞こえてや。
昂生　んと、それはどういうこと？つまり。ようわからん、言うてることが。

亜生　昨日言うてもうてるから、もしかしたら。
昂生　アメリカの国防総省がお前のとこに来た？　アメリカの国防総省が、なんでお前のとこに来るねん。
亜生　シャーンシャーンって聞いたことない音。ベランダ行って、俺はずっと聞いてたけどわからへん。どこで鳴ってるかもわからへん。
昂生　ふーん、出ぇへんほうがええんちゃうん、そういうとき、あまりベランダに。怖ない？　だってそんなん。
亜生　でも、もし俺のこと狙ってんねやったら逃げな。言った以上は、真相を突き止めないといけない。
昂生　うーん、なるほどね。真相を突き止めなければいけないっていうのが、ようわからんねんけど。そのシャーンの音となにが関係してるのか。
亜生　シャーンの音ってわかる？
昂生　なんの音？
亜生　これは…シャーンシャーンってなに？　兄ちゃん。
昂生　シャーンシャーンはお坊さんの。
亜生　クリスマス。
昂生　ふーーーーん。全然、時季外れやけど。
亜生　だから、おかしいねんけど、クリスマスって冬やんか。で、冬やけど、オーストラリアとかでは夏になんねん。
昂生　あぁ、そうか。時期的にね。
亜生　今、日本は夏に差し掛かろうとしてるやろ？
昂生　まだちゃう？　梅雨もまだやのに。だって5月やで。差し掛かろうとしてない。梅雨もまだまだやのに。
亜生　もう夏やん。
昂生　いや、お前さぁ、ようもう夏やって結構早めに言うよな？　まだまだや。
亜生　で、兄ちゃん。オーストラリアってなにがある？
昂生　グレート・バリア・リーフ。
亜生　違う。赤い？　赤い土地。
昂生　赤い土地？　なに？　おへそがあるとこ？
亜生　そう！　エアーズロック。おへそ！　地球のおへそって言われてんねん。な？　もうこれで合致したよな、完全に。
昂生　なにとなにが？
亜生　宇宙兵器説！
昂生　そもそも、なんでオーストラリアに飛んでんのかがようわかってないねんけど、俺は。
亜生　だからクリスマスやん。シャーンシャーンって聞こえてきたやろ？　それはクリスマスやねん。サンタやねん。サンタ、時期外れやな。夏に来るのおかしいな。でも、ちょっと待てよ。夏にサンタ来るとこあんぞ。オーストラリア。オーストラリアにはなにがある？　エアーズロック。エアーズロックは一体なに？　地球のへそ。地球のへそ、つまり地球の中心。ど真ん中。
昂生　違うよ。へそやから、ちょっと外れてる。結構下のほう。真ん中やったら心臓ら辺やと思うけど。全然、真ん中じゃない。
亜生　実は東京都がなんのために国会議事堂をロボにしたかというと、宇宙との対戦ということもあった。敵は宇宙！
昂生　お前、ずっと敵って言ってたけど、敵って誰なんって思ってたてん。
亜生　宇宙です。
昂生　宇宙なんや。宇宙からの侵略者ってこと？
亜生　やと思ったけど、実は！　それを裏で動かしてたんは…地球。
昂生　やろか、そろそろ。切りがええとこやったから。
亜生　今日、調子ええわ。
昂生　調子悪いぞ、だいぶ。
亜生　いや、伸び率がすごい。え、イルミナティ？　イルミナティが来てんのか？
昂生　まみちゃんから伝言で「しょうもない」っていうのが(笑)、メールに打ち込まれてきましたよ。
亜生　イルミミィやな。
昂生　まぁ、ある意味、未確認生物。
亜生　ふふふ！　確かにみんな、見たことない。
昂生　UMAです、完全な。それじゃあ、お願いします、出囃子から。
亜生　今日はちょっとお兄ちゃん、これ当ててほしいですよ。
昂生　昨日、一発で当てたからね、ジソンシンさん。
亜生　素晴らしい。いきますよ。きらめくまち〜♪
昂生　トレンディエンジェルさん。
亜生　正解！
昂生　僕、覚えてるんです、これ。俺だって調べたもん。トレンディさんにピッタリやったから。この曲なんなんやろって調べたもん、俺。
亜生　すごいなぁ。
昂生　もう最近はすごいよね。歌詞だけをバーっとやったら出てくるのよ。じゃあ、亜生くん、よろしくお願いします。今日はトレンディさんで。
亜生　トレンディさん、おめでとうございます。
昂生　おめでとうございますは、ようわからんけど。

【漫才】いくつに見える？

昂生　間違えちゃ…ったっ！
亜生　はははは！　あんまりそんなん言わんでええ。間違えてない。そこはそれでいいやん。
昂生　間違えちゃったよぉ。でも、そろそろ1ヵ月経とうとしてるからね。今日は7800人も観ていただいて。よかったぁ。
亜生　うわぁ、すげぇ。今日『やりすぎ都市伝説SP』、みなさんもぜひご覧ください。
昂生　いや、お前出てへんやろ。出てるヤツの告知の仕方や、それ。
亜生　もしかしたら、この陰謀論が採用で…。
昂生　いや、めちゃくちゃ怒ってくると思うで、Wコージが。
亜生　今日は時間ないから言われへんけど、もう1つすごい陰謀論、俺は…これは確実な線からやなっていう。絶対そうやって。
昂生　またまみちゃん、怒って部屋入ってくるから。
亜生　(笑)。まみちゃん、俺のこと嫌いすぎやろ？
昂生　ふふふ。嫌いなんちゃうねん、お前のこと面白いと1ミリも思ってへんねん。
亜生　いやいや。
昂生　お前が言ったことで笑ってるの、見たことがない。
亜生　マジでない。逆に誰で笑ってんのかを知りたい。芸人で、逆に誰で笑ってんの？　まみちゃん。
昂生　てんしとあくまさんは百発百中で笑ってる。
亜生　あはは！　いやぁ、まみちゃん、ちょっとなぁ。
昂生　笑わんかったときない。
亜生　自分の中のまみちゃんが『M-1』の審査員やったら、むちゃくちゃ叩かれるんちゃう？
昂生　むちゃくちゃになる。ほんまにむちゃくちゃになる、たぶん。絶対、優勝もミルクボーイさん違うし。
亜生　わからへんって言うと思う。まみ、これわからへんって。
昂生　それがそもそもあかんやろ(笑)。今日も朝から筋トレみたいなんしてて、山本耕史さんに誘ってもらって。
亜生　お兄ちゃん、寝起きの筋トレはあんまりよくないで。
昂生　寝起きじゃない。時間経ってから。
亜生　あぁ、時間経ってからのほうがええ。副交感神経がいろいろなって、体のバランス崩すから。
昂生　やってへんヤツが言うな。やかましい。変な入れ知恵されて、誰かから。
亜生　だから俺、ずっと眠たいからでけへんねん。
昂生　(笑)。もうヤバいわ、今、足が。山本耕史さんのスパルタがすごかったから。
亜生　2人やったん？
昂生　いやいや、萌音ちゃんと毎熊さんと。もうヤバい、今、足ボロボロ。トイレ行くのもしんどい。筋肉痛とかちゃうねんで。フラフラやねん、使いすぎて。
亜生　それは何時間くらいやるの？
昂生　1時間くらい。
亜生　うぉお、結構やるねぇ。
昂生　でも、あれやで。休みながらよ、そらもちろん。だらだら喋りながらとか、そんなん。でも、めっちゃ汗かいた、家で。
亜生　まみちゃんはそんとき、なにしてんの？
昂生　まみちゃん、寝てた。
亜生　あぁ。そら寝るか。
昂生　そら寝るわな。って感じです、今日も。明日もまた18時からやりますのでね。
亜生　そうですね。
昂生　ぜひみなさん、観ていただきたいなと思います。それでは。
亜生　ご機嫌麗しゅう！
昂生　グッバイ〜♪

4月30日

亜生　よーしっ！…始まりましたぁ！　ミキ…インスタ漫才ライブ、ありがとうございまーす。嬉しいなぁ、ほんまに。ありがとうございます。みなさん、ちょっと(緊急事態宣言が)伸びるかもしれないですねぇ。さっき安倍総理が言ってましたけど、もしかしたら…あっ、ハッピーハンバーグさん、ありがたいですね。すみません。
昂生　(髪が)跳ねちゃってる。…直った。
亜生　…最悪の始まりや！(笑)
昂生　ははは！
亜生　今日は最悪の始まり方をしてしまった。
昂生　え、今の映ってた？　聞こえてた？
亜生　映ってた。
昂生　あぁ…最悪。
亜生　観てるみんなも最悪やで？(笑)
昂生　あ〜あ、もう聞こえちゃったか。
亜生　今日、何日目？
昂生　23日目とか？　22日目とか？
亜生　で、最悪を叩き出したかもしれん。
昂生　跳ねちゃってた？　跳ねちゃってた。あぁ、まだ跳ねちゃってる。すっごい跳ねちゃってる〜。今日は12時に起きちゃいましたね。
亜生　あ！　へぇ。
昂生　昨日がちょっと遅かった、寝るのが。

3時か4時くらいに寝ちゃって。

亜生　なにしてたん？　昨日は3時まで。

昂生　なにしてたんやろ？　録ってあるテレビとか観てたとか、そんなんやと思うで。で、ちょっと遅くなっちゃってね。あぁ、『やりすぎ都市伝説SP』を観てて、ずっと。

亜生　あぁ、面白かったなぁ。

昂生　面白かった。そうなったら怖いよなぁっていうかね。

亜生　関(暁夫)さんがマジやったで。

昂生　辻褄が合ってるのがすごいよな。これがほんまかどうかわからんけど、それを探し出して、なんて言うの？　辻褄合わせてやってるのがすごいな。

亜生　YouTuberのNaokiman Showさんがむっちゃ詳しくやってんねんけど。

昂生　へぇ、都市伝説？

亜生　それこそ、ビル・ゲイツさんのも言ってたけど、ビル・ゲイツ財団はすごいって。

昂生　なんとかバーグ会議みたいなのがあって、マーク・ザッカーバーグなんてまさにそうやん。バーグやん、だって。で、みんなハンバーグ好きやろ？　もう完全やん。

亜生　え？

昂生　(笑)。絶対そうやん。

亜生　でも、ほんまにほんまにもうそうなってんの、これは。仕組まれたヤツなんかもしれんっていう。この現状が。載ってんねんから、本に。偶然じゃなく、人為的なものを感じぜらるを得ない。

昂生　感じざるを得ない。

亜生　得ない！

昂生　俺もオーパーツとか調べたもん。オーパーツ知ってる？

亜生　あれやろ？　世界のどこでもある壁画とかにも書かれてるオーパーツ。

昂生　そうそう。何億年も前に見つかった三葉虫の化石に、足型がついてんねんて。そんな時代に、人間なんか絶対おらんのに。恐竜も生まれてないのに、三葉虫の化石に足型がついてんねん。しかも、その足型は化石化してて。

亜生　人の足？

昂生　人かどうかわからんけど、土踏まずもちゃんとあって、かかともある。

亜生　はぁ、すごい！

昂生　素敵よな？　そういうの。

亜生　素敵ぃ！

昂生　そういうロマン、素敵よな。だから、もしかしたらそのときにいた生き物？　生物の足跡かもしれんけど、人間とかタイムトラベラーって考えたほうが素敵ですよねっていうこと。確かにそっちのほうが素敵。

亜生　そうやねん。素敵やねん。だからさぁ、よくさぁ、昔の白黒写真でさぁ、Tシャツにカーディガン着てる人がいるとかさ、サングラスかけてる人みたいな。あれも実はほんまはそういう人は昔もいたらしいねんけど、そうやって考えたほうがいいよねっていう。

昂生　デジカメ持ってる人とかな？　携帯電話かけてるんちゃうみたいな人もおるしな。

亜生　そうそう、いんねん。そうやって考えたほうがロマンあるよね。楽しい～！　ある？　兄ちゃん、ほかに。

昂生　ははは！　そういうインスタライブちゃうねん、これって。

亜生　え？　一応、5月6日までは漫才してさぁ、7日以降はこういうのを喋らん？　2人で。

昂生　都市伝説を？　いや、それやったらやりたないわ。決めた時間に集まってしたない。無駄。

亜生　ははは！

昂生　無駄なような気がするわ、それは。オーパーツは興味深いよな、そう考えたらね。

亜生　全部の壁画に描いてあんねんから。

昂生　地上何百メートルみたいなところに、何千キロ？　2000トン？の石とかが置かれてんねんけど、どうやって運んだんやっていう、そこに一体。

亜生　はぁ！　それは技術では無理なんや。

昂生　絶対に無理やのに。計算機が見つかったんや。化石っていうか、そことは違うとこやけど、昔の人類が使ってた計算機が見つかったんやけど、計算機なんてだいぶあとになってできるのに、その時代になんでこれがあるの？っていう。

亜生　うわぁ～～～！

昂生　ピラミッドだって正直わかってないからね。お墓っていわれてるけど、本来の目的はそうじゃないんじゃないかっていう。しかも、あの時代にあんなきっちり設計されたピラミッドが作れる技術はないから。

亜生　あのな、1つな、YouTubeにあった動画でな、内緒でピラミッドの中に忍び込んだヤツがいんねんけど、そいつがなにかしらんけどカメラ落としたあと、ウワァーって言うて逃げるねん。そのカメラだけ発見されて、その男の人は今も発見されてないらしい。

昂生　ミステリーですよね。

亜生　今、僕言いながら鳥肌すごいんやから。

昂生　ははは！　それ、怖いだけでしょ？

亜生　すごいでしょ！

昂生　すごい。すごいでしょって言われても…今日盛り上がっちゃいましたけど、やりましょう。

亜生　やりましょう。

昂生　漫才は都市伝説、まったく関係ないけど。

亜生　今日、誰にしよかな？

昂生　今日も6000人の方々ありがとうございます。

亜生　ありがとうございます。いきます！　テテッテテーテーテーテー♪　テテッテテーテーテー♪

昂生　わかってんねんけど、コンビ名が出ぇへん。あいつら、なんやったっけ？　わかってんねん。あいつらの名前なんやったっけな？　あいつら…。あぁ！　はい、わかりました。ゆにばーす！

亜生　正解！　正解率上がってきたなぁ。

昂生　簡単やわ。ゆにばーすなんて何回も聞いてるもん、寄席の出番に何回もあるし。

亜生　ルミネ、毎日いはるもんな、川瀬名人。

昂生　ほんまによう会ってたから。今日はゆにばーすで。

【漫才】年越し蕎麦

昂生　今日は久しぶりに仕事もなにもない1日。

亜生　今日はなかった。

昂生　ね？　なんか有意義というか。

亜生　明日はあるね。明日からまた結構あるね。

昂生　そやね。家でやる仕事って、ほんまに疲れるねんな。なんなんやろな？

亜生　明日も疲れんねやろなぁ。

昂生　疲れるというかね？

亜生　正直、疲れるやろ？

昂生　ドッとね。俺、終わったあと、すぐシャワー浴びるもん。

亜生　明日も疲れんねやろうなぁ。

昂生　そうやね。今日はなにをされるんですか？

亜生　今日は僕、朝まで起きてたんよ。で、ずーっと起きて、朝に買いもん、食材なくなったから行って。ほんで、車もちょっと運転せなあかんかったからして。今日寝たんが8時くらい。ちょっとヤバい、生活が。

昂生　ヤバいね。さっきまで寝てたんやろ？　だから。

亜生　さっきまで寝てた。13時に打ち合わせがあったやん。

昂生　それで起きたけど、また？

亜生　また寝た。むちゃくちゃや。

昂生　わかるけどね、それは。俺は自然と12時くらいになったらヤバいねん、眠なって。昨日はそれを耐えて起きたから4時までになったけど、今日も絶対12時くらいにまた眠なる。

亜生　気持ちいいやろな、でもそれで寝るの。

昂生　めっちゃ気持ちいいねん。ソファに座ってる。なんのテレビ観てるか、わからへんもん。

亜生　ははは！　よだれ垂らしてるくらいちゃうん？

昂生　そうそう。もう今、俺、なんのテレビ観てんねやろ？と思いながら。まみちゃんの笑い声で起きて。

亜生　まみちゃん、テレビで笑うんや。

昂生　めっちゃ笑うねん。

亜生　まみちゃんの笑い声、聞いたことがない。

昂生　あれ？　なんで笑ってんねやろって思ったら、『警察24時』やった。

亜生　え？

昂生　ははは！　信号無視してちょっと逃げて捕まったヤツがおってんけど、そいつがなんで信号無視したかっつったら、女の子と一緒にドライブしとってんけどナビがなくて。女の子を送りたいねんけど、ナビがないからミスって3時間くらい迷ってて、はぁ～って泣きながら運転してて。

亜生　女の子、ブチギレやろ？

昂生　そう。女の子、ブチギレ。その上、信号無視して捕まったからブチギレで、男は泣いて「俺はもう自殺する」って。いや、かわいそすぎるやろ、釈放したれよって。

亜生　それは笑ってまうな。今日のご飯はお兄ちゃん、なんでしょう？

昂生　考えてないなぁ、なんにも。カルボナーラでも作ろうかな。

亜生　出た！　カルボナーラ。

昂生　昨日は塩焼きそばを作りましてね、結構おいしかった。餃子と。

亜生　焼きそばなぁ、虚しならへん？　焼きそばだけ。

昂生　俺、焼きそば大好きやから、全然。

亜生　あぁ、そうか。僕は虚しなんねんなぁ、焼きそば。

昂生　あと、冷凍で買ってきたアヒージョみたいなヤツと。

亜生　あれ？　ちょっと俺と一緒やんけ。

昂生　あぁ、ウソ。冷凍で買った？

亜生　買った。真空パックになってるヤツ。

昂生　あぁ、それ一緒、一緒。コンビニやろ？

亜生　そう！　おいしいで、あれ！　めっちゃ！

昂生　セブイレ(セブンイレブン)じゃない？

亜生　セブイレやったと思う。

昂生　俺もセブイレやったと思うな。

亜生　あれ、おいしい。米入れたろかな思うたもん、最後。

昂生　ちょっと俺が嫌なんがさぁ、蒸した野菜嫌いやねん。だから、蒸した野菜の味が滲みてるのが嫌やねん。俺、めっちゃ嫌やねん、蒸した野菜。焼きそばに入れるキャベツも嫌いやねん、シナシナになって。

亜生　それがうまいのに。

昂生　俺、嫌いやで。あれ嫌や。さっき『月曜から夜ふかし』（日本テレビ）観てたけど、関西弁使わへんみたいなの言ってたけど、確かになぁっていう。女の子はもう使ってへんのかなって。

亜生　ほなとか言わへんなぁ。

昂生　俺、結構さぁ、関西弁ゴリゴリやんか。だから、全然使うねんなぁ。

亜生　兄ちゃん使うなぁ。

昂生　「おおきに」とかも俺、全然言うしな。

亜生　言わへんなぁ。恥ずかしい。

昂生　俺、バイトで言うてたもん、「おおきに」とか「お越しやす」とか言うてたからなぁ。最近、俺、どハマりの番組！

亜生　兄ちゃん、明日のラジオに取っといてくれへん？

昂生　ははは！

亜生　俺、昨日もラジオ録ってさぁ、こんなに喋られたら、明日なんの新鮮味もないねん。

昂生　毎日喋ること、いっぱいあんねん、俺。

亜生　いや、明日のラジオに取っといてや。

昂生　わかった。取っとく。

亜生　みなさん、『〜兄弟でんぱ！』聞いてください、明日収録あるんで。ここで喋ると、ほんまに喋ることないです。

昂生　そうか。すみません。

亜生　明日、1時間2本録りやろ？　大変やで？

昂生　大変。

亜生　今溜めて。

昂生　そうしよ。よろしくお願いします。あぁ、あの話もしたかったのになぁ。

亜生　あぁ、いい、いい！　明日して！　明日楽しみにしてるから。

昂生　「昨日ダイスケとかとＺｏｏｍした」。それの話、明日。覚えといて、亜生。

亜生　それ、絶対して。楽しそう！

昂生　ダイスケとかアダチくんとＺｏｏｍ。

亜生　めちゃいいやん。

昂生　覚えといてくれ。明日しますんで。明日18時からやりますんで。ラジオ収録してからのこれなんで、ほんまに喋ることないと思う。

亜生　たぶんネタだけやな？　5分くらいで終わる？

昂生　終わるかもしれないです。ぜひ聞いてください。あと、ＹｏｕＴｕｂｅ載せないように。インスタも。よろしくお願いします。警告です！

亜生　すみませーん。

昂生　さよなら！

亜生　さよなら！

5月1日

亜生　さぁ、始まりました。もう…あれですね、外を見ると明るい。やっぱり始めた頃はね、まだ明るかったんですよ。終わったあとは暗かった。うん。でも、今いっつもインスタライブ20分くらいして、パッと外を見るとまだ明るい。日の長さを感じます。…今日も始めましょう。やっぱりそうですね、今日とかは25度とか26度とか。うーん、もう夏がすぐそばまで来てます。…普段、やっぱりねぇ、こういう時間に部屋にいられないので、こうなると日本の四季の豊かさっていうものを感じますねぇ。…うん。やっぱり日本って、すごいいいんですね。夏は海があって、春は桜。ね？　秋はもみじ、冬はね、ちゃんと雪が。こんな四季がちゃんとある国って、ほかにあると思います？ないんですよね。どこの国を見渡しても、やっぱりないんです。そんな国に生まれてきたということに、誇りを持ってほしい。ジャパンブランド！確かにジャパンブランド。みなさまが日本に生まれてこられた。これは素晴らしいことです。それをね、あっ！

昂生　めちゃくちゃおもんないインスタライブ。

亜生　なんとかいけた。

昂生　めちゃくちゃおもんないインスタライブやってたわ。

亜生　え？　誰が？

昂生　いや、あなた。

亜生　間を持たせたんや、日本の四季について。

昂生　おもろないわぁ。若輩者がなに言うてんねんとしか思われへんわ。…こんなにモヤかかる？

亜生　はははは！

昂生　こんなモヤかかる？

亜生　絶対、脂やって。

昂生　ウソやん。

亜生　てか、携帯がおかしいかやな、そうなったら。

昂生　部屋やねん、絶対。部屋の照明やねん。

亜生　ちょっとだけ廊下に出るとかは無理か。

昂生　いいけど。いやまぁ、映されへんな、ちょっと。まみちゃん怒るから。むちゃくちゃ曇ってんなぁ、ほんま。

亜生　でも、お兄ちゃんも話戻るけど思うやろ？　インスタライブ終わったあと、外が明るいって。日長なったなぁって思わへん？

昂生　いや、思わん。

亜生　思わん？

昂生　うん…。

亜生　なんもよしなことあるか！　全然変わってへん。

昂生　なんも変わってへん。関係あれへん、そんなん。

亜生　フィルム貼ってるからちゃう？

昂生　なんの？

亜生　携帯の画面フィルム。

昂生　カメラのとこにってこと？

亜生　貼ってないねや。

昂生　カメラには貼ってない。いや、照明よ。だって、ほかのとこやったらめっちゃきれいに見えるもん。

亜生　モヤかかる照明なんかある？

昂生　部屋がよくないんかな。部屋の位置とかさ。…うん、変わらんなぁ。もうだるい！

亜生　だるい？

昂生　いやぁ、もう23日目でね。非常事態宣言、たぶん延長されるから、このインスタライブもどうしようっていう。とりあえず1ヵ月で、そこからはどうするかまた決めてっていうかね。それ考えんと。

亜生　たぶん1ヵ月伸びるよな、また。

昂生　伸びるやろな、これは。伸びそう。

亜生　いや、だから今日もさ、あっ！　忘れた。（高橋）真麻さん、お子さんおめでとうございます。

昂生　あぁ、おめでとうございます、出産。行きつけのお店で、よう真麻さんと一緒になって。

亜生　真麻さんの子供のときの映像、もう鼻が真麻さんやな。

昂生　ふふふ、真麻さんね。

亜生　おめでとうございます。

昂生　よかった、よかった。この時期にいいニュースよね。幸せになるようなニュースですけど。

亜生　ハートフルな。幸せになってもらいたいですねぇ。

昂生　さっきラジオの収録してたから、ほんまに喋ることないわ、マジで。

亜生　なんかない？

昂生　ラジオの収録と今の間にお風呂入った。シャワー浴びました。

亜生　そんなことしてんねや。

昂生　はい。ちょっとだけね。すっきりしたぁ、気持ちよかったな。

亜生　髪の毛が切られへんからなぁ。

昂生　その分けんのどうなん？　それ、分けへんかったら、普通に。

亜生　ただこれ寝癖やで？　いっつもこうやってるけど、前髪が鬱陶しくなってきたから分けて耳にかけてるだけ。

昂生　あぁ、なるほどね。こっちから、10対0で持ってきてみて、1回。

亜生　こっちが足りひんからかからへんねん。

昂生　1回やってみて。でも、それのほうがよくない？

亜生　いや、これ汚いわ、なんか。まだ分けてたほうが…。

昂生　あぁ、そう。

亜生　ほんまはグッと分けたいねんけど。

昂生　坊主にしたらええのに。

亜生　いや、坊主は…別にいいけど、髪質変わるねん、あれ嫌やねん。

昂生　俺、もう坊主にしよかな。鬱陶しいわ、髪の毛。

亜生　お兄ちゃんの坊主見てみたいけどなぁ。

昂生　おもろいで、俺の坊主。俺、頭のかたち、めっちゃいいからな。

亜生　そう、きれいやねん。

昂生　真ん丸やから、頭のかたち。でこちん、ボンと出てて。

亜生　お母さんのおかげやで、でもそれは、かたちがきれいなんわ。うつ伏せ、横になって。

昂生　そうやな。まみちゃん、かたちがめちゃくちゃ悪いからな。お母さんのせいやで。

亜生　言わんほうがええで、そんなん。

昂生　はははは！

亜生　観てはる可能性もあるし。まみちゃん、まず観てるから、あんまり…義理のお母さんの…。

昂生　まみちゃんのお母さん、絶対に観てない。

亜生　ちょっとドキッとするわ、お母さんのせいやわとか言うたら。

昂生　仲悪なる、と思って？　全然仲悪ならん。

亜生　あぁ、ほんま。それだけは。お父さん、元気かな？　まみちゃんの。

昂生　元気。この間、まみちゃんがテレビ電話してんのを見てたけど、元気そうやった。もうマクドナルドは行ってへん、さすがにな。

亜生　まぁな。

昂生　あのお父さんのたまり場やから。

亜生　あぁ、そうなん？

昂生　わからんけど、やたら好きやねん。なんの話やねん、意味わからん。

亜生　やりますか？

昂生　やりましょう。むちゃくちゃモヤかかってんなぁ、今日は特に。

亜生　今日はちょっとひどいなぁ。

昂生　じゃあ、亜生くん、お願いします、出囃子から。

亜生　テレテレッ、テレテレテレ〜♪

昂生　あぁ、知ってる、知ってる！
亜生　これは知ってるやろ、絶対。
昂生　知ってる、聞いたことある。テレテレッ、テレテレテレ〜♪　うわぁ、めっちゃ聞いたことあるわ。うわぁ〜！　テレテレッ、テレテレテレ〜♪　大阪の人やんな。
亜生　大阪。
昂生　な？　テンテテテンテンテーン♪　だからコントの人やねん。長くまで聞くってことは。
亜生　おぉ！　すごいね。出囃子探偵！
昂生　33期さんかな？　もしかしたら。
亜生　違う。
昂生　違う。予想は清友やってんけど、違うな。わかってんねん。
亜生　え、まだ粘る？
昂生　まだ粘る。当てたいから。うわぁ、誰やったっけな？…あ、わかった！　ロングコートダディ！
亜生　正解！
昂生　よしっ！
亜生　止まっちゃったぁ。
昂生　気持ちいい、気持ちいい。ロングコートダディって言ったら、充電が10%になっちゃった。
亜生　あ、危なっ。大丈夫？　切れへん？　俺の四季折々漫談が始まってまうで、1人やったら。
昂生　あぁ、気持ちいい。今日はロングコートダディでお願いします。

[漫才] 小さい頃の夢はサッカー選手

昂生　オッケィ！　終わりました。今日も6000人の方が観てくれてる！　ありがとうございます、本当に嬉しい限りですよ。
亜生　結構ちゃんとずーーっとやな。
昂生　6000〜7000人くらいの人がずっと観てくれてありがたいですよ。
亜生　いろんな人から連絡も来ます、観てるよって。
昂生　誰？
亜生　プロデューサーさんとか。
昂生　え、ウソ。なんのプロデューサー？
亜生　『(人生が変わる1分間の)深イイ話』(日本テレビ)の。
昂生　プロデューサーっていうか、ディレクターさんやろ？
亜生　まぁでも、そっちのほうに…今、結構いろんな番組やってはって。
昂生　へぇ、そうなんや。
亜生　ありがたいです。
昂生　ありがたいですよね。亜生くんの声が少し聞きづらかったって。俺も何回か聞き直したもん。
亜生　ウソぉ！　ごめん。今日ちょっと電波が。
昂生　しょうがない。それでやるからちゃう？　イヤホンありのヤツでやったらいいんちゃうん。
亜生　動くからやめてん。
昂生　あぁ、なるほど。そんな動くかな？　そんな動かへんけど。
亜生　バーって動くから。
昂生　バーって動かへんけど、そんなん。でも、こういうヤツばっかりやってたら、動く漫才忘れてしまうよな。喋るばっかりになっちゃう。動く漫才忘れちゃう。
亜生　どうやって動くんか、本番になってな？
昂生　ね？　で、明日『王様のブランチ』に、リモートでたぶん出演させていただきます。
亜生　あ、出ます！
昂生　ぜひみなさん、観ていただけたらなと思います。午後の部からですけどね。
亜生　そうですね、リモートで。
昂生　もしかしたら漫才もするかもねっ！
亜生　あら！　どうしよっかな。
昂生　わからんけど、するかもね。ぜひ関東近辺、お住まいの方は『王様のブランチ』観ていただけたらなと思います。
亜生　なんか土曜日は僕ら、テレビ出させてもらってるね、どっちかが必ず。その1つ前はお兄ちゃんが『せやねん』に出てて、そのあと僕が出て。
昂生　『せやねん』出たのなんか、だいぶ前よ、そんなん。
亜生　ウソぉ。あれ？　これになってからじゃなかったっけ？
昂生　これになってからじゃない。ただ、『恋つづ』の話聞きたいから、『せやねん』がニュースで俺を。で、『恋つづ』の話、1つもせぇへんかって。
亜生　あぁ、そうやったんや。
昂生　で、すっごくクレーム。
亜生　健さん(トミーズ)が暇なんか知らんけど、すっごい絡んできてたわ。
昂生　ははは！　健さんね。
亜生　「お前、髪切れ！」って言われた。
昂生　健さんにも会いたいわ、ほんまに。
亜生　会いたいなぁ。
昂生　『せやねん』、俺も出させてほしいな、それやったら。今までのレギュラーの人が順ぐり順ぐり来てんのかな？
亜生　そうそう。
昂生　かまいたちさんとかも出てはるの？　じゃあ。
亜生　俺が最初やったんかなぁ。
昂生　千鳥さんとか。
亜生　その前は、アキナさんはもちろんレギュラーやから出てはって。
昂生　そうか。ぜひ観ていただけたらなと思います。今日はこのあとはなにがあるやろ？　わからん。また明日も18時からやりますので。
亜生　はい、よろしくお願いします。みなさん、ありがとうございます。
昂生　よろしくお願いいたします。明日から土曜日か。ゴールデンウィークもありますけど、STAY HOMEで。みなさんの努力で、全員の努力でなんとかしましょう。この現状を打破したい。笑って、みんなでご飯が食べられる日を夢見て。楽しみに。熊本の方も申し訳ございませんでした。
亜生　あぁ、すみません。
昂生　(全国ツアーは)延期とさせていただきました。10月の予定ですので、やれたらいいなとほんまに思ってますので、みなさん、楽しみを後回しにしてっていう。僕はそのタイプなんで、好きなおかずも最後に食べるタイプなので。
亜生　だから、年末に楽しみがいっぱい来ると思ってくれたらね。
昂生　あぁ、それ最高よね。
亜生　ね？
昂生　下半期ヤバいっていう。
亜生　そう。思い出しかないっていう、みんな。
昂生　昨日ずっとインスタライブで、君島遼くんの観てて最高やってん。全部のリプというか、こういう返事の、なんて言うの？　モノマネお願いしますに全部答えてた。美空ひばりさんとか最高。あれ、タダで観れたん、最高やったわ。またやってほしいなぁ。
亜生　いいなぁ！
昂生　またよろしくお願いします。またね、明日も18時からやりますので、ぜひみなさん観ていただけたらなと思います。今日もありがとうございました。
亜生　ありがとうございました。みなさん、おやすみなさい。
昂生　あ、亜生くん、これ終わったらすぐ電話しまーす。
亜生　大丈夫です。
昂生　大丈夫ですじゃない。プライベートの電話ちゃうから。
亜生　あ、そう。
昂生　当たり前やろ。
亜生　業務連絡な。はい、すみません。ありがとうございまーす！

5月2日

亜生　さぁ、始まりました、インスタライブです。今日も…えーっと、いろんな方が観てくれてますね。ありがとうございます。えぇっと、今日『王様のブランチ』、リモートで出させていただきまして、なんとあのお鍋がまだ残っているということで。あ、ハッピーハンバーグさん、こんにちは。今日の晩ご飯はしゃぶしゃぶにさせていただきます。嬉しい〜！　嬉しいですぅ。どうでしょう？
昂生　よっしゃ、つながった。よかった〜！
亜生　『王様のブランチ』頼むで！
昂生　どうなることかと思ったよ、ほんまに。急に、本番開始ちょい前くらいに、スタッフさんからメール来て「今からつなぐんで、カメラの前にいといてください」「わかりました」って言ったら、ポンと切れてんねん。「あれ？　電話切れてますよ」「じゃあ、もう1回つなげてください」とか言われたけど、あれ？　つながらへんって思ったら、Wi-Fiがそもそもつながってなくて。
亜生　なんでなん？　それ。
昂生　なんかの拍子に切れてて、うちのWi-Fi。何回も電源バーっとやって、ついさっき直った。
亜生　じゃあ、普通の電波でやってたってこと？
昂生　電波でやってた。だから、ギガ怖い。
亜生　でも、そんな使ってへんやろ？　家出てへんから。
昂生　それにしてもやわ。今月始まったばっかりやし、これ怖いし、だいぶ。どうなるか。怖い〜。焦ったぁ、ほんま。で、料理もさ、試食せなあかんからさ、お取り寄せのヤツ。で、まみちゃんも大慌てでさ、あんまりないやん？　リビングのテレビつけて、まみちゃんが「もう始まってんで！」って(笑)。
亜生　そやで。
昂生　ヤバい、ヤバい！
亜生　全然見たことない、お兄ちゃんの宣材写真みたいな。なんの顔なん？　あれ(笑)。
昂生　『王様のブランチ』専用の。焦った、めちゃくちゃ焦った。ヤバい、ヤバい。これ無理やわ、つながれへんって。
亜生　俺、覚悟したもん。ラーメンのとこも俺がなんか言わなあかんのかなって、お兄ちゃんつながらへんし。
昂生　でも、テレビの漫才、めちゃくちゃやりにくいな。
亜生　やりにくい！
昂生　これからヤバいかもな。これやったら、まだそんなにタイムラグないやねんな？
亜生　タイムラグ、これ1秒とかやねん。でも、向こうは2秒くらいあんねん。この1秒、だいぶでかいで。

昴生 だいぶでかい。めちゃくちゃやりにくかった、俺。

亜生 今日やりにくかった〜。

昴生 途中、そうやろなと思ったから、ちょっと早くしたりしたもん。で、それでもさっき確認してん、放送。めちゃくちゃやった。

亜生 めちゃくちゃやで。だから、俺は途中からラグ関係なくやってた。

昴生 いやぁ、でも気になるわぁ、ちょっと。これどうしよ。『めざましテレビ』もどういうかたちでやんねやろな？ これをそのままやってくれたらいいねんけど。

亜生 そうやねん。

昴生 これを撮って、向こうで。

亜生 それ、提案してもええけどな。

昴生 ラグがちょっと怖い。

亜生 しかも、生放送やろ？

昴生 俺らでもあれやし、ミルク（ボーイ）さんなんてあのテンポでやるわけやん。俺ら、ちょっと考慮してさ、テンポを緩めでやってるけど、ミルクさんのあのテンポ、ちょっと厳しいよな。内海さんのツッコミ、めっちゃ遅れるで。

亜生 遅れる遅れる。

昴生 なになにやないか！ なになにちゃうやないか！っていうのがだいぶ遅れると思うけどな。

亜生 あぁ、普通に漫才したいっ！

昴生 ね？ 5月も自粛期間延びるやろうけど、ちょこちょこ仕事も入ってきてるし、ありがたいことに。

亜生 家にさぁ、iPad3台あんねんけど。どれがどの番組か、わからへんわ。

昴生 ははは！ そやな。

亜生 どんどんiPad来んねんもん。

昴生 来るなぁ。家でYouTube撮ってはる人とかいたら、めっちゃ便利やろうなぁ。だって、スタジオみたいにしてるから。

亜生 だってフワちゃん、めちゃくちゃやってるもん。家でCM撮ったからな。

昴生 どういうこと？

亜生 リモートで、機材だけ送ってきてもらって。あれなんやったっけ？ 音楽のアルバムのCM撮ってた。

昴生 へぇ〜〜〜、そうなんやぁ。ふ〜〜〜ん。いやぁ、これ大変やなぁ。

亜生 そうそう。番組ごとにiPadがどんどん送られてくるんですよ。

昴生 それがない番組もあるけどね。自宅にiPadあるなら、それ使ってくださいっていうのもあるけど。

亜生 でも、三脚とかさ、これは用意してくださいとかあるから。

昴生 あるね。このコメント撮ってくださいとか。俺、2〜3個溜まってる気がするわ。

亜生 このコメント撮ってくださいとかあったっけ？

昴生 俺あんねん、単発で。そういうのが溜まってる。

亜生 一応、僕、明日の22時にAbemaTVの『家-1グランプリ』出ます。観てください。

昴生 あぁ、そうやなぁ。

亜生 優勝したら、家賃がタダになるそうなので。

昴生 どえらいやん、それ（笑）。めっちゃ助かるよな、それ。

亜生 助かる。マジで助かる！

昴生 なぁ？ 激助かりやな。

亜生 激助かり！ これは。

昴生 ははは！ 超若手のヤツに譲ったってほしいな、ぬまんづの原ちゃんとか。

亜生 それがおらんねん。決勝進出者に超若手みたいなんが。

昴生 誰がいんの？ 決勝進出者。

亜生 レイザーラモンさんとかくっきー！さん（野性爆弾）とか河本さん（次長課長）とか。

昴生 えぇ！ なんかちょっと主旨変わってくるなぁ。超若手でやったらいいのに。

亜生 そやねん。いいね数で競ってるらしいねんけど。

昴生 なんの？ Twitterの？

亜生 Twitterの。どうもいいね数じゃない人もいるなぁ。

昴生 それはまぁ、いろいろあるやろけどな？ 業界なんやから、そらあるやろうけどさぁ。へぇ、そうなんや。それは…まぁまぁでも、僕は観ないですけど。

亜生 観ないやろな。明日の22時はなにしてるのかな、お兄ちゃんは。

昴生 ふふふ。とりあえず今日は『JIN―仁―』観ないと。リアルタイムで観たくないのよ、なんか。自分のペースで観たい。明日もやろ？ってことは。

亜生 今日、家で出前一丁食べて、昼が遅れたから。『JIN―仁―』の手術シーンやってさぁ、麻酔なしで。もう全然…あかんわ。

昴生 ありんすになしでやるヤツね。

亜生 そう！ ありんすに麻酔なしで。もう…そんなん見せられたら、味せぇへんわ。

昴生 なかなかよな、あのシーン。子供を帝王切開で出産するんやったっけ？ 確か。

亜生 それを麻酔なしでお腹切るねん。

昴生 なんで麻酔なしやったんやろ？

亜生 子供が死んじゃうっていう。

昴生 そうか、そうか。地獄やな、それはそれで。もうやりましょう。あ、6000人にいったらやりますか。

亜生 あと60人くらい。

昴生 しゃぶしゃぶ、どうしたん？ お前のほうが当たりやん。

亜生 実は残ってるんです！ あのあと、出前一丁食べて。

昴生 めっちゃ羨ましい！

亜生 今日の晩ご飯はしゃぶしゃぶです。

昴生 俺もShin Shinのラーメン、めっちゃ嬉しいで。嬉しいねんけど、しゃぶしゃぶは惹かれるなぁ、この時期。うわぁ、最高！ めっちゃうまいやろ、あのしゃぶしゃぶ。

亜生 あれはヤバかった。

昴生 なんで、そのあと出前一丁食えるねん、逆に。

亜生 はははは！ 確かにな。

昴生 しゃぶしゃぶを引き続き食べろよ。

亜生 今日の晩ご飯に置いときたかってん。

昴生 6000人いきましたね。しゃぶしゃぶ、ええなぁ。Shin Shinもめちゃくちゃうまかったけどね、やっぱり。

亜生 あれ、おいしそうやったわぁ。

昴生 まみちゃん、感動してた。俺、カップ麺のヤツは買って食べたことあんねんけど、全然こっちのほうがうまいなって。麺が。

亜生 あれってさぁ、華大さん（博多華丸・大吉）が置いといてくれたヤツ？

昴生 そうそう。華大さんと癒着がすごいとこ。

亜生 （笑）。劇場行ったら、山のようにShin Shinのラーメンが。

昴生 そうそう。めっちゃうまい、ShinShinのラーメン。

亜生 うまい、あれはうまい。やりましょうか。

昴生 出囃子から、じゃあ。

亜生 あ〜いつはいつも〜♪

昴生 あぁ、誰やったっけな？ これ、漫才劇場やわ。最近調子ええのに。

亜生 あぁ、今日で連勝止まるか？

昴生 止まるか？ これは微妙や。あ〜いつはいつも〜♪ わかるぅ、わかるねん、これ。うわぁ、セルライトスパちゃうよな？

亜生 違う。

昴生 違うねん。絶対違うのわかってたん。

亜生 違うねん。絶対違うのわかってたん。見逃して。

亜生 卑怯やわ。

昴生 コント師？

亜生 コント師ですねぇ。

昴生 なぁ？ コント師やんなぁ。

亜生 結構、長く聞くからなぁ。

昴生 せやねん。あ、わかりました！ 違うかな？ ヒガシ逢ウサカ？

亜生 正解！

昴生 おっしゃーー!! 素晴らしい、最近！

亜生 素晴らしい。

昴生 合ってないねんもん、だって。それで覚えてんねん、出囃子と合ってないねん、ヒガシ逢ウサカ。もっとポップでええねん。最初、南国みたいな音楽流れるやん？

亜生 デンデケデケデケ〜♪ デンデケデケデケ〜♪

昴生 それやったら、東大阪のなんかの曲とかでもいいし、合ってないねんな、ほんま。それで覚えてたわ、よかった。

亜生 いきます！

昴生 あぁ、劇場、早く戻ってこうへんかなぁ。

【漫才】昔の偉い人の発見はすごい

昴生 今日もモヤかかってんなぁ。サウナでやってんのか、これ。暑いなぁ、今日な。

亜生 今日、暑い。

昴生 福島32度。『〜ブランチ』の生放送、半袖半ズボンでやってたもん。

亜生 え！ まぁ、下映らへんかったもんなぁ。

昴生 そう、暑すぎて。暑っ！

亜生 俺、『〜ブランチ』終わってから、普段やったら「ありがとうございました！ またお願いします！」みたいな、スタッフさんからあんねんけど。

昴生 あるなぁ。

亜生 バッて切れたから、真っ黒なiPhoneの前で10分くらい座ってたわ。

昴生 ははは！ なにか返答があると思って？

亜生 そうそう。もしもーし！ もしもし？って。

昴生 いや、LINE送れよ。俺はすぐ送ったで。あ、終わったと思って、「お疲れさまでした」って。あれ、困るよな。生放送リハもないから、挨拶も一切してないやん。（藤森）慎吾さん（オリエンタルラジオ）とかにも。

亜生 あと、カンペが見えない。

昴生 あれどうしてたん？ 台本見てたん？

亜生 俺は大体、頭に入れてた。だって、読めへんから。出さへんって言われてたから。

昴生 俺、すっかり忘れてた。

亜生 きっかけがないから。きっかけがわからへんやん。

昴生 いや、もうきっかけなんて全部「VTRどうぞ」や、そんなん。

亜生 いや、違うねん。「VTRどうぞ」の前に、VTRいってくださいのあれあるやん。カンペとか。それもないからさ、ここでいくんかなと思って。

昴生 俺、アテレコのヤツで1人ずつやるともちろん思っててんけど、途中でミキが挑戦ってなってて、え？ 2人でやんの、アテレコと思って。そこからVTR入って全然、頭に入ってけぇへんかった。2人でやったらグチャグチャになるで、こんなん。ラグもあるしと思って。でも、楽しい生放送でございました。ちょっとトラブルがあってね。ああいうトラブル起こすねんな、生放送で、俺は。

亜生 なぁ？ 絶対あんなんやるよな、お兄ちゃん。

昂生 なぁ？ 遅刻するわ。

亜生 兄ちゃんのほうがやんねんな、そういうの。

昂生 でかいのは俺のほうがやるねんな。

亜生 俺、マジでそんなんないもんな。

昂生 ないな。

亜生 意外に。ちっちゃい遅刻はずっとあるけど。

昂生 毎日あるけど、ちっちゃい遅刻はほんまに。

亜生 毎日やけど。

昂生 ははは！ コンビってそういうふうに分かれてるよな。俺、気ぃつけて20分くらい前には着くようにしてるもん、ちゃんと。だから、やってまうときはとことんやってまうのよ。

亜生 ルミネでも1回あったもんな？

昂生 あった。起きる時間、間違えててね、入り時間に目覚ましかけてて。

亜生 そうそう。あとは、漫才劇場でもあったし。

昂生 漫才劇場、1回あった。昔やろ？ めっちゃ昔。

亜生 18時開演のヤツ寝てるってヤバいよ。

昂生 (笑)。朝の仕事終わって、家帰って仮眠とろうと思ってたら、目覚ましかけるの忘れてん。そのまま寝てもうて、「え？ 兄ちゃん、袖おる？」って電話かかってきて。袖おるわけない、家おんねんから。

亜生 俺、先輩しかいいひんからさ。あんとき、3年目とかやから。袖、ビッチリ立って「すみません！」って。

昂生 なるよな？ でも。お前も劇場でやったら、ちょっとあるやん。電車乗り遅れたりとかさ。

亜生 あぁ！ そう、ある。営業先にスーツを持っていかなあかんのに忘れたとか。

昂生 スーツ忘れた事件もあったなぁ。懐かしい。

亜生 俺、あれやろ？ NGKの前でスーツないことに気づいて。

昂生 取りに帰れるのに！

亜生 でも、ほかの兄さん方がいるから。

昂生 モンスター(エンジン)さんとかギャロップさんとか学天即さんとかがいるから、降ろしてくださいって言われへん。言えよ！(笑)

亜生 そこから神戸の奥まで2時間くらいかかって。みんなあのバス寝るやんか。でも、僕ドキドキして。で、高速からずーーっとな、洋服の青山とか探して。

昂生 あった！ 懐かしいわぁ。言うてええって。

亜生 そう。着いた瞬間、お兄ちゃんに「ヤバい、大事件や。俺、スーツ忘れてるわ」。

昂生 俺、覚えてるもん、あの言葉。なにかと思ってさ。だって、ジャンタクの中だけやから、なにが起こったん？と思って。ウ〇コ垂れたんかなと思った、普通に。そうしたら、ウ〇コ垂れたくらいのレベルのヤツやったわ。で、みんなでな、楽屋で「こいつ、スーツ忘れた」って。「どこで気づいたん？」って言うたら「NGKです」って。みんなが「言えよ！」って。

亜生 「あのバス乗った瞬間です」ってね。

昂生 「言えや－！」って。ははは！

亜生 「言えなくて…」って。

昂生 お前、そういうとこあるよな。小心者っていうか。ビビり。

亜生 ビビり。僕のせいでイライラされんのとか嫌やから。(それならば)僕が2時間、頭下げればいい。

昂生 ははは！ 逆にそのほうが、みんな気ぃ使うねん。かわいそうって思うねん。

亜生 めっちゃ疲れた、もう。

昂生 だって、お前が先輩の立場やったら、絶対「言えや！」ってなるやろ？

亜生 うん。「お前、言うたらよかったのに」って。でも、わからへんやん。どこでスイッチ入る先輩がいるかわからへんから、怒られると思って。

昂生 いや、怒られてもええやん。別にそれは(笑)。怒られてもええがなっていうか、自分のミスなんやから怒られろよ。

亜生 うん。でも、怒られるのは嫌や。

昂生 どんだけ回避すんねん。あぁ、おもろ。それ、思い出した。

亜生 で、バスの運転手さんに向こうの営業先から近くにユニクロがあるから行ってくれって言って、俺がナビしながら行ってんけど、ユニクロの場所間違えて運転手さんにめっちゃ怒るっていう。

昂生 ははは！ 理不尽。

亜生 「違う、違う！ その道じゃないって！」って。

昂生 理不尽極まりない。

亜生 俺、隣町まで行ってるからな。理不尽やった。

昂生 気ぃつけてくださいよ、ほんまに。

亜生 気をつけます。すみません。

昂生 明日も18時からでいいですよね？

亜生 え、明日も18時でいけますか？

昂生 いけますよ。明日18時。もう25日目なので、最終日来て…。

亜生 ちょっとずつリモートの仕事が入ってくるから、配信がでけへんかもしれへんもんな、6時で。

昂生 自粛期間が延びてもね。まぁ、どうしようかなっていう話をね。僕はやろうかなって思ってんねんけど、亜生くんはどうよ？ その話をちょっとしなあかんけど。

亜生 うん。いや、いいねんけど。

昂生 まぁ、ここで嫌とは言われへんやろうけど。

亜生 そうそう。ここで嫌とは絶対言われへんから。

昂生 あははは！ あとで話し合いましょう。まぁまぁ、やる方向ではあるという話ですね。また明日18時観てください。よろしくお願いします。

亜生 ありがとうございます。

昂生 さよなら！

5月3日

亜生 はいっ！ ありんす、インスタライブでありんす。今日はいつもより30分早くやったでありんす。『JIN －仁－』終わってしまいましたね。あんな終わり方やったんやなぁ。ビックリでありんす。

昂生 まだ言わんといてや、『JIN －仁－』。俺、まだ言わんといてや。

亜生 なんで観てないの？

昂生 昼寝してた。

亜生 ありんす！

昂生 うん。…すみません、今日ちょっと早めで申し訳ないですね。18時から僕らが出てるテレビの『笑える！ 泣ける！ 動物スクープ100連発』(TBS)がありますので、そっちを観てほしいなと思って17時半からになっております。よろしくお願いいたします。そんで、今日は亜生くんの『ABEMA-1グランプリ』？『家-1グランプリ』？

亜生 うん、ありまーす。

昂生 そっちも観ていただけたらなと思いますけど。まみちゃんが覗きに来た、なんか知らんけど。

亜生 顔映ってたらどうしてたんやろう。怖いわぁ。

昂生 知らん。たぶん、洗濯物が散乱してるから、それ映るのが嫌やから観に来たんやと思う。

亜生 それ言ったらあかんのちゃうん？

昂生 片づけとったらええ話やからな、そもそもな。それを置いてるあの人が悪い。

亜生 おぉ！

昂生 結構、亭主関白ですから。

亜生 確かにな。このあと、あぁ、そうか。それがあるんか。

昂生 なに？

亜生 お風呂入ったん？

昂生 入ってない。

亜生 いつも入るからさ。

昂生 今日は入ってない。だから、髪の毛もすごいやろ？ 前髪のクリンクリン加減。もう…天パ丸出し！

亜生 ふふふ。実は天パやねんな、お兄ちゃん。

昂生 伸ばせば伸ばすほど、クリンクリンになる。

亜生 ほんまに俺みたいな髪型になるもんな。これ、パーマやけどさ。

昂生 なる。ほんまになる。伸ばしたら右に全部グリンってなるから。坊主にしようかな、でもほんまにちょっと。

亜生 いいんちゃう？ 仕事増えそうな気がする、お兄ちゃん、坊主にしたら。

昂生 意味わからん。なんでなん？

亜生 坊主のほうが、なんかそのキャラ的にも仕事が増えそうな気がする。

昂生 当てずっぽで言うてない？

亜生 いや、坊主のほうが。

昂生 あぁ、そう。昨日、亜生と会議してね、自粛期間がたぶん1ヵ月伸びるじゃないですか。またやっていきたいなと思ってててね。でも、回数がちょっと減るかもしれん。僕らもちょこちょこ仕事するから忙しくなって、2日に1回くらいのペースになるかな、もしかしたら。

亜生 うん、そうですね。

昂生 それでやって。で、新ネタはもちろんやろうかなと思ってるけど、むっちゃ昔にやったネタをもう1回やっていこうかなと。リメイクじゃないけどね。だから、どのネタをやるか。いろいろとやりながら。

亜生 そう、意外にちゃんと仕事が入ってきたな。

昂生 まぁまぁ、でもリモートももちろん多いけどね。

亜生 そうそう、リモートで。

昂生 仕事も仕事で、どういうふうな仕事にするかわからんからな。

亜生 今日、僕は5時に起きて近くの公園をフラッとさせてもらいました。もう誰もいいひんから。

昂生 あぁ、いいね。僕は今日11時くらいやったね。ちょっと遅めで。
亜生　あぁ、ウソぉ。昨日、一昨日、実は辻井さんが僕ん家の近くやねん、引っ越してきたんが。(同居してた)家抜けはったやんか。
昴生　うん。
亜生　辻井さんに引っ越し祝いでネギトロだけ、玄関にかけに行ったわ、夜に。
昴生　ははは！ あぁ、なるほどね。
亜生　会えはせぇへんから、ネギトロだけを。
昴生　喜んどった？
亜生　喜んどった。写メ来て「最高や！」って。
昴生　なに、ネギトロって(笑)。
亜生　あの、ふるさと納税でさ、こうなる前にネギトロ頼んでた。自分じゃ食べられへん量のネギトロが来てん。1パックで1人前やと思ってたら、2人前あって。こんなん食べられへんと思って。
昴生　ふるさと納税って、いろいろ配れるから便利よ。
亜生　そうそう。
昴生　おばあちゃんとかにあげたりしてる。
亜生　あぁ、ほんま。
昴生　今日、朝起きておばあちゃんに電話して、45分くらい話したかな。で、俺らのおばあちゃんあるあるやけどさ、最後まで話聞かへんっていう。
亜生　そうそう。
昴生　「じゃあ、また電話するわ」で終わりやと思ってんねん、おばあちゃんって。「ほなね、バイバイ」までは聞かへん。ガチャーンっていうか、受話器から離してるから。
亜生　俺もな、いつやったかな？ 1週間くらい前にかけてん、「大丈夫か」って。「外も出てへんねん」「あぁ、そうか」って言ったら、猫が台所でガガガってやってて。「ちょっとごめん、おばあちゃん。猫あるから、ちょっと待って」って戻ってきたらもう切れてたわ。
昴生　ははは！
亜生　あれ？と思って、「おばあちゃん、まだ話してない、なにも」って。
昴生　「まみちゃんに1回変わるわ」って話してて、まみちゃんが「じゃあ、変わりますね」って言うたら「ええよ、ええよ」って。ええわけないやん、1回変わったらええやん。1回変わろうや、それは。まみちゃんフィニッシュはおかしいやろ。でも、おばあちゃん元気そうでよかった。
亜生　元気そう、元気そう。
昴生　来月で90歳やで。
亜生　最近のおばあちゃんの口癖は「苦しまずにいかせて～」や(笑)。
昴生　俺んときも言うてた。「寝てて、起きたら死んでるみたいなのがいちばんええわ」って。
亜生　「苦しまずにいきたい、私は。もう祝っていらん」「おばあちゃん、でも来月やで、誕生日」つったら、「もういいの。おめでとうなんか言わんといて。めでたいことなんか、なんにもないのに」って。
昴生　めでたいことなんか、なんにもないわな。めでたいのはめでたいけどな。まぁ、元気でなによりです。やりますか、そろそろ。
亜生　今日は一発で当てられるかわからへんけど、これ当てられたらすごいと思います。
昴生　ほんまですか？ 楽しみ。
亜生　いきます。ドドドドドドドドド～♪
昴生　テーッテテテ～♪ わかる、わかる。めっちゃ聞いたことある。漫才劇場や。漫才劇場で聞いてるのよ。うわぁ…うわぁ…。
亜生　5連勝、これ勝てば！
昴生　これ勝てばなんなん？
亜生　これ勝てば5連勝でいいのが。
昴生　ただ、連勝刻んでるだけ？ なんかいいのがあるんかと。
亜生　商品ももちろん。
昴生　あぁ、ウソぉ！
亜生　コロナ明けたときに届くんで、楽しみにしといてください。
昴生　ははは！ しかも、極メンバーですよね。
亜生　おぉ～！
昴生　しかも結構、上のほうの。
亜生　これ、卑怯やねんな、お兄ちゃんって。ジワジワ当てる問題じゃなくて、聞いてなになにって言うから。卑怯やねん。
昴生　あははは！ 俺は『クイズ！ 脳ベルSHOW』(BSフジ)シフトやねん。頭そっちになってるから。
亜生　やめてや？ ほかの番組呼ばれたときに、そんな回答の仕方なんかないんやから。
昴生　俺の最終目標は『クイズ！脳ベルSHOW』やから。出られる年まで頑張るっていう。えぇ、なんやっけなぁ？ うわぁ、めっちゃわかるねんけどなぁ、それ。ピンの人じゃないのよな、たぶん。な？
亜生　……。
昴生　うわぁ、ちょっと待って。全然わからんようになってきた。あ、わかった！ たぶんこれかな？ タナからイケダさん。
亜生　正解！
昴生　よっしゃー!! これはすごい！
亜生　これはすごい！ 5連勝。
昴生　これ当てるのはすごいね。あぁ、思い出した。田邊さんが顔出してん。いつも6階で寝てるから。なんでそんなとこ寝てるねん、あいつはいつも。田邊さん！ 思い出した。タナイケさん。
亜生　はい、おめでとうございます。じゃあ、いきます。

[漫才] 探し物

昴生　ははは！ あれ？ へんなとこで終わった。
亜生　いや、はぁ？って言うから。最後、はぁ？じゃないで、お兄ちゃん。はぁ？って言わんといてや。俺、聞こえてへんのかなと思って言っちゃうやん。
昴生　めっちゃ気持ち悪いとこで終わった(笑)。
亜生　俺…(慌てて礼)。
昴生　あははは！ ハマカーンさんみたいになってた。気色の悪い。というわけで、ございました。またね、5月もやっていきたいんですけど、新ネタを毎日やっていくとなったらそろそろストックがないので。ですから、振り絞ってますから、2人で。ですから、新ネタってなったらあれですけど、漫才をやっていけたらなと。意外とできるのよね、これ。
亜生　これはね。
昴生　テレビってなったら。『めざましテレビ』どうなんのやろうな？
亜生　難しいな。『ネタパレ』(フジテレビ)でもこんなふうにやってるって聞いたけどな。『ネタパレ』はスタジオには行くねんけど離してやるのかな？ そんなんは聞いたな。めっちゃ距離取って漫才するんかな？
昴生　でも、その感じでやるのか、じゃあ。いろいろ決まって、いろんな番組とかもこういう体制でやっていくみたいなん決まってるし、『霜降りミキX-T』とかもどうなんのかわからんけど。
亜生　まだ1回も収録してない。だって、収録3時間前にコロナでな？ あかんくなってな。
昴生　そうそう、ほんまに。
亜生　あの日やもんな。
昴生　俺、起きて準備してるとこやったもん。
亜生　そうそう、俺も。そしたら、今日なくなりましたって。えぇー！って。
昴生　料理作ってくださいって言われてたからさ、作っていこうとしてたてん、企画で。
亜生　あぁ、そうなんや。
昴生　で、作ってるとこやってん。そしたら、なくなりましたって来て、じゃあ昼ごはんでってなった。
亜生　でもな、向こうのスタッフさんからも来てたてん。結構、触れる感じのシチュエーションのもあるから、もしかしたら総替えになる可能性もありますって。
昴生　なるほどね。
亜生　厳しいねぇ。ちょっといろいろ変わってくるかもしれんなぁ。
昴生　まぁ、STAY HOMEでいきましょう。亜生のABEMAのは生放送なんや。
亜生　リモートの生放送。『あらびき団』(TBS)みたいな感じやな。
昴生　なるほどね。そこでなんかやるってこと？
亜生　そうそう。
昴生　そこでなんかやんねや。
亜生　Twitterで上げたヤツ？ なんかをやるっていう。
昴生　あぁ、そういうことなんや。発言には絶対注意してくださいよ、生放送やねんからね。
亜生　任してください。
昴生　岡村さんみたいなことになりますから、気ぃつけてください。カチコミに行かなあかん。
亜生　お兄ちゃんがラジオで怒ってよ、僕のこと。
昴生　(笑)。こうなったら、今年『岡-1』どうなんねやろね？
亜生　いや、あるでしょ。
昴生　わからん。まぁ、今んとこ、ほんまに仮押さえされてるけどな、スケジュール。見てる？ ミキの共有のスケジュール。12月、仮押さえされてるから。
亜生　(島田)紳助さんがいいひんようになったとき、『M-1』はなかったもんな？
昴生　(笑)。それと一緒にすんなって。
亜生　いや、でも一緒やから。
昴生　紳助さんみたいなことと違うんや。
亜生　紳助さんが辞めはったときはなかったから、岡村さんがこうなったら危ぶまれる。
昴生　全然ええわ、やらんでも。清々してるわ、やらんかったら。
亜生　大会アンバサダーやからさ、一応、僕は。
昴生　もうしんどいねん。
亜生　毎年、岡村さんにも「ありがとうな、亜生」って言われてるから。
昴生　しんどいだけやから、やっすいギャラで。
亜生　今年はお兄ちゃんにぶっちぎりの優勝。3年連続で決勝進出になってるから。
昴生　2年連続優勝やしな。
亜生　そうそう。3度目の正直で今度は同時優勝じゃなく。

昂生　『岡-1』の反響はエグいからなぁ。『M-1』よりエグいからな。

亜生　敗者復活戦よりエグかったよな？ だって、俺も言われたもん。「来年は絶対、亜生さんも一緒に出てくださ い」って。「いや、僕出たら話変わってくるんで」って。

昂生　ははは！ まぁ、どうなるか。

亜生　一応、僕もエントリーはしてるので。

昂生　どういうことなん？ それ。

亜生　エントリーしてるけど、エントリー漏れがもしかしたらあったんかな。

昂生　意味わからん。というわけで、18時からTBSさんで『～動物スクープ100連発』出てますので。

亜生　あの映像、面白かったなぁ、犬のな？

昂生　ははは！ どのこと言うてるのかわからん。犬いっぱい出てくるから。

亜生　あの犬のヤツ。

昂生　どれのことかわからん。

亜生　みんな、絶対に楽しみにしてや。

昂生　絶対観ていただければ。亜生くんの猫も出てきますから。

亜生　出てくると思います。暴れすぎて、ちょっとしか出てこないかもしれないですけど。

昂生　明日は18時からやりますので、ぜひみなさん、観ていただけたらなと思います。それでは、さよなら。亜生くん頑張って、『家-1』。

亜生　うん！ ありがとうございまーす！

5月4日

亜生　はい、こんにちは！ さぁ、始まりました。4日ですから、あと2日くらいでこの感じも一旦区切りということですね。よいしょ！

昂生　もう完全にクーラーつけてます、部屋。暑すぎて、この部屋が。

亜生　えっ、早ない？ 窓ないん？

昂生　あんねんけど、開けたら聞こえるから開けられへん。暑い。

亜生　まだ平気やな、閉めてても。

昂生　この衣装で暑い。終わったとき、汗だくになる。

亜生　もうあれやなぁ、みんなが一斉にインスタライブするとかも収まってきたな。

昂生　いやぁ、それさえもやることなくなってきてんねやろ。

亜生　だって、夜とかさぁ、テレビであぁ、観るもんないなと思ってパッとやってるインスタライブとか観てたけど、だいぶ減ったもん。

昂生　うん。そら、そやろな。

亜生　あと、リレーな。

昂生　あぁ、なんちゃらリレーな。俺さ、インスタでも何個か回ってきてんけどさ、ストーリーで。絵描いて回すヤツ。

亜生　しりとりリレーみたいな？

昂生　何個か回ってきたけど、やり方わからんくて全部スルーしたわ。絵の描き方とか写真のつなげ方とかわからんし。やってはみてんけど、全然…いや、やめよと思って。

亜生　俺はポートワシントンの笠谷に電話して、これどうやんのって全部聞いてやったわ。あいつ、詳しいから。

昂生　俺も調べてやろうかなと思ってんけど、調べてやることかなと思って。

亜生　でも、止めんの申し訳なくない？

昂生　まぁ、それはあるけど。でも、俺個人に来たんやったら回そかなと思うねんけど、3～4人をタグづけしてやってるから、俺1人くらい。その精神よくないけどな？

亜生　でもなんかさぁ、ちょっとしりとりくらいやったらまだいいかなと思わへん？ 名指しで家パリピとかいろいろあったからさ。

昂生　あぁ、そんなん観たなぁ。やってたなぁ、確かに。今日、18時から安倍さんが会見やってるから、それ観てもいいけどなぁ。観ながらっていうか、あぁ、今始まった。「自粛延長正式決定、首相が会見」。国民の行動は未来を変えつつあると。まぁね、結構収まってるほうなんやろうなと思うけど、それにしてもな。

亜生　これ、0人にならんと無理なんちゃうかなと思うけどな。

昂生　ん？

亜生　俺、アベノマスク来てん。

昂生　俺も来たよ、それは。協力してくれた国民に感謝と。今月31日まで緊急事態宣言が延長されました。

亜生　延長されました。

昂生　僕らもこのインスタライブ、一旦…今日で27日目なんですけど、31日目で新ネタインスタライブは。

亜生　あ、31日目で？

昂生　はい、終了して。そこからは2日に1回くらい、ちょこちょこ新ネタもおろしながら、普通のネタもやりながらみたいなね？ 1週間に1回は新ネタやるみたいな。まぁ、どうしようかな、でも。曜日とか決めてもいいかもしれんな。新ネタの曜日はこれって。

亜生　そうじゃないと、俺ら作らへんから。絶対サボっちゃうからさ。やっぱ医療機関の方が過酷な状況で、500人超える方が亡くなったって言うてはりますから、みなさんも気をつけましょう、本当。

亜生　あと謝っとかんと。昨日、せっかく僕を応援してくれたみなさん、『家-1グランプリ』敗退してしまいました。

昂生　観た観た、『家-1グランプリ』。お前のとこだけ、ちょっと観たわ。終わってたけど、俺が観たときには。

亜生　あぁ、僕がやるときだけ電波悪なって。

昂生　ふふふ。それはお前の家の電波じゃなくて？

亜生　ABEMAさんは気ぃ使って、うちのサーバがって言ってくれてはんねんけど。

昂生　31日まで延長ということで。でも、6月ちょいまで差し掛かるのかなと思ったら、31日。

亜生　とりあえずやろな。小刻みにしていかんと、急にここでバーンと始めますは無理やから、徐々にやっていかはるんちゃう？

昂生　小刻み？

亜生　6月1日から始められるように、にしてはるねん。

昂生　でも、5月31日って何曜日なんやろ？ 変な曜日から始まったりせぇへん？

亜生　とりあえずやりやすい日。仕事とかも1日でやりやすいから。

昂生　そうなんか？

亜生　いや、そうやろ。

昂生　みなさん、何曜日ですか？ 今、携帯開けないから。あ、日曜日なんや。めちゃくちゃ切りいいやん。それもあるんちゃう？ だから、5月31日なんちゃう？ じゃあ、月曜日から始められるようにね。

亜生　始められたらいいけどなぁ。

昂生　始められるでしょ。そういう希望を持って5月過ごしましょうよ。そうじゃないと気ぃ滅入るから。絶対、今月で全てが元に戻ると思って生活しましょう。

亜生　岩橋さんが観てはるわ。「えらい！」って。どのえらいなんやろ？

昂生　まみちゃんかな。マエケンさんも来てる？ らしいで。

亜生　来てる？ マエケンさぁ～ん！

昂生　今、アメリカは何時なんやろ？ そうか。今月を耐えて、みなさんね？ 我慢して、6月1日から普段の生活を取り戻せるように、しばらく我慢しましょう。

亜生　そうですね。

昂生　さぁ、そろそろいきましょうか。ちょっと今日も当てるよ、頑張って。

亜生　はい。頑張ってください。いきます。

昂生　今日当てたら、5連勝。

亜生　今から歌うこと～♪

昂生　うわぁ～～！ むちゃくちゃ聞いたことある。わかった！ 俺、すごいわ！ これわかったん、すごない？

亜生　はい。

昂生　なんとなくわかるねん。由来っていうか、なんでこれにしたかまで。徳島やからやろ？

亜生　はい。これってか、簡単やで、兄ちゃん。

昂生　全然簡単じゃない。

亜生　いや、これ難しくない。だって、お兄ちゃんは一緒に仕事したことあるし、なんやったら徳島のイベントも一緒に出てるから。これはちょっと難易度下げてる、今日は。

昂生　いや、これなかなか…。だって、中山女子短期大学さんやろ？

亜生　正解！

昂生　いや、これ難しいよ。俺ん中でめっちゃ難問よ。

亜生　みなさんからしたら難しいかもしらんけど、お兄ちゃんからしたら。だって僕ら、徳島のチャットモンチーさんのイベントに出させてもらってるし。そんとき、最後になぜか阿波踊りすんねんけど、そん中に中山女子短期大学さんがいはるっていう。

昂生　いはった。ビックリした。なんで阿波踊りメンバーの中に。圧巻の阿波踊りやったけどな。

亜生　かっこよかった。

昂生　チャットモンチーさんの最後のライブ出させてもらって。

亜生　はい。そう。

昂生　いや、よう当たった。俺の中ではすごいことやわ。

亜生　6連勝。

昂生　5連勝やって。

亜生　昨日、5連勝やで。

昂生　そうなん？ 俺、（西川）のりお（・上方）よしおさんのデレレーレレーレレー♪しか知らんのに。あれが最高の出囃子。いちばんいい出囃子。

亜生　いちばん合ってる。

昂生　いきます。

亜生　…出囃子中にツッコむな！ 俺が歌ってるんだから。出囃子を聞くんだ！

昂生　何回、出囃子言うねん。もう1回、最初からやっておよ。最初なんなん？

亜生　歌詞知らんから。出囃子だけ聴いてるから。

昂生　あ、まみちゃんから「歌っている人に失礼じゃないか」っていう。

亜生　絶対ウソ。まみちゃんはそんなことは思わへん。

昂生　いいの？ あとですごいLINE来るで？

亜生　なんで？ お兄ちゃんのほうがやで。まみちゃんをフリにして、そんなん。で、まみちゃん、そんなに低いわけないやん。まみちゃんが低すぎるねん。

だいぶちっさいで。
昂生　(笑)。一応謝っとけ。
亜生　うわぁ、まみちゃん、ちょっと。歌い出しの歌詞、忘れてすみません。まみちゃん、ごめんなさい。ほかの人、そんなに怒ってないと思うけど。まみちゃん1人に謝ってるわ。

【漫才】人の名前を忘れてしまった

昂生　なかなか喋った。
亜生　先ほど私も歌詞を忘れたということで謝罪させてもらいましたが、兄が(ネタ中に)亀田三兄弟さんの名前を間違えたので深くお詫びを…。
昂生　亀田三兄弟さんの名前、本当に覚えられないんです、すみません。カズキさん。
亜生　カズキさんはいないですね。興毅さん、大毅さん。
昂生　興毅さん、大毅さん、和毅さん。しかも、連絡先を知っている大毅さんを間違えました。カズキさんって言っちゃう。
亜生　まみちゃん！　こんなとこに(と、下のほうを見つめる)。
昂生　行ったらあかんって、家で自粛期間に。ミルクボーイさんみたいになってるから。ちっちゃ、えらいちっちゃい。
亜生　まみちゃん！
昂生　お前、それ土下座してるやろ？　その角度は。
亜生　まみちゃん、そんな…もうええって。まみちゃんが来て謝ってくれて。
昂生　土下座？　なんでお前に対して土下座やねん。それやったら、大毅さんのとこ行って土下座せぇよ。
亜生　まみちゃんが来て土下座してくれたから。
昂生　すみません。まみちゃん、ありがとう。
亜生　まみちゃん、来たらあかんで、ほんまに。まみちゃん！　まみちゃん！(と、見上げる)
昂生　なんで飛んでいくん？　ハエか！　はい、怒られた〜。はい、怒られましたぁ〜。このあと、ＬＩＮＥ来まーす。まみちゃんをハエで例えました。

亜生　ハエじゃないで？　俺はきれいな青い鳥やねん。青い鳥を想像してん、まみちゃん！　違う。お兄ちゃんがハエにしただけ！　フォロワーのみなさん、青い鳥やと想像してください。お兄ちゃんはまみちゃんのこと、ハエやと思ってんの？
昂生　思ってない。これはヤバい。
亜生　俺じゃない。まみちゃん、お兄ちゃん怒ったほうがいいわ。
昂生　これは怒られるわ。ええ加減にせぇよ、お前。
亜生　ほんまにお兄ちゃん、ちょっと俺をはめようとして、自分で墓穴掘ってるから。
昂生　陥れてない。お前の表現が悪い。
亜生　俺が怒られてるときのお兄ちゃんが爆笑してる顔が浮かぶもん。シメシメみたいな顔浮かぶから！
昂生　ふふふ！　俺はお前がなんとか怒られるように仕向けてんねん。
亜生　マジで種撒かれてる気ぃすんもん。
昂生　まみちゃんもアホやから気づかへん。
亜生　アホやからって。まみちゃん！
昂生　今朝も『クイズ！　脳ベルＳＨＯＷ』、1問も答えられてなかった。アホやから。
亜生　俺はアホやとは思わへん。難しいもん、あのクイズ。
昂生　あいつ、アホやからなんにも答えられへん。
亜生　明日のインスタライブ、ボッコボコや。
昂生　朝やってたの観てて、「まみ、昔は数学とか得意やったのになぁ」とか言うてたけど、1回も数学の問題なんて出てきてない(笑)。アホやな。
亜生　ははは！　俺、知らん。俺、マジで知らん知らん。そこはノーコメント。
昂生　ははは！
亜生　不適切発言してるぞ、まみちゃん！　お兄ちゃんが！
昂生　不適切じゃないよ。もう怖い。めっちゃ怖なってきた、背後。
亜生　俺も怖なるから。ドア、チラチラ見るのやめろって。俺も怖いわ。
昂生　すみませんね。また明日も18時からやれたらなと思います。自粛期間中、一緒にしましょう。僕らも自粛とは言いつつも、ちょっとずつは仕事もやり出してますので、ペースを見ながら。あと、2ヵ月も新ネタ作れないです。僕らも天才じゃないから。今でもアップアップしてます。限界。げんかーい！
亜生　ははは！　限界宣言！
昂生　1ヵ月、毎日褒めてほしい、誰かに。毎日作ったことに！
亜生　みなさん、記念日ね。5月4日、昂生限界宣言ね。げんかーい！　来ました、まさかの限界です。
昂生　限界でーす。でも、1ヵ月はね、なかなか俺、正直、最初の1週間くらいでどうしようと思ったけど、言ってはみたものの。でも、1ヵ月ね、やっとくもんや。元気でおれるしね。
亜生　そうそう。
昂生　でも、今月もちょっとずつはやっていきたいと思います。新ネタもやりますし、昔の懐かしいネタというかね、スター・ウォーズとかもやる？
亜生　やってみよ。トトロとか。
昂生　あぁ、懐かしいねぇ。
亜生　ボーリングとか。
昂生　動かなあかんから、だいぶ厳しいけどね。
亜生　そやね。
昂生　あと、明日サザエさ…。
亜生　うわぁ、言うてもうた。大丈夫？　予告したやん。いやいや、もう遅いな。勘いい人はわかってる。
昂生　明日『めざましテレビ』出ますんで、ぜひ。
亜生　『めざましテレビ』でミキが…。
昂生　亜生！　言うな、それ以上。
亜生　いや、俺のせいちゃうやん。お兄ちゃんのせいやん。
昂生　今日ミルクボーイさんの観てたけど、すごいのよ。
亜生　タイムラグ？
昂生　タイムラグが。今日のネタとか絶対できひん。
亜生　できひんね。
昂生　ミルクさんも伺いながらやってた。
亜生　ましてや、サザエさんのネタどうなるかって思ってるもん。
昂生　言うなって。
亜生　そっちが言うたんや。俺のせいじゃない。先に言ってもうたら、そのネタやろ。
昂生　ははは！　明日『めざましテレビ』に出ますんで。7時くらいからかな？
亜生　どれくらい出るのかな、あれ。
昂生　わからん。どれくらいなんやろ？
亜生　スーツ着る？
昂生　着る。漫才なんで。ほんで、またあとで電話します、業務連絡で。
亜生　いや、もういい、いい！
昂生　いいじゃない。プライベートでかけるんじゃないんですから。
亜生　あぁ、違うんや。
昂生　着替えてから電話します。
亜生　はいはい、了解です。
昂生　ほな、また明日18時から。そして、『めざましテレビ』観てください。朝の7時からです。それでは、さよなら！
亜生　さよなら！

5月5日

亜生　さぁ！　27日目ですか…28日目かな。始まりましたぁ！　残すところ、もう少しになってきましたが、みなさん…ありがたいなぁ、毎回！　こんなに観ていただいて。ハッピーハンバーグさんもありがとうございます。いっつも観ていただいて、すみません。あっ、石塚まりあも毎日、折り紙職人。あ、やってもうた。やってもうた、やってもうた。
昂生　いや、俺が入ってきてからどこ行くねん。
亜生　ごめん。イヤホン忘れた。ちょっと取ってくるわ。
昂生　猫に取ってきてもらえ、猫に。猫に取ってきてもろうたらええやんけ。…こんにちは。お腹減ってきたわぁ、なんか。今日はパスタでも作ろうかね？　カルボナーラとかどうですか。僕はカルボナーラとご飯いけますけどね。ご飯ってさぁ、結構なんでもいけるくない？『秘密のケンミンＳＨＯＷ』とかでさ、え、焼きそば定食？みたいなんあるやん。
亜生　あぁ、いや俺なぁ…。
昂生　焼きそばはいけるやろ？　お前も。
亜生　焼きそばはいけるねん、絶対に。でも、お好み焼きはあかんねん。
昂生　お前のそれにめちゃくちゃ腹立ってん。いけるくせにいけへん感じ出すのダサい。お好み焼きとご飯いくヤツダサい、みたいな。そこ謝ってほしい、マジで。
亜生　俺、もう東京に来てるから。
昂生　関係あらへん。まぁまぁ、東京の人嫌がるよな。
亜生　だって、ほんまにさぁ、ロケとかでもご飯って言ったら、え？ってなるもん。
昂生　言うねぇ。
亜生　ちょっとお好み焼きのご飯は、僕はもう卒業したかな。
昂生　俺もあんまりせんようになってる。よっぽどのことがない限り。なんばのあれ、あるやん。
亜生　ぼてぢゅう？
昂生　ぼてぢゅうじゃない。俺がよう行くとこ。まみちゃんになんか言うたらそこ行くって言われる。あそこはご飯頼んじゃうねん。
亜生　あぁ、あれな。あっこ行けば、お兄ちゃんに会えるもんな。
昂生　ははは。お好みというより、その前の焼きもんとか炒めもんとかで結構ご飯いく。まぁ、お好みでも行くねんけど、そら。
亜生　あぁ。あそこはねぇ、サイドメニューがすごい充実してる。おいしい。
昂生　おいしいよな？　ほんまにうまい。あと、京都の…よう行ってたやん、家族で。めちゃくちゃうまいとこ。川端通りの。
亜生　えぇー！…(おこのみ)夢屋？
昂生　夢屋！
亜生　うまいな。
昂生　あそこの塩焼きそば、たぶん俺、いちばん好きやわ。
亜生　夢屋にずっと行っててさぁ、ほんまに2年前か3年前くらい、おかんとおとんとお兄ちゃんと4人で夢屋行って、大将がサインちょうだいって言ってくれたとき、あぁ、頑張ってよかったなって思った。

昴生 ははは！ 夢屋の大将にも…あぁ、なるほどね。

亜生 うん。奥から色紙出して来て。あのとき、あぁ、頑張ってきてよかったなって。

昴生 ちょっと強面の大将ね。

亜生 そうそうそう。

昴生 めちゃくちゃ、あそこの塩焼きそば、いちばんうまいわ。今まで食うた中でいちばんうまいわ。

亜生 うまい。でも、ソースもうまいねんで、あそこ。

昴生 いや、俺ね、そもそも焼きそばは塩派。

亜生 そうやねんな。お兄ちゃん、塩やなぁ。

昴生 塩やね。俺はやっぱりね。うまいわぁ、ほんま。

亜生 こう見えて、あっさりやねんな、お兄ちゃんは。

昴生 そやねん、そやねん。

亜生 たこ焼きも醤油か塩やもんな。

昴生 そうそう。ほんまそう。全部そう。だから、こってりでしょみたいなふうに言われれんねんけど、そうじゃないねん、実は僕。

亜生 だから、ほかの芸人さんとかタレントさんとかが、お兄ちゃんにどんどんこってりのん食べさせてるときに、あぁ、ないなぁと思ってる、俺は。お兄ちゃんは今それじゃないんですよ！って。

昴生 ははは！ ほんまにそう。一応付き合うけどな。「うわぁ、うまいっす」とか言うけど、心の中では嘲笑ってんねん、心の中で。

亜生 お兄ちゃんはやってくれるねん。そこではな、「うわぁ、うまい。最高や！ むちゃくちゃや！」とか言うてるけど、そうじゃない。お兄ちゃんの口はもうあっさりを求めてる。

昴生 あっさりを求めてます。よくぞわかってます。

亜生 僕は横目で見ながらわかってないなって。

昴生 どんだけ腹減っててガツンとしたもん欲しいなと思ってるときでも、結構あっさりのもの食べるからね。

亜生 そうそう。

昴生 かと言って、そうめんが大好物とも思わんといてほしい。

亜生 わかる。

昴生 そこまであっさりじゃない。そうめんも好きよ？ 好きやねんけど、もちろんね。

亜生 風邪引いたとき、お兄ちゃん、そうめんにごま油垂らしてた。

昴生 ははは！ 俺、余裕で風邪引いたときでも、唐揚げ弁当食べてしまう。

亜生 そうや(笑)。

昴生 それ、みんなにビックリされる。食べられんの？って。どんだけしんどいときでも、40度とかあるときでもおかゆより唐揚げ弁当派です。それ、みなさん、よく理解しといてもらえたら。

亜生 お兄ちゃんの解体新書が出たら、驚くと思うで。

昴生 そうですよ、ほんまにね。あと、安倍さんが18時から会見やってたのに、僕らも18時から始めてすみませんでした。

亜生 すみませんでした。

昴生 気づいたんが直前やって、やめといたらよかったんやけどそのままやっちゃって。一緒に観よみたいな感じで最初観てたんやけど、配慮に欠けてたというか、申し訳ないです。どうしよと思いながらやってたから、あのときはやめといたらよかったです。すみません。

亜生 兄ちゃん、そういうのはやめといたほうがえぇで。

昴生 ふふふ。お前…あとでまみちゃんからLINE来るで。

亜生 怖いなぁ、まみちゃん。

昴生 これ、まみちゃんから言われたんで。僕も気づいてたんですけど、もちろんね。すみません、配慮に欠けておりまして。僕らのインスタライブなんて、二の次、三の次でいいのにね、なぜかルーティンを…すみません、本当に。それでも観ていただいて、ありがとうございます。

亜生 よくない。ほんまによくないよ、お兄ちゃん。そういうの、マジで。

昴生 えぇーっとねぇ、242ポイントです。

亜生 ウソや！ ウッソぉ！ えぇ！

昴生 貯まってます。今度会うじゃないですか、近々、久しぶりにお仕事で。そんとき、ちょっとほんまに逃げたほうがいいと思う。

亜生 えぇ、俺もうなくなるんちゃうん？ 粉々になるんちゃうん？

昴生 いや、俺も悩んでる。どうしようって思って、ほんまに。242ポイントも貯まってたら。

亜生 そんなに貯まったことないもん。

昴生 殺めかねへんというか、お前のこと。気持ちとは裏腹に。

亜生 えぇ！ せえへんやろ？

昴生 それはもちろんよ、大事な家族を。自分の手でそんな、当たり前よ。でも、もうわからん、どうなるか。

亜生 (余計なことを囁く)

昴生 あぁ、246ポイントで。

亜生 ふはははは！ 着実に貯まるんやなぁ。

昴生 ストレスは溜まっていきますから。

亜生 逃しはしぃひんのや。

昴生 逃しはしないね(笑)。そろそろやりますよ。

亜生 はい、いきましょうか。

昴生 借りましょうか。…あ、「松本人志さんからお金借りますか？」(注：松本は仕事のない状況で苦労している後輩へ向けて、おもろいヤツを条件に上限100万円貸すと明言した)っていうコメントを見て、借りましょうかって言うてもうた。いるんかな？ お金借りる人。

亜生 あんなん、松本さんにさぁ、面白いって言われたら無理やん。

昴生 ははは！ そこのハードルな？

亜生 そこのハードルがあるわ。

昴生 あるんかな？ 大喜利とか。その答えによってみたいなのは怖いな。今日、そういえば『めざましテレビ』でさ、俺、めっちゃ画質よかったやろ？ あれ、電気消してててん。日光だけにしててん。

亜生 今、それにしてみてや。

昴生 今は暗いから。

亜生 やってみて、1回。(真っ暗な画面を観て)あぁ、ほんまや、いけるわ。いける、いける。暗いほうがいけてたわ。

昴生 いや、ウソつけ。ほんでめっちゃ怖かった。

亜生 はははは！ お兄ちゃん、実は電気消して寝られません。

昴生 ふふふふ！

亜生 みなさん、覚えといてよ。

昴生 お前、俺のこと言うなって。俺、結構ミステリアスで売ってんねんから。

亜生 電気消して寝られへんからな。家の電気、ここ消しててもテレビは絶対ついてます。どこかの明かりはついてる。

昴生 ははは！ お前、ミステリアスにしてんねんから言うな、俺の情報。

亜生 お兄ちゃん、暗いのめっちゃ怖いから。東京泊まってたときなんか、ホテルで煌々と(明かりを)つけてた。煌々とやで？

昴生 煌々とか言うな。うちのおばはんの言い方すんな。さぁ、亜生くん、出囃子をお願いします。今んとこ連勝中ですから。

亜生 そうですよ。ここはちょっとねぇ、いってもらいたいです。いきます！

昴生 お願いします。

亜生 デケデケデンデンデンデン♪ パッパラッパラパラーラ♪

昴生 はい、わかりました。うわぁ、ヤバいわ、今日、俺。最近ヤバい！ ラフ次元さん。

亜生 正解。すごーい！

昴生 おっしゃー！ あれ、なんでやろ？ 早く劇場行きたくて、その気持ちがあんのかな？ いつもやったら絶対正解できてへんもん、俺。

亜生 これ始めたときなんか連敗やったたね、ずっと。

昴生 人の出囃子なんて全然覚えてないけど、思い出すもんやなぁ。ラフさんなんて、ほぼ毎日のように出番も一緒やったから。ラフさんにも会いたいなぁ。元気してるかな？ 梅(梅村)と空、先輩やけど。

亜生 あれ、呼び捨て？

昴生 ふふふ。いきましょう、今日はラフ次元さんで。

亜生 結婚隠しおじさんです。

昴生 (笑)。空さんな。結婚子ども隠しおじさんや。どんだけ隠すん。まだ隠してんちゃうか？ はい、それでは。

亜生 いきます。デケデケデンデンデンデン♪

昴生 最初そんなんやったかな？

[漫才] 焼き鳥の串ははずす？

昴生 この漫才やってたら、ほんま焼き鳥食べたくなってきた。

亜生 ほんまやなぁ。俺、あれがいいもん、鳥貴族。

昴生 この間『アメトーーク！』で。

亜生 やってた。

昴生 あれ、最高やったな。

亜生 俺、さや香の新山とよく鳥貴族行くねんけどさ、もうずっと牛串食ってるわ。

昴生 牛串うまいよな。

亜生 そやねん。結局、牛串が異様にうまいねん。

昴生 ははは。貴族焼きのスパイスが異様に好きよ。

亜生 うわぁ、それめっちゃ言うな。よう行ったなぁ、まみちゃんと。

昴生 俺、トリキで記念日祝ってたもん。2人で1万くらい食うヤツ。

亜生 俺もネタ合わせ終わったあととかに、「今からまみちゃんとトリキ行くけど行く？」「あぁ、行く」って言うて行ったで。

昴生 ははは！ トリキは好きやわぁ、あれ。トリキあるあるでさ、隣の人の服、仕切りが棒やから紛れて、最終的に自分の服どっちかわからんようになるっていう。あれ、俺の服やったっけ？って。

亜生 昔の牢屋みたいな棒やもんな。

昴生 ふっとい棒。で、ミックスジュース、ほんまにうまいしな。俺、絶対ミックスジュース頼む。

亜生　お兄ちゃん頼んでたな。

昂生　めちゃくちゃうまい。よう行ったなぁ、トリキ。行きたい…！

亜生　なぁ。

昂生　お腹減ってきた。

亜生　今日ちょっと早起きやったからな。生活が狂い出してきてるから、もう1回正すわ。

昂生　なんで狂い出してきたん？　どういうこと？　朝、早起きしたから狂い出さへんやろ？

亜生　30分くらいしか寝てないのよ、俺あれ。

昂生　ウソやろ？

亜生　つないでるリハとかあったやんか。

昂生　早かったからな。5時半くらいからリハーサルが、実は。

亜生　5時半ってなったら寝られへんくなって、途中で。

昂生　途中、寝てないけど。俺、だって目覚まし5時20分くらいにかけてたけど、普通に目覚ましなしで5時くらいにボーンって起きたもん。

亜生　え、7時20分につなぎますってなったやんか。俺、起きたんギリギリやったから。

昂生　ウソ！

亜生　あの間、30分寝てん、危なかった。マジで危なかった。

昂生　ヤバいな（笑）。ウワァって焦った？

亜生　パンツ一丁でうつ伏せで寝てた、気づいたら。

昂生　うわ、怖っ！

亜生　ヤバっ！と思って、すぐ着替えて。

昂生　めちゃめちゃ怖いやん。

亜生　危なかったわ、ほんまに。その30分しか寝てへんから、おかしいわ。もう嫌や。

昂生　俺、さっき昼寝したからな。またどうせ12時くらいに眠なる。昼寝もな、俺、2時間くらいしかしてへんねん。ちょうどいいねん、それが。

亜生　1時間くらいがちょうどええって聞くしな、昼寝は。

昂生　うんうん、ちょうどいいわ、ほんまに。最高の昼寝です。あと、今日が28日目やから、あと2日はとりあえずやって、そこからはランダムでやっていきたいなと思ってますので。僕らもね、仕事がまたいろいろと。

亜生　来だしたな。

昂生　そうそう。このリズムでできたらいいんですけどね。

亜生　時間がバラバラになるかもしれんな、もしかしたら。

昂生　それはあるかもね。

亜生　結局、6000人くらいは観てくれてはるもんな。

昂生　ありがたいね。ありがとうございます、ほんまに。

亜生　合計して3×5＝15…15万人観てくれてたってこと？

昂生　あらまぁ、すごいね。平均的には5000～6000人観てたからね。ありがたい、みなさんのおかげですよ。ほんまに、復活したときにはみなさんに優待券配って、劇場に観に来てほしいくらい。これ、全部観てました証拠がある人やったら、ほんまにあげたいくらいよ。自腹切ってでも。

亜生　それを28日目に思いつくって…。

昂生　（笑）。いや、無理やもん。1日目に思ってたで？　でも。全部観た人ってどうやってわかるのかなってあるけど、全部観てる人だけにありがとうってことでは。ありがたいけど、そらね？

亜生　これで生活のリズム整いますっていう人もいるから。

昂生　俺らがそやからね、ほんまに。

亜生　ありがたいよ。

昂生　ちゃんと毎日やらなあかんっていうのはいいことやね。ダラダラ過ごすんじゃなくて。

亜生　だって俺、14時くらいからソワソワしてんねんもん、いっつも。

昂生　わからんでもないけど、それは。

亜生　ソワソワして、部屋歩き回ったりしちゃってるもん。

昂生　いいこと、いいこと。

亜生　ここで報告なんやけど、うちの屋上に上がったらスカイツリーが見えることがわかりました。

昂生　ふふふ。そんなん報告いらんけどな。俺も家出て、しばらく歩いたら東京タワー見えるで。しかも、ど真ん中にむっちゃきれい。

亜生　え！　あぁ、ええなぁ。

昂生　俺はスカイツリーより東京タワーがいいな。

亜生　そやな。きれい。

昂生　スカイツリーもいいけどね。東京タワーがやっぱり素敵。また明日も18時からやりますので、観ていただけたらと思います。そして、今日は19時からかな？　TBSでネタ祭りみたいなんがありますし、それ観ていただいて。

亜生　坂上さんのヤツ、今日かな？　観てなかった。

昂生　あと、『恋つづ』もありますので。

亜生　ぜひ観てください。

昂生　はい、では失礼いたします。また明日18時。さよなら！

亜生　さよなら～！

5月6日

亜生　さぁ、29日目始まりました。残すところ、あと明日ですか？　明日で終わりですか。ふぅ～～！　ついにここまで来ましたねぇ。どうですか？　みなさん。（井上陽水のモノマネで）お元気ですかぁ？　やってもうた！　やってもうた！　危ねぇ！　誰か違う人、招待してもうた。危ねぇ！　誰か招待してもうたで、今。危なかったで。危なかった！

昂生　おぉ。まぁ、明日で一旦終わってまた2日後くらい、明々後日くらいにまたやるけどね。2日置きとかに。おぉ、今日、俺、菅田将暉みたいな髪型になってる。

亜生　どこがやねん。パーマあてたん？

昂生　みたいな。

亜生　お風呂入ったん？

昂生　お風呂は朝入った。

亜生　あ、そう。今日はずっと仕事で。

昂生　それでも、昨日早めに寝落ちしたから、結構ずっと8時くらいに起きたけど。

亜生　あぁ、そう。

昂生　そこから眠ないかなと思ってたけど、やっぱり眠かったな。

亜生　寝てへんねや、ほんなら今日は。

昂生　寝た。16時くらいに1時間だけちょっと寝た。うん。

亜生　雷がすごいから、今。

昂生　らしいね。俺、家全然聞こえへんねんな、雷。

亜生　ええ家やからちゃう？

昂生　いや、外の音…でも、雷は家の中おって聞こえたことないな。

亜生　昨日、めちゃくちゃ揺れたけどな（注：夜中に千葉震度4の地震）。

昂生　俺、全然揺れへんかってんな。

亜生　すっごい突き上げるような、バコーン！って。

昂生　へぇ、めっちゃ怖いやん、そしたら。

亜生　めっちゃ怖い。猫、暴れまくり。

昂生　ふふふ。それって、バーンってなってから暴れるの？

亜生　いや、その前からキョロキョロし出すねん。

昂生　ほんまか？

亜生　ほんまに。あれ？みたいになって、急にな、バタバタバタって走り出して、あれどうした？って思ったら、窓のほう走っていくねん、揺れる前に。で、バコーンって揺れて。

昂生　えぇ、マジで？　すごいな、それ。

亜生　さすがやわ、動物。

昂生　昨日、『（そんなコト考えてなかったクイズ！）トリニクって何の肉!?』（テレビ朝日）って観てた？

亜生　観てない。

昂生　で、たぶんモスキート音みたいなヤツあんねんけど、俺、まったく聞こえへんかったわ。最後の最後で聞こえたけど。

亜生　え？　じゃあ、兄ちゃん、あのさぁ、文化放送の駐車場入るとき、嫌な音せぇへん？

昂生　まったくせぇへんのよ。

亜生　えぇ!?

昂生　全然。まみちゃんはずっとテレビ観てるときに「うわぁ、うわぁ、嫌やわ」とか言うねんけど、まったく聞こえへんねんな、俺。耳悪いんかな？

亜生　文化放送入るところはずっとモスキート音になってるねん。たぶん、出待ちせぇへんようにずーっと鳴らしてるねん。めちゃくちゃ嫌。

昂生　へぇ、出待ちさせへんように。えぇ！　すげぇ、それ。俺、めちゃくちゃ出待ちできるわ。

亜生　できる、できる。だから、あそこで出待ちしてる人で年齢わかる可能性あるからな。

昂生　ははは！　俺、年齢過多の可能性があるということ？

亜生　可能性ある。平気な顔してる人はその可能性あるで。

昂生　まったく聞こえへんわ。今初めて、そんなんやってんねやって思った。

亜生　あそこ、めっちゃ気持ち悪いねん。俺、走って入りたいくらいやもん。

昂生　全然やわ。わからんわ。でも、働いてる人大変やな。若い人も多いのにな。

亜生　ほんまに。あれは嫌や。でも、ある年齢超えたら聞こえへんようなるっていうもんな？

昂生　うーん、俺、まったく聞こえへんな。あるやん？　時々、お店の前とかで盗難防止じゃないけど、たむろさせへんとかで。

亜生　コンビニの前とかもようなってるよな？

昂生　俺、全然感じたことない。

亜生　マジで？　近所のファミマでも1回やってたと思うけどな。

昂生　あぁ、そうなん？　1回やってた？　そんな1回くらいのセッティングある？

亜生　ちょっとだけ、キーって鳴らしてはったわ。

昂生　ほんまか？　たまたまなんちゃう、それ。まったく聞こえへん。

亜生　あそこも潰れたなぁ。

昂生　実家の近所のやろ？　ファミマ。

亜生　そう。深夜2時に閉まるファミリーマートよ。

昂生　おばあちゃんが言ってたわ、ファミリーマート潰れたって。そやなぁ。

亜生　あ、今日は6000人も来てくれて

る。

昴生 ありがとうございます。すみませんね。いやぁ、なかなか今日は若干涼しいな。

亜生 いや、寒いよ、今日。俺、暖房つけてるもん。

昴生 それはないわ。

亜生 寒い、寒い。朝めっちゃ寒かったもん。

昴生 マジで？ まみちゃんがずっと『M 愛すべき人がいて』（テレビ朝日）観てるわ。

亜生 『M』？ あゆのヤツ。

昴生 うん、あゆのヤツ。隣からめっちゃあゆの歌声、聞こえるもん。まみがあゆ歌ってる。

亜生 ぶははは！ 俺知らんで。馬鹿にしてる。まみちゃん、馬鹿にしてるぞ！ お兄ちゃんが。

昴生 まみが静かに幕を下ろしてたわ。あゆってでも、実はいろんなドラマとかも出てたからね、デビュー前。『未成年』（TBS）にも出てたし、山田洋次監督の『学校Ⅱ』かな？『学校Ⅲ』かな？

亜生 『学校Ⅱ』や。

昴生 『学校Ⅱ』で西田敏行さんの娘役で。「全然わかってくれない」って怒ってた、スキー場で。

亜生 あぁ、そや。スキー場で怒ってたなぁ。

昴生 スキー場まで行くねん。夢を追いかけるかなんかやった気ぃするけど、進学しなさいって言われて怒るねん。お父さん、全然わかってくれないって。

亜生 （浜崎あゆみのものまねで）全然わかってくれなぁ～い。

昴生 そんな言い方じゃなかったやん。

亜生 じゃなかったなぁ？

昴生 そんな喋り方じゃなかった。松浦さんによって変えられたのか。

亜生 「お前の人生を変えてやる！」

昴生 観てるやん、お前もなんだかんだ。俺、全然観てないわぁ。『M』観よ、面白そうやから。

亜生 「お前の人生だ！」。

昴生 どうなんやろな？ 自分の役をあんな男前がやってるって、どんな気分なんやろ？ ミキがやるんやったら。

亜生 ははは！ お兄ちゃんっぽい人やもんな、でも。あの人よりももっちゃりしてるもん。

昴生 俺、自伝作ろうかな。『火花』みたいな書こうかな、ミキの今までの、みたいな。なにも成し遂げてないけど。

亜生 20ページくらいちゃう？

昴生 ははは！

亜生 絵本にする？

昴生 5分番組でやってもらうねん。番組と番組の間のヤツ、『夢の通り道』（日本テレビ）みたいな感じでやってもらうねん。

亜生 1回だけな？ 1回で全部終わるから。…やるか？

昴生 やりましょうか。さぁ、29日目です。明日でとりあえず毎日、新ネタはラストですから。

亜生 はい、いきます。

昴生 お願いします。

亜生 いけるかな。テン、テーテテテテテテーテテテテテテテー♪

昴生 うわぁ…知ってる、これ。

亜生 これ、知ってるな。

昴生 これ、しかも漫才劇場じゃない。じゃないでしょ？

亜生 （顔で反応）。

昴生 ヤバい、ヤバい。下手や、こいつ（笑）。漫才劇場や。

亜生 違う！ ここの攻防なしにしようや。

昴生 えぇ？ テーテテテテテ…あぁ、わかった、わかった。セルライトスパ。

亜生 正解！ すごぉ～い！

昴生 よかった。漫才劇場っていうヒントでわかりました。

亜生 22期さん以上が強いな、お兄ちゃん、やっぱり。

昴生 そらそうや。『Kakeru翔』とかの人は知らんもん、だって。

亜生 いやぁ、すごいわ。28期さん、強かったね。

昴生 よかった、セルスパでした。これは覚えてました。

亜生 いきます。テン、テーテテテテテテー♪

昴生 この歌よう聞くねん。道具の出しはけ多いから。バーのヤツとかやったら、むっちゃ。それの繰り返しじゃなかったけどな。

亜生 わからへんねんもん。

[漫才] 脳の衰えがヤバい

昴生 決まった。

亜生 7500人も。

昴生 えぇ！ 今日多いね。いつも6000人くらいですけど、多い。ありがとうございます。1000人多いってなかなかよ？

亜生 すごいな。

昴生 テンポでやっていくヤツ難しいな。ちょっとだけ遅れるねんな。ほんまにちょっとだけやけどな。これ、テレビでやったらとんでもないことになる。

亜生 ふふふ。『めざましテレビ』とかやったらヤバかったな。

昴生 これヤバかった。難しい。はぁ、汗かきましたよ。今日初めて観に来ましたっていう人がおる。29日目にして。

亜生 ありがたいね。

昴生 難しい…。今日はなにしようかな。

亜生 今日はなにしよ、ほんまに。最近、『水曜どうでしょう』（HTB）観てるねん。

昴生 へぇ、遅っ！（笑）遅いな、お前の中でのブーム。

亜生 めっちゃおもろい。

昴生 20年以上前のヤツやろ？

亜生 おもろい。

昴生 そらそうやろ。だって、なんていうの？ ロード番組みたいなのの走りやん、ほんまに。

亜生 『旅猿（東野・岡村の旅猿～プライベートでごめんなさい～）』（日本テレビ）も。

昴生 そうそう。『旅猿』好きな人やったら、あれ好き。

亜生 『旅猿』の原型やもんな？ あの人らが最初にやってはった感じやもんな。

昴生 原型じゃないけど。しかも、無名なのにおもろいっていう。

亜生 そやねん。めっちゃおもろい。あの、どこやっけ？ インドをカブで行かはんねんけど。途中にさ、道路の真ん中にこんな石置いてんねん。

昴生 あぁ、あった。あれで揉めるヤツな。

亜生 バイクで行って、めっちゃ揉めるねん。

昴生 海外編も面白いけどな。それ、だいぶ新しいヤツやで？

亜生 そうそう。最後のヤツや。

昴生 最後か。あれ、インドちゃうやろ。四国とかちゃう？

亜生 えっとね、日本列島をやったんがその何個か前で、最後。

昴生 石にぶつかったんって、だいぶあとじゃない？

亜生 石じゃなくて、工事現場の看板にぶつかるねん、四国は。

昴生 あぁ、そやな。そうか、そうか。

亜生 あれ、おもろかったわぁ。ウィリーしてな？

昴生 危ない危ないってなる。ほんまにあれ、怪我したらお蔵入りやろ？ ギリギリ攻めて。俺だって、出川さんのバイクのヤツあるやん。知ってる？

亜生 『出川哲朗の充電させてもらえませんか？』（テレビ東京）。

昴生 そうそう。あれもめっちゃ好きやねんけど、なにがいいってさ、出川さんって日本国民から愛されてんねんなってわかるんが嬉しい、観てて。正直怖いもん、観てて。原付やから、雨の日とか大丈夫かな？ コケたりせぇへんかな？とか思って。安全運転はしてはるねんやろうけど、出てみたい。あれも出てみたい番組の1つやな。

亜生 『～充電』？

昴生 出たい。

亜生 『旅猿』も出たいんちゃう？ お兄ちゃん。

昴生 出たい。今日、東野さんから電話かかってきたから、ちょうど。

亜生 ほんまや。あれはラジオか？

昴生 今ラジオやってはるねん、YouTubeで。生で4時間くらい。

亜生 どれくらい喋ったん？

昴生 10分も喋ってないんちゃう？ 近況報告というか。

亜生 最近どうですか？みたいな。

昴生 最近どうですかもない。前に俺が楽屋で東野さんに失礼をした件。渾々と2～3つくらいキレられた。

亜生 あぁ、無視してたヤツな。

昴生 無視違う。俺が女の人に興味を切り替えたっていう、東野さんより。

亜生 そうや。東野さんがいい話っていうかな、楽屋ニュースみたいなん言ってるのに。

昴生 そう。真面目な話、俺としてたのに、途中で切って…今田さんのほうに。

亜生 今田さんが「これ見てやー！」って。みんな、そっちいって。

昴生 いや、あれは今田さんのほうにいくやろ、それは。俺、悪ないし。

亜生 あれ、おもろかった。

昴生 今田さんが悪いわ。ちゃう、今田さん多いねん、そういう昔の新聞配達やないけど、なんて言うの？ あるやんか。見出しで号外だ！ 号外だ！みたいな感じで、突然入ってきはる。そしたら、絶対そっちいくやん。

亜生 俺は今田さんのを聞いてた、楽屋で。今田さんと喋ってたてん。でも、お兄ちゃんは完全に東野さんと完全に1対1で喋ってたんやで？ あれは俺、失礼やと思うわ。東野さんが喋ってる途中で。

昴生 正直な話言うたら、終わりかけててんって。ここで終わりです、なんかないやん。もうこれ、終わりかけてるなって。

亜生 いや、東野さんは待ってたんや。お兄ちゃんと喋ろうと思ってたら、まさかお兄ちゃんが。え？ 東野さんの話より『FRIDAY』に載ってる女の子の話？

昴生 えぇやん、それは。それは東野さんと真剣な話より女の子の話取るやろ。

亜生 ははははは！

昴生 大事やん、そっちのほうが。東野さんも大事やけど。

亜生 おもろかったわぁ。え？って顔してたもん。ウソやんって楽屋で。さびしい顔してはったで、ほんまに。

昴生 ははは！ で、まみちゃん、めちゃくちゃイジるやんか、東野さん。「ちょっと電話出てや」って感じで言うて、

「ダメです、ダメです」って。最後に「どうやったか聞いて」みたいな。で、俺がまみちゃんに「１００点満点中、何点やった？」って聞いても、首振って絶対に答えへん感じやって。「いや、何点やった？」ってもう1回聞いたら、「聞いてない」っていう答え。
亜生 ははははは！
昂生 点数でもない。「聞いてない」っていう答え(笑)。最低やった。答えとして最低。
亜生 興味もない。東野さん、めちゃくちゃ笑ってたやろな。
昂生 笑ってたな。ふふふふ！ あの言い方で。ははははは！
亜生 ははは！
昂生 さぁ、明日ついにとりあえず毎日、新作漫才は一旦終了です。
亜生 涙涙の最終回。
昂生 だから、その2日後とかにやるねんって。これ、ＹｏｕＴｕｂｅとかに上げないでください。インスタにも。
亜生 出た！ 決まり文句。
昂生 最近言ってないって、まみちゃんに怒られたから。
亜生 まみちゃん、なんでも怒るやん。まみちゃんがＹｏｕＴｕｂｅ上げてないでって怒るのなんで？
昂生 ははは！ お願いします。
亜生 お願いしまーす。
昂生 また明日18時でーす。さよなら。
亜生 お願いしまーす！

5月7日

亜生 さぁ、今日が30日目です！ どうもみなさん…ふぅ、一応、今日で毎日やるというのは最後になります。えぇ～～あぁ…(ホーミーをやり始める)。あれ？
昂生 今日の髪型すごいで、お前。博士号取得みたいになってる。
亜生 今日、帽子かぶってたから。
昂生 なんで帽子かぶってたん？
亜生 買いもんにちょっと行ってたから。
昂生 一瞬？
亜生 今もや。
昂生 おかしいやん。
亜生 俺、お兄ちゃん見えてへんねん、今。
昂生 え、なんで？
亜生 ライブ配信のゲストってヤツ、バーンとやったら…あぁ、消えた！
昂生 どういうこと？ こっちになんにも伝わってない、お前の大変さが。
亜生 うわぁ、もうむちゃくちゃや！ 髪の毛!!
昂生 毎日ありがとうございますね、ほんまに観ていただいて。ありがたいばっかりで。でも、30日続くもんやね、毎日毎日。
亜生 はい、やりました。
昂生 ね？ なんて言うの？ いいサイクルができて。
亜生 すごい数観るんちゃうかな？ 30日目やから。
昂生 関係ない、全然そんな。大した告知もしてないから、正直。毎日Ｔｗｉｔｔｅｒとかで呟いたらいいねんけどな？ まぁ、いいでしょ、別に。こんだけ観ていただいたら上等。
亜生 上等というか、観すぎてるわ。
昂生 直前くらいで告知して、毎日こんだけ観ていただいたらありがたいですわ。
亜生 10秒前に告知したわ。
昂生 通知がいくようになってるもん、自然と。通知してないっていう人もおるかもしらんけど、もしかしたら。ありがとうございます、ほんまに。って言うて、2日後にまたやりますけどね。とりあえずね、とりあえず。あの、ずっと寅さん好き好きって言ってたら、ついに仕事が来ました。
亜生 え！
昂生 内容はまだ。
亜生 あぁ、言えへんけど。俺、心配やわ、それやったら。お兄ちゃん、寅さんの問題くださいみたいなん、Ｔｗｉｔｔｅｒでやってたやん。１つも答えられてへんかった、あれ。
昂生 答えられてへんことはない。めちゃくちゃ難しいのを出すねん、みんなが。
亜生 そうなってくるとそうやって、絶対。
昂生 そんなんじゃないねん。だって、よう観なあかんもん。1回、49本全部を観ただけやで？ 寅さんの元々いた中学なんて出てきてない、そんなん。あ、出てきたけど、覚えてない。
亜生 (笑)。でも、問題ってなったらそういうことやから、クイズ番組って。
昂生 そやねんけど。でも、大体答えられたで。半分くらい答えられた。
亜生 答え方見たら、なになに違いましたっけ？みたいな。
昂生 そうそう。不安がりやから(笑)。
亜生 卑怯やわ。違いましたっけ？とか。
昂生 でも、寅さんのお母さんを京唄子師匠で覚えてたんが、ミヤコ蝶々さんやったんやなっていう。そうか、よう似てるねん。あんまりこんなん言うたら怒られるけど、ミヤコ蝶々さんと京唄子さん似てるねん、あの毒舌加減が。ミヤコ蝶々さんやったんやなぁ。だって、覚えてる人ってすごいやろな。副題があるのよ、『男はつらいよ』って。『～寅次郎子守唄』とか、『～寅次郎なんとか』っていう副題が絶対あるねん。
亜生 サブタイトルみたいなこと？
昂生 そうそう。それ覚えてる人はすごい。『～寅次郎子守唄』とか言うても、別に子守唄出てけぇへんねんで、本編で。だから関連ないのにすごいわ、あれ覚えてる人。
亜生 さすが。
昂生 いやぁ、よかった。言うとくもんやな、ほんまに。仕事につながるで。
亜生 なんでも仕事になるもん、ほんまに。今、僕やってること、仕事になってる。猫、釣り、服とかも全部仕事になってる。
昂生 ほんまや。だから、まみちゃんに言われた。『クイズ！脳ベルＳＨＯＷ』出たいってほんまに言うたほうがええで、大きい声でって。ただ、30代で出てる人観たことないねんな。
亜生 アメザリさんで最年少くらいちゃうん？
昂生 お前観てたんや、それ(笑)。平井さんが出てはった。
亜生 平井さんが出てはった。
昂生 あれは松竹枠っていうのがあるよ。この間、木下さん(ＴＫＯ)出てたしな。1年前の再放送やってるから、木下さん出られるのよ。
亜生 今は無理か。
昂生 無理じゃないやろうけど。いやぁ、あれ出たいわぁ。
亜生 でも、平井さんとかもボケずに、真摯にやらはるなぁ。
昂生 そりゃそうよ。あれはボケる番組ちゃう。だって、俺らがいったらボケにならへんもん。
亜生 そうそう。それがいいなと思った、観てて。平和。
昂生 今週の月曜火曜出てはった女の人がいはるねんけど。70代のおばちゃんが月曜日、10点しか取られへんかってん。ほか、１００何点取ってるのに(笑)。俺、もう火曜日応援しててん。頑張れって。頼むでって。でも、火曜日の前半も調子がめちゃくちゃ悪い。全然取られへんからあかんなぁとかってまみちゃんと喋りながら、なんとなしに観ててん、その日。俺、諦めてたから。さぁ、結果発表ですってなって、どうなったと思ったら、その人が優勝して。
亜生 え？ なにがあったん？
昂生 最後に２００点の問題があってんけど、奇跡的にその人だけが取って『脳ベルＳＨＯＷ』に(笑)。
亜生 一発逆転？(笑)
昂生 明日出ますから、週間チャンピオン大会。4時から。ぜひ観てください。
亜生 4時って朝？
昂生 朝です。たぶん、ボロボロやと思います。だって、全然答えられへんねんもん、ほんまに。どんだけヒント与えても。だって岡田さん、ほとんど答え言うてんねんで？ マッチ棒動かすヤツとかあるやんか。式を正しくしてくださいとかも、はい、それを上に？ 上にやって。はい、そこじゃないですよ。
亜生 ははは！ 右に出してくださいって？
昂生 そう。はい、そっち出してくださいって。クイズ番組でもなんでもない(笑)。爆発的に面白い、あれは。あぁ、面白いわぁ、ほんまに。いい番組！
亜生 ぜひみなさん、観てください。
昂生 フジテレビでね。再放送ですけど、普段、ＢＳフジでやってますけども。
亜生 謎のスタジオでやってますから。
昂生 品川のスタジオね。フジテレビで撮ってません。品川のスタジオで撮ってます。たぶん週1で5本撮りやと思います。
亜生 大変や！ クタクタ。
昂生 大変よ、岡田さん。1回、ほんまに出てみたいなぁ。
亜生 お兄ちゃん、辻井さんとよく飯行くやんか。辻井さんってなんでもうまいって言う？
昂生 うん。あいつがまずいって言ってるの、あんまり聞いたことない。
亜生 そうよな。家近所に引っ越してきてさ、ここの弁当、めっちゃうまいから。死ぬほどうまいって言うねん。絶対買ってくれって言うねんけど、そこで俺、1回食ったことあんねんけど、むちゃくちゃまずかったんやん。
昂生 (笑)。でも、あいつがうまいって言うのは結構当たってる気がするけどな。だって、あいつの地元のお好み焼き屋とか、めっちゃうまかったで。
亜生 なんでもうまいって言うやん、兄貴って。全般。
昂生 うーん。まぁまぁ、馬鹿やから、口と舌が。そりゃそうなるよね。信じてはダメです。さぁ、いきましょう。
亜生 いきましょう。コメントをオフにして。
昂生 毎日新作漫才、1ヵ月これにて終了になりますけど、最後は誰の出囃子で来るのか？ 有終の美を飾るのは誰なのか？ いろいろ想像しますけど、いきましょう。
亜生 はい、いきます。デレッ！ デンデン！ デンデーン！
昂生 はははは！ いいねぇ、やっぱり最後は中川家さんですか。
亜生 違います。ざんねーん！
昂生 え？ あ、次(長)課長さんや！ 次課長さん！

亜生 そうそう。
昴生 よっしゃ、セーフ！
亜生 アウト！アウト！
昴生 そもそもなんで最後、次課長さんやねん。
亜生 ははは！絶対、お兄ちゃんの予想は中川家さんとか来るかなっていう。
昴生 兄弟つながりで。
亜生 中川家さんの出囃子、わからないのよ。
昴生 こんなんやった気ぃするけどなぁ。
亜生 歌いにくいねん。かっこいいねん。
昴生 うわぁ、次課長さんや。
亜生 でも、これ聞いてすぐわかったん、すごいね。
昴生 中川家さん違うって言われてすぐ、浮かんだわ。うわぁ、最後は締めたかったね。
亜生 そやろ？ちなみに最後、誰の曲で終わりたかった？
昴生 中川家さんなんかなと思ってた、なんか。
亜生 これで当たらへんかったら、次はこれ歌おうと思っててん。えっがお～♪
昴生 なんでヘンダーソンやねん。まぁ、いいけど。
亜生 素敵な歌やから。出囃子が素敵やから。
昴生 うん、素敵やな、あれは。歌が好きや。
亜生 そう！俺は人で選んでないで？出囃子の曲がいいなっていうので選んでるから。
昴生 ようわからんなぁ。まぁ、それでいいけど。ヘンダーソン当たったから、それでいいけどな。
亜生 今日は次課長さんでいかせていただきます。
昴生 えっ、当たりでいいんですか？僕。
亜生 はい。特別に！
昴生 ははは！ゆるっ！最後の最後でゆるっ！ルール。
亜生 これも『クイズ！脳ベルSHOW』みたいなもん。
昴生 『脳ベルSHOW』も時々、めっちゃ厳しいときあるけどな。
亜生 あははは！あれね？
昴生 例えば好きですっていう答えやとしたら、好きですよとかやったら、まぁギリギリいいでしょうって岡田さん、オッケーにするねん。でも、なになにがなになにとかを、なになにはなになにとかやったらダメーってなんねん。
亜生 いや、さっきのオッケーなんやったら今のええやんっていう。ルールがようわからん。
亜生 尺の問題なんかな？じゃあ、これでいかせていただきます。
昴生 お願いします。いいねぇ、それ。お見合いのコント好きや。不動産屋のコントも。あんまり漫才してはらへんけどね。

［漫才］休みの日はなにしてる？

昴生 30日終わりました！
亜生 終わりました。
昴生 でも、まだまだ自粛期間は続きますから、みなさんももう少しの辛抱やと思います。
亜生 韓国とか解除されたという。
昴生 まぁ、それもどうなんか、いろいろわからんけどね。中国も上海ディズニーは11日から開催するって。ブンデスリーガも15日から再開するっていうのを聞いてますし。
亜生 えっ！ディズニー行きたいね。
昴生 みんながいろいろと動き出してはきてますから、明るい未来も見えてきてるんじゃない？と思います。だから、もうちょっとの辛抱というかね。で、僕らも。
亜生 ハッピーハンバーグさんもね、ありがとうございます。毎日観てくださって。
昴生 ほんまに毎日観ていただいてありがとうございます。
亜生 ハッピーハンバーグさんに、なにかあげないかんのちゃうかな？お兄ちゃんが言ってた通り、毎日観てくださった人には特別って。ハッピーハンバーグさんは毎日観てた。あ、パンサーんとこの向井さんや！
昴生 パンサーで有名な向井さん？どれ？
亜生 「30日お疲れさま。ミキすごい」って。
昴生 それ、パンサーで有名な向井さん？どれ？どれ？
亜生 いるやん。ほら、この人。観てくれてたんや。
昴生 え、パンサーで有名な向井さん？嬉しい。
亜生 昨日観ましたよ。『有吉の壁』（日本テレビ）、面白かった。
昴生 俺も観た。北川景子さんのモノマネしてはった。パンサーで有名な向井さん、うわぁ嬉しい。会いたいなぁ。
亜生 向井さん！ご飯行きましょうよ！
昴生 そやね、ほんまや。ご飯行きたい。連れてってください、向井さん。俺、菅さんのパラパラめっちゃ好きやねん。めっちゃ観ちゃう。めっちゃ面白い。
亜生 僕もこの自粛期間になんか覚えようかなと思って、パラパラを覚えようと思ってんやんか。
昴生 丸かぶりしてる。
亜生 めっちゃかぶってて。ほんで、菅さんのが抜群におもろかったもんな。
昴生 面白かった。やってたんやな、パンさん、ほんで。
亜生 パンさんって言うてるやん。菅さんとパンサーが混ざって（笑）。
昴生 あははは！菅さんのパンさんやろ。
亜生 カンサーのパンさんじゃないで。
昴生 カンサーの菅さん？パンサーのパサイじゃないの？
亜生 もうそこまでいったらあかん。お兄ちゃん、やめとき。パサイってなんやねん。あっ、「ご時世落ち着いたらご飯行こう」。
昴生 誰？パンサーで有名な向井さん？
亜生 向井さんが。
昴生 ありがとうございます。
亜生 あ、軍団作ってもらおうや。慧軍団。
昴生 俺、軍団入りたくない。
亜生 あぁ、そうやった。
昴生 うん。めんどくさいから。
亜生 お兄ちゃんって軍団嫌いやねん。
昴生 嫌いとかじゃなくて、めんどくさいから嫌や。行かなあかんし。
亜生 勝手に作ろう。向井さんとお兄ちゃん入れて。
昴生 嫌や。俺、行かんからな。
亜生 まみちゃんも入れとくから。
昴生 もっと行かん。向井軍団やったらいいかな。辛くなさそうやし、向井軍団。
亜生 向井さん、だってお酒もそんなに飲まへんから。1ヵ月に1回集まって、向井さんが聞いたラジオをどんなんやったか聞こう。
昴生 それやったら、俺もラジオ聞くわ。
亜生 お兄ちゃんがラジオ聞いても、向井さんはその4～5倍の量のラジオ聞いてるから。
昴生 だから、それやったら俺がそのラジオ聞く。なんで向井さんづてで聴かなあかんねん。
亜生 向井さんの口からラジオの感想聞こ。これを観てるって、向井さんすごいで？
昴生 向井さん、すごいなぁ。向井さん、なんなんやろ？お笑いマニアなんやろな、ほんまに。だから、出囃子クイズすぐわかるんちゃう？
亜生 東京の人のはやってへんから、僕。
昴生 東京の人で今やってみてや。で、向井さんからコメント来るか待とう。当たるんちゃう？
亜生 え？今パッと思いついたのやっていい？東京かどうかわからん。どっちやったっけな？テッテッテッテレテッテ♪
昴生 うわぁ、いるいる。いる、わかる。わかるけど、誰やろ？それ。パンサーで有名な向井さんはどうやろう？
亜生 でも、これ有名な人やったら…。
昴生 わかるよ。え、コメントしてくれてるって、パンサーで有名な向井さん。
亜生 ウソぉ。
昴生 俺、パンサーで有名な向井さんが全然出てけぇへんねんな。
亜生 「軍団いらない」って。「ブランチだけのつながり」って言ってる。うわぁ、さびしいね。向井さん！
昴生 ははは！向井さん、さびしいなぁ。
亜生 あんだけロケバスで一緒に喋ってるのに。向井さん、ほんまにご飯全然食べへん。
昴生 「今の全然わからない」って。なんやねん！なんのためにずっとラジオ聞いてるねん！
亜生 いや、ラジオに出囃子流れへんからな。
昴生 ふふふ！
亜生 ちなみに、今のは俺もわからへんのよ。
昴生 あははは！俺もわからへんし。聞いたことはあるけど、迷宮入り。
亜生 大自然さんやったような気がすんねんな。か、男性ブランコさんか。
昴生 あっ、ぽいね。じゃあ、あれは？えぇ、『キングオブコント２０１４』の準優勝の人。
亜生 うわぁ…6年前？
昴生 そやね。正直、僕も今、まったく誰かわかってません。
亜生 あははは！そのさぁ、こっちが答えわかってないのに向井さんに言わすっていう（笑）。
昴生 向井さん、教えてください。
亜生 教えて！
昴生 俺、正直、優勝も誰かわかってない。
亜生 確かに。その間に初歩的な出囃子クイズやるで。
昴生 お願いします。
亜生 テテテーテンテンテンテーン♪
昴生 とろサーモンさん。
亜生 正解。じゃあ、これは？テレレーテレー♪
昴生 うわぁ…え？え？テンダラーさんじゃないよな？えぇ？あっ、パンサーで有名な向井さんから「チョコプラ」さんって。
亜生 そうなんかな？
昴生 らしいです！え、そうなんや。すごいね、チョコプラさん。そんな前から準優勝なん？
亜生 だから、そんときってあれじゃないですか？シソンヌさん、優勝かな。
昴生 優勝は誰ですか？向井さん。
亜生 教えて。え、あれか？コロチキか？
昴生 そんなことないよな、16年やった気がするねんな、コロチキさんは。
亜生 うわぁ、ほかの人が「シソンヌ優勝」とか言うてる。そんなん向井さんに答えさせてあげてよ。
昴生 向井さんが言うまで知らん振りしよう。
亜生 「シソンヌ」と言ってます。すごい！

ということは、同期で優勝準優勝？ チョコンヌですごい！
亜生　その2組が仲いいって感慨深いよな。
昂生　すごいなぁ。じゃあ、これはわかるかな？『Ｍ-１グランプリ２０１３』準優勝、誰でしょう？ 調べんといてや、向井さん。
亜生　え、俺観たけどなぁ。
昂生　絶対観てるよ。でも、年代順なんて覚えてない。
亜生　最初が何年やったっけ？
昂生　あ、それはやめよ。そうやって遡るの。あとでやるけど、俺が。早く！ 向井さん、お願いしますよ。優勝は当てられるからね、準優勝。お願いしますよ。
亜生　２０１３年ということは、まだ審査員が鬼のような顔して漫才観てるときですね。
昂生　そうです。
亜生　殺し屋のような目で観てるときですね。向井さんもわからへんのんちゃうかな、これは。
昂生　調べるなよ！
亜生　いや、わからんで。
昂生　「２０１３年って『Ｍ-１』あったっけ？」って。
亜生　ないやろ。ないんちゃう？
昂生　そういうことか。
亜生　え、お兄ちゃん、それは引っかけ問題にしたん？
昂生　向井、お前はやるなぁ。こっちの引っかけにまんまと。
亜生　さすがやってぇ。
昂生　ないんですよ、向井さん。『ＴＨＥ ＭＡＮＺＡＩ』なんですねぇ。
亜生　それ言われたときに、お兄ちゃんが「そういうことか」って。それなんやねん。
昂生　（笑）。『ＴＨＥ ＭＡＮＺＡＩ』なんですよ。騙されましたね、向井さん！ ２０１３年は『ＴＨＥ ＭＡＮＺＡＩ』になってるんです。あぁ、危なかったですねぇ、向井さん。さすがです。
亜生　お兄ちゃんはやっぱ演技うまいなぁ。ここ引っ掛からへんかった。
昂生　歴代チャンピオン当てられるかを、向井さんに判定してもらおう。俺、マジで覚えてるから。
亜生　言うてください。
昂生　えーーっと、セミダブルベットさん、えーー、「マカロンジュニアさん、え、たんぽぽエクスタシーさん、そぼろファイティングポーズさん。
亜生　これはコメントで、向井さんのツッコミを待ちます。
昂生　（笑）。なめこおばさん。
亜生　向井さんのツッコミ待ちです。
昂生　しどろもどろおじさん。
亜生　なめこおばさんとしどろもどろおじさんが、ということは？
昂生　2年連続というか、ライバル同士で。
亜生　ライバル同士？
昂生　セメダイン高校生。
亜生　あっ、ごめんなさい。えぇっと「おもんない」というコメントが（笑）。
昂生　うわぁ、逃げたな。ツッコミな？ それ、逃げたな。いちばん簡単なツッコミ！
亜生　いやいや、向井さん、それでいいです。こんなボケに向井さんの技量出す必要ない。
昂生　じゃあ、亜生、当ててよ。歴代チャンピオン。
亜生　歴代？ 初代が。
昂生　初代はわかるやろ？
亜生　タナカコウジ、えぇっとコバヤシヨシオ。で、えぇ、ミネヨシハジメ。えぇ、スズキタクヤ。
昂生　向井さん！
亜生　リンドウカイ！ えぇ、ヨシダサオリ！
昂生　向井さん、お願い。ずっとピン芸人なんやけど、そこもなんかあんのかな？
亜生　カトウヒロシ。
昂生　吉田沙保里さんが出たもんな、急に。
亜生　ソネダカオル。えぇ…ピンクの電話。
昂生　あれ？ 急にピンクの電話さん？ あ、「もうちょっと聞いてみよう」やって、向井さんから。さすが。向井さん。亜生の可能性を引き出すで、向井さん。ありがとう。
亜生　えぇ、コバヤシデンジロウ！
昂生　デンジロウ？ ピンクの電話さんから、いきなりピンに戻りました。
亜生　ヤベ、ヤベヒロユキ。
昂生　やべっちさん（ナインティナイン）が急に？ これ、たぶん15人目で大オチが来るので、みなさん待っててください。
亜生　スズキマサヤ。
昂生　あと、3人です。
亜生　キドレン！
昂生　すごいっすね、ホストみたいな名前。あと、2人。
亜生　マキタショウジ。
昂生　よっしゃ、最後！
亜生　えぇ……えぇ…タノウエヨシエ。
昂生　ピン芸人の田上よしえさん？（笑）向井さんから「いや、こっちも家で変な汗かいてるからやめて」というのが来ました。
亜生　あははは！ 一応、向井さん、走り切ったことを褒めてください。
昂生　走り切ったから、最後に一言欲しいよね。
亜生　田上よしえさんでした。
昂生　あの向井さんがどんなツッコミをしてくれるかね、楽しみですよね、もう。次世代ＭＣと言われてますから。
亜生　向井さん、イジりまくってる（笑）。
昂生　次世代ＭＣと名が轟いてますから。向井さんがどれだけツッコんでくれるか、楽しみです。みなさんもね、ぜひ楽しみに。ビックリすると思います。抱腹絶倒というか、あぁ、そういう切り口で来るかという。田上よしえさんでした、こんだけ言って『Ｍ-１』歴代チャンピオン、これだけ言って最後が田上よしえさんです。
亜生　ユリオカ超特Ｑさんと迷いました。準優勝がユリオカ超特Ｑさん。
昂生　さすが亜生くん、『オンバト』世代。
亜生　オンバト世代。大好き！ ユリオカ超特Ｑさんの最後の占いが。電車が通る間にね？ 好きな人の本名１００回言うって。それは絶対無理。
昂生　（笑）。向井さんから来ました。「自粛期間長すぎて、頭が真っ白」。あらら〜！
亜生　あははは！ そっか、みんなかぁ。みんなやもんな。ちなみに、お兄ちゃんやったらどういうツッコミ入れてた？ 向井さんは普段、インスタライブとかしかしてない。漫才とかしてはらへんから。お兄ちゃんはキレキレ！ 自粛前からずっとキレキレの状態を保ててるから、どういうツッコミできる？ 僕が「田上よしえさん」って言ったら。
昂生　『Ｒ-１』でもないくらいフルネーム！って…。
亜生　これ、向井さんはなんて言うかな？ ふはははは！
昂生　（笑）。これに向井さんが的確ツッコミというか、バッシーンとど真ん中。これしかないというツッコミをね。
亜生　先輩にすごいことしてる、俺ら。
昂生　いや、やってくれるのよ、向井さんって。俺らが言っても。才能がやっぱり。
亜生　そやな？
昂生　クイズ番組出るだけあるから、本当に。クイズ番組で最前列並ぶくらいやから。柴田理恵さんの相方やから、向井さん。菅さんの相方でもあるけど。
亜生　尾形さんの相方でもあるし？
昂生　柴田さんの相方でもある。
亜生　麻木さんは大丈夫？
昂生　麻木久仁子さん、一緒かな？（笑）
亜生　柴田さんの隣には向井さん。
昂生　えらい間使うなぁ。間を使ったツッコミする？ えぇ？
亜生　カミナリさんみたいなことか？「なにだなぁ！」みたいな。
昂生　みたいなのでもいい。でも、向井さんならどうなのっていう。人のね？ そんなんあんまりしないですから、向井さんって独自の。
亜生　めっちゃ人のボケしてたけど、お兄ちゃんは。
昂生　僕はね？ 向井さんはそうじゃない。向井さん、どうなの、これ。
亜生　これ、向井さん抜けたんちゃうか？
昂生　（笑）。そんなわけない。向井さんはそんなんせぇへん。向井さんって逃げへんから、絶対に。なんでも返してくれる人です。あ、来ました。
亜生　なんて来ました？
昂生　たこさんの絵文字。
亜生　ふはははは！
昂生　やっぱり次世代なんやな、向井さんもな。俺らには想像でけへんけど、たぶんこれ観てる人はめっちゃ笑ってると思う。俺は全然わからわんかったけど。わからんし、笑わんかったけど、観てる人は笑ってると思う。
亜生　第9世代にいってるってこと？ 向井さんだけ。
昂生　たこで吸盤ってちょっとややこしいこともあるけど。第8世代も足8本でややこしいし。そこは向井さんもたぶん考えて言ってるんやと思う。
亜生　そことかけてるのかな？
昂生　そことかけてると思う。第9世代って言ってるんちゃう？
亜生　俺はそうだっていう。
昂生　深っ！ さすが。
亜生　宣言したんや。俺が第8、第9世代だっていうのを。
昂生　（笑）。向井さんから来ました、「大嫌い、じゃあね！」って。
亜生　ごめんなさい。
昂生　向井さん、ウソです。ウソやん。
亜生　ウソです。向井さん家でパーティしよ、今度。ご飯屋さんとかじゃなくて。
昂生　向井さんに早よ女の子紹介するから。結婚し！ ほんま。ほとんど童貞なんやから、あんた。
亜生　ふははは！
昂生　ね？ ありがとう。向井さんもすみません、ありがとうございました。今日はえらい長くやっちゃった。
亜生　向井さんのおかげや、嬉しい。スペシャルゲスト、向井さんでした。
昂生　ははは！（拍手）いやぁ、スペシャルでしたねぇ。誰が来てもらってもいいですけどね、ツッコミで入ってもらって。我こそは向井を倒すぞという人がいたら。
亜生　第7世代が霜降り明星なら、第9世代は向井だと。
昂生　うん。誰が来ていただいても。こっちは受けて立ちますから。ありがとうございました。で、毎日インスタライブ観ていただいた人、ありがとうございました。

亜生　ありがとうございました。
昂生　また今月もやっていきますけどね、ちょいちょい。時間があればという感じで。どんどん再開していったらいいなと思いますし、自粛されてるみなさんも毎日フラストレーションが溜まってしんどいでしょうけども、ちょっとだけ我慢してね。長引きましたけど、みなさんで耐えて、おいしいお酒を飲めたらなと思います。僕はコーラですけど。ありがとうございます。あと、医療従事者の方、毎日ありがとうございます。僕たちのために働いていただいて。大変なときですけども、みなさんで乗り越えていけたらなと思います、本当。
亜生　とりあえずSTAY HOME！まだ継続ということで。
昂生　頑張ってくれてはる医療従事者の方を助けるためにも、家にいましょう。
亜生　そうしよう。
昂生　ほかでも働いてる人もいると思います、不安なまま。みんなで乗り越えて、劇場でまた会えたら嬉しいです。
亜生　劇場でお会いしましょう。
昂生　劇場にまた遊びに来てください。あと少し、耐えましょう。またやります。次は2日後にやります。観てください。
亜生　早～い！　めちゃ締めてるけど、すぐやる。
昂生　はははは！　すぐやる。
亜生　すぐやりまーす。
昂生　もしかしたら今晩1人でやるかもしれん。か、向井さんとやるかもしれん。
亜生　いいやん。向井さんとやりぃな。
昂生　向井さん怒るから嫌や。
亜生　観たいな、お兄ちゃんと向井さん。
昂生　嫌や。なんの得にもならへんって断れるもん。お前やったらいいんやろうけど、俺とはあんまり絡みたくない顔するから。
亜生　そうやって下げてやるくせに。そうやって下げて、どうせやるくせに！
昂生　向井さん、リクエスト待ってるよ。長田さんとやるなら、僕ともやってよ。
亜生　あはは！　長田さんの、おもろいわぁ。長田さんの顔がシワシワになって、加工でやるヤツ、めっちゃおもろいわ。
昂生　ふふふ。また観てください。ありがとうございました。さよなら！
亜生　さよなら！

5月9日

亜生　さぁ、始まりました。始まりましたぁ！　えぇ…えぇ…。
昂生　しまった、メガネを仕事用に変えるの忘れてた。
亜生　僕はネクタイをクリーニングに出してしまいまして、ないです。
昂生　（笑）。ほかにネクタイなかったん？
亜生　ない。
昂生　1個しかないの？
亜生　あるのはあるけど、今、気づいて。時すでに遅し。ごめんなさい。
昂生　俺はお前に昨日くらいにクリーニング出したから、別の衣装でって言われたのを今見て思い出しました（笑）。
亜生　あははは！
昂生　前の衣装。
亜生　言ったやん。
昂生　こいつ言ってたわと思って。ちょっとメガネ変えてきます。
亜生　いい、いい。変わらん。大丈夫やって。
昂生　嫌やねん。仕事モードとプライベートモード分けてるねん。
亜生　違う、違う、違う。ほんまに誰も気づいてないねん。お兄ちゃん、大丈夫。
昂生　俺が嫌やねん。気持ちが嫌やねん。プライベートメガネとして、これ。パリミキさんですから。
亜生　あぁ、パリミキさんね。俺もパリミキさんのや。
昂生　ちょっと変えてきます。待ってて。
亜生　あぁ、変えますか？
昂生　よしっ、あ！
亜生　まみちゃん？　まみちゃんやな。
昂生　まみちゃんが投げて渡してくれました。ビックリした。メガネを、僕の大事な仕事のメガネを投げて。しかも、それを僕が踏むという（笑）。
亜生　大切にしないと。
昂生　今日はもうね、昨日12時くらいに寝て、今日ねぇ、14時くらいに起きました。
亜生　うわぁ、しんどくない？
昂生　寝た。めっちゃ寝た。しんどなかったな。今日、気持ちよかってん。しんどなかったな。今日、気持ちよかってん。ほんまは5時くらいに起きてんけど。朝の5時くらいに起きて、あぁもう起きようかなと思ったけど、まだ眠れるなと思って。いつもやったらパッと目が覚めんねんけど、まだ寝れるなぁ、寝ようと思ったら、まだ寝れるのレベル超えてる。そこから9時間寝る？
亜生　あはははは！　すごいなぁ。
昂生　すごいで。だって、1回も起きひんかった。
亜生　小学生やん。
昂生　でもわかるねん。夢の中で、うわぁ、今日、俺、絶対寝すぎてるわと思ってて。絶対、今、昼くらいになってるわって夢の中で思ってて。
亜生　あぁ、夢の中で思ってたんや。起きたらもう2時。そのさぁ、残念な気持ちにならん？
昂生　特別、今、なんもないんやけど。
亜生　でも、起きてるっていうことに対していいなぁって思うやんか。
昂生　まぁな。充実してるからな、いろんなことできるしさ。いろんなもん観られるし。起きてすぐ『トイ・ストーリー3』観て、昨日録ったヤツ。一昨日か？　観て、まみちゃんと2人で号泣して。
亜生　Disney DELUXEで観られるやろ。なぁ？
昂生　観られるねんけど、改めてもう1回観て感動。『トイ・ストーリー3』で言うてたな。誰が言うてたっけな？ウッディが言ってた。俺、もうな、『～5』は絶対これで終わってほしいっていうのがあるのよ。みんなが最終的にアンディの子供のおもちゃとして帰ってくるというのが一番ベストやん。それでいいねん。ひねりいらんねん、正直。
亜生　でもさぁ、『～4』で旅に出てしまってるから。
昂生　俺は『～5』で絶対帰ってくると思うのよ。あんなままで終わってほしくない。悲しすぎる。だから、『～5』で帰ってくるという。アンディの子供のおもちゃとしてっていうのは、想像しただけで泣けるから。映像にしてくれたら、もっと泣けるのよ。そこのひねり、いらんと思うねん。
亜生　ストレートに？
昂生　それをウッディが言ってたしな。途中で、そういう希望もあるって。ここの屋根裏で残ってたら、アンディの子供がおもちゃとして遊んでくれる望みがあるって言っててんけど、ほんまにそれでええやんって。アンディの子供のおもちゃになってほしいよな？　みんなそうやねん。みんなの願い。
亜生　もしピクサーの作ってる人が尾田栄一郎さんみたいな人やったら、みんなが思ってることとは絶対違う結末にしたがらはるから。
昂生　そんなプライドは『トイ・ストーリー』にはいらん。みんなが望んでることしてくれたらええねん。それだけで泣けるよ、正直。俺、この間、まみちゃんにこれを説明してるだけで、ボロボロ涙流したもん。言葉詰まって。
亜生　なんやねん、それ。
昂生　もう無理で、それを想像しただけで。
亜生　俺は『ONE PIECE』で泣いてるわ。でも、最近。単行本読んで。
昂生　遅いなぁ。
亜生　ついに黒髭ちゃうわ、ゴールドロジャー出てきてな。ゴールドロジャーの技が初めて観られる回やから。
昂生　って言うた3日後くらいか、『週刊少年ジャンプ』新しく発売やけど、まさかあんな…。
亜生　もうええって！　マジで！　ほんまに！
昂生　ふははは！　早よやろ。下手したらコメントで流してくる人おるかもしれんから。
亜生　ほんまに。めちゃくちゃやで。
昂生　コメントオフに。『トイ・ストーリー』はヤバイな。泣くってわかってても、最後のとこは映画史に残る場面よな？新しく女の子におもちゃ紹介するところ、「僕の大事な友達なんだ」って。あそこはちょっと泣かへん人おんのかな？
亜生　そやな。声優もアンディやねんな。ずーっと、アンディは。
昂生　ずっとアンディやねん。
亜生　ちっちゃい、子供の頃からアンディの人が声優してんねんな。
昂生　戻ってけぇへんかねぇ、なんとかして。
亜生　もうないんちゃう？『～4』で終わりちゃうか？
昂生　いや、あれで終わりはどう…お前的にあれで終わってよかった、完結したって思えるかっていう。
亜生　でも、時系列的にはアンディの子供が生まれてていいもんな、もう。
昂生　それを待ってくれてるっていう。
亜生　可能性あるな？　わかる、わかる。
昂生　そう思ってるねん。俺は正直、ここまで来るんやったら『～2』を作った時点でミスやんって思うねん。『～1』でよかったやんって。おもちゃの結末なんて、正直わかってるやん。考えたくない。
亜生　ずっとそれ言うよな。ラジオの電波にのってへんときの合間の、（ディレクターの）ナガタさんと喋ってるときでも、それ言うよな。
昂生　（笑）。おもちゃの結末なんて、正直さ、別に聞いたってしゃあないやん。自分らかて、いちばんわかってるやん。どうなったか。
亜生　いや、あなたの場合はずっと持ってるやん。
昂生　俺はだから『トイ・ストーリー』の気持ちわかるよ。
亜生　お兄ちゃんはすごい。
昂生　おもちゃたちの気持ちはわかる。俺は絶対捨てたくないから。でも昔、捨てられたりもしたから。
亜生　してたなぁ。放されてた。
昂生　放されたから。あいつら、どんな気持ちやったんやろう、ほんま。俺はめちゃくちゃアンディやから、正直。アンディよりアンディやから。
亜生　コーディ？

昴生 コーディやから、あれは悲しい、ほんまに。
亜生 やる？ 漫才。
昴生 やろ。想像したら悲しなってきたよ。
亜生 すみませんねぇ、今日はネクタイなくて。
昴生 ほんまや、ネクタイなし。なんかはあるやろ？ なんかのネクタイ。
亜生 ないねん。わからへん、どこにしまったか。引っ越してバーンと入れたから。
昴生 どうすんねん、仕事始まったら。
亜生 買っとかなあかんやん。ネクタイがないですぅ。
昴生 なんで伝えたん？ 今。ほんなら、俺もノーネクタイにしよ。バランス的に。
亜生 いや、バランス取れてないやん。スーツがまず違うもん。
昴生 気づかへんって、あんまり。じゃあ、亜生くん、今日も出囃子やりますか？
亜生 でも、ここでやってしまうとさぁ。もうない。芸人さんがいいひんようになるから。
昴生 おるわ。無限におるわ。無限の彼方やわ。
亜生 じゃあ、やっときましょうか。いきます。タタ、タタ、タッタタ♪
昴生 わかった、スーパーマラドーナさん。
亜生 正解！
昴生 やった。ありがとうございます。
亜生 初歩です。
昴生 これはわかりました。ありがとうございます。
亜生 ありがとうございます。
昴生 大丈夫かな？ インスタライブで武智さんのこと言って。
亜生 俺が言ってるとこは、お兄ちゃんしか聞こえてへんらしい。ピーーーって。
昴生 インスタ側がそうしてんねや。
亜生 そうそう。
昴生 あの人、今どうしてるんやろな？ ほんまに。なんにも発信できひんしな。
亜生 1人だけやで。唯一、芸人でこの期間、なんにもしてへん。
昴生 ほんまにちゃんと自粛してる人？
（笑）
亜生 自粛してる。あははは！
昴生 なかなかないですけどね。よろしくお願いします。はい。
亜生 タタ、タタ、タッタタ♪
昴生 下手やなぁ。
亜生 違うねん。そっちが入ってきたら、ゴチャゴチャになるねん。
昴生 あははは！

【漫才】ウォシュレット3つくらいつけたい

亜生 お止まりになられましたね？
昴生 はい？
亜生 画面が。
昴生 止まった？
亜生 止まった。
昴生 お前がやろ？
亜生 そっちも。
昴生 ウソ。止まった？
亜生 こうなってた、ずーっと。
昴生 ウソやん。あ、ほんま。俺、お前が途切れ途切れやったから、読唇術でなんとかしましたよ。いやぁ…よかった。仕事もちょっとずつやり出して。ちょっとずつね。ほぼ毎日くらい仕事が。
亜生 ありますけど。
昴生 リモートですけどね。
亜生 そうそう。本格的にスタジオとかは全然ないです。
昴生 まだ全然、それはないですけどね。でも、いつになるか。まぁ、こうやって我慢してたら近々なんちゃうかなって俺は思うけどね、なんとなく。
亜生 あぁ～～、な。だから、それがどうなんかなっていう。近々のものはスタジオだけでできたらいいけど、お客さん入れるヤツとかはな？
昴生 まだ、それは無理よな。完璧になんて言うの？ 戻るっていうのは無理やな。
亜生 今、時々やってるやん。めっちゃ間隔空けて座りはるとか。ああいう感じなんやろうな、ずっと。
昴生 なんとかね、早くワクチンができたらなと思いますけどね。
亜生 そうやで。
昴生 ちょっとシャンパンもう1回やってよ。
亜生 （音）。
昴生 シャンパンうまいねん。花火は？
亜生 （音）。
昴生 そこひどいな。そこひどいわ！
亜生 練習しすぎて、ここヘルペスできてん。
昴生 ははは！ それは唇弱すぎ。
亜生 元々弱いねんけど。
昴生 ひぐらしは？
亜生 （音）。
昴生 わからんかったらわからんって聞けって、1回。ひぐらしってなに？って聞けって。
亜生 ひぐらしってなに？ 教えて。鳥？
昴生 夏の…みたいな。
亜生 それセミやん。いやいや、セミやん。
昴生 はははは！ ひぐらしでもいけません？
亜生 違う、違う。これはセミや。
昴生 やとしても聞けって。もしそうやとしたら。なんでわからんままやるねん。恐ろしい。セミか、これは。あとはなにができる？ 音。
亜生 え？
昴生 あとなんかできる？
亜生 形態模写。
昴生 口形態模写。
亜生 カエル。
昴生 はははははは！ うわぁ、めっちゃ嫌！ 嫌な音。
亜生 お兄ちゃん、なんかできるん？
昴生 俺…（音）。
亜生 おぉ、気持ち悪い、気持ち悪い。
昴生 （音）。
亜生 なんや、それ。なに？ え、なにこれ。
昴生 これ、下ネタやから、あとでLINEするわ。
亜生 （笑）いやぁ…いやいや、答え振られるほうも嫌やねんて。あの答えあれやってんって言われるほうも。むっちゃ下ネタちゃうん？ それ。
昴生 あはははは！
亜生 答えわかってもうたけどさぁ。むっちゃ下ネタやろ？
昴生 めちゃくちゃ下ネタ。うん。もうやめとく。ここで言ったら、ほんまに最低。
亜生 ほんまに最低。なに考えてんの？
昴生 あはははは！ もうね、家にいすぎてわけわからんのよ、ほんまに。
亜生 下ネタって言わへんくらいの下ネタ。いきすぎてて。
昴生 いやぁ、これはちょっとひどいですね。すみません、申し訳ない。
亜生 まだ18時21分やから。これ、お昼ちゃうねんで？
昴生 そうか、そうか。お昼でもあかん。どういうことやねん。
亜生 ごめんごめん！ もうわからへんねん、俺も。
昴生 しっかりしてくれ。昼ちゃうねんで？ 夜中ちゃうねんで、やろ、普通は。頼むわ。
亜生 そやね。家のテレビに向かってツッコミの練習とかしてんねんけど、一向に合ってる気配せぇへんわ。
昴生 頼むわ！（笑）俺、3回に1回くらい、マジでツッコミ合うときあるもん、中の人と。
亜生 だから、中の人と合うかなと思ったら、150回に1回くらい松本さんと合うくらい。松本さんと合ったとき、気持ちいい！ うぇい！ってなるから。
昴生 松本さんもだいぶ降りてきはって言うてるヤツやから。降りて言うてはるヤツやと思うけど。
亜生 ここフィーチャーして欲しくなさそうなツッコミに合うねん。
昴生 あははは！ いざというときのツッコミとかな。だから俺、あれやもん。あれ！ あの、有田さんの番組あるやん？
亜生 うん。『有田Pおもてなす』（NHK）？ あれやろ、『（全力！）脱力タイムズ』（フジテレビ）や。
昴生 『脱力タイムズ』、もう普通で観られへんもん。もし自分があそこにいたらって考えながら観ちゃう、ほんまに。めちゃくちゃ面白いけど、あの番組。
亜生 俺、全部ツッコんで、全外ししてるわ。
昴生 いや、あれ外したらヤバいで。だって、俺らのツッコミから派生するとかがあるから。
亜生 だから俺、間違えまくってんねん。
昴生 いやぁ、怖い（笑）。別府ちゃぁ～ん！ってなるやん。
亜生 別府ちゃぁ～ん！状態やねん。違うよ！ どこにいるんだよ！とか言うてしまう。
昴生 別府ちゃぁ～ん！って。
亜生 いや、昨日の観たやろ？『ネタパレ』。そっち側のマネせんでええねん。
昴生 あぁ、これできるな。これ、やってみようかな。
亜生 あかんよ、そんなん。
昴生 なんちゅうコンビやったっけ？ 俺、一文字も思い出されへんけど。別府ちゃぁ～ん！ それ違うよって思っちゃう！
亜生 あの人、普通に喋ったら普通の声やねんけどな。
昴生 あぁ、そうなん。会ったことない。あぁ、エイトブリッジ！
亜生 八ツ橋が好きやねんな。
昴生 あぁ、そうなん。それでエイトブリッジ？
亜生 そう。
昴生 ははは！ あぁ、そうなんや。なんでそんなに知ってるの？
亜生 えっと、有田さんが言ってた。
昴生 あぁ、仕事したときに？ 運転手やもんな、有田さんの。
亜生 うん。上田さんのもやってはるから。
昴生 へぇ、そうなんや。お前より後輩？
亜生 後輩やと思う。でも、1年とかそんなくらいやと思うけどな。
昴生 え、1年目？
亜生 いや、ちゃうちゃう。1年後輩とか。7年目。
昴生 ビックリした。1年目で別府ちゃぁ～ん！って言うてるんやと思った。
亜生 それやったらすごいよな。
昴生 1年目でなかなか別府ちゃぁ～ん！とか言わへん。
亜生 もうええわ。もうええって。
昴生 あぁ、俺これやわ。できたわ。
亜生 兄ちゃん、あかんって。それ披露すんの、なしな。あかん、あかん。あかん。それやるのはなし。
昴生 別府ちゃぁ～ん！
亜生 エイトブリッジの。
昴生 エイトブリッジの別府ちゃぁ～ん！ 別府ちゃじゃないほうのマネします。別府ちゃあ～ん！

亜生　あれ、別府くんがボケやから。あ、ツッコミやから、あれはボケの子やねん。

昂生　ゴチャゴチャ言うたな。

亜生　ごめんごめん。

昂生　ゴチャゴチャ言うなって、別府ちゃん。ミキの別府ちゃん。

亜生　違うねん。俺、別府ちゃんちゃうねんて。メガネかけてないでしょ、あっちは。

昂生　ちょいちょい、なんやねん。キショいなぁ。別府ちゃあ～ん！　別府ちゃあ～ん！　終わります。

亜生　そこしかできひんやん。

昂生　ほか知らんもん。だって、なに言うてるかわからへんもん。えぇっと、明後日もう1回やろうかなと思ってますけど、時間帯が。

亜生　遅くなるかも？

昂生　微妙です、正直。お仕事がありまして、22時とか…下手したら、23時になる可能性も。早ければ21時くらい。早くて21時くらいね。

亜生　遅ければ？

昂生　23時とか24時。

亜生　もうちょっと言うとこ。26時とかでもある可能性あるから。

昂生　4時で。最悪4時。

亜生　遅ければ4時。

昂生　早くて21時、遅くて29時。

亜生　岩橋さんが「えら～い！」って言うてはるわ。

昂生　あはは！　えらいってなんやねん。インスタライブくらい、みんなできるやろ、そんなん。はい。ありがとうございます、岩橋さんもね、また明日会いましょう、リモートで。

亜生　あぁ、明日そやね。明日会えるわ。

昂生　岩橋さん、リモートでよろしくお願いします。というわけで、明後日何時になるかわからないですけど。明後日は何日？　11日？　明後日何日ですか？　時計が。

亜生　12日ちゃうか？　11日や。

昂生　11日ですか。本当？

亜生　夜中は勘弁してよ、こっちも。ね？　こっちもお願い。

昂生　ふははは！　11日でした。ね、何時かわかりません。21時以降で、まず当日告知できればと思います。

亜生　はーい。

昂生　それではさようなら。

亜生　さよなら～！

5月11日

亜生　さぁ、始まりましたぁ！　インスタ漫才ライブ。うぉお、髪が…もういよいよヤバくなってきたなぁ、髪の毛。まぁ、切りに行かれへんからな。今日ネクタイないんで、チェックにチェックっていう最悪のヤツやけど。気持ち悪いな、なんかこれ。はぁ～あぁ！　ハッピーハンバーグさん、ありがとうございます。いつも観てくださってありがたいねぇ。よいしょ。よしっ！

昂生　よっしゃー、ありがとうございます。今日は萌音ちゃんがインスタライブで。なんとまさかの21時かぶりでごめんなさい。僕、知らんかって。萌音が今日インスタライブするんやって。それのおかげかなんか知らんけど、1万人いってる(笑)。おい、えらいことや。

亜生　もう～～～！

昂生　普段、観てへん薄情もんが、こんなにいるということや！

亜生　違うねん。緊張する！　普段の倍以上。

昂生　普段は6000人とかなんよ。倍以上。萌音の効果でこんなになるのか。

亜生　まぁ、ちょっと兄ちゃんが萌音って呼び捨てにしてるのは腹立ってるけどな？

昂生　ふふふふ！　だって友達やもん、俺は。

亜生　萌音！　萌音！　萌音！

昂生　LINEも来たもん、さっき。「ごめんなさい」って。俺らが悪いのに。「すまんな」って。

亜生　いや、ほんまに。もうやろうぜ。

昂生　やろうぜって、ちょっとそれは。もうちょっと待ってあげてよ。10分には終わって、萌音ちゃんのところ行ってあげてください。なかなかインスタライブせぇへんもんね、萌音ちゃん。

亜生　うん。なにすんねやろ？　なに喋るんやろ？

昂生　萌歌ちゃんとするのかな。

亜生　確かに。姉妹で。

昂生　兄弟と姉妹。すっごい、1万9000人も観てる。

亜生　怖いわ、もう。

昂生　普段なんで観てくれへんの？

亜生　うわぁ、ちょっと待って。髪セットしたらよかったわ。

昂生　ちなみに僕、髪切りました。

亜生　どうでもいいと思う。

昂生　どうでもいいって。この自粛期間に、まみちゃんに切ってもらって。

亜生　あぁ、いいやん。うまい。

昂生　なかなかさっぱり。

亜生　萌音ちゃんが「本当にすみません」やって。

昂生　いいよ、俺らが悪い、そんなん。申し訳ない。

亜生　やらへんかったってよかったのにな、こっち。

昂生　全然気づかんと仕事してたやんか、今日ずっと昼くらい。俺、萌音ちゃんのLINEで気づいて知って。すみません、ごめんなさい。ちゃん萌音、申し訳ない。

亜生　まぁまぁ『恋つづ』メンバーやからなぁ、確かに。2万人よ。2万人いったわ。

昂生　あははは！

亜生　おいおいおい！　むちゃくちゃやぞ！　いつもはこんなにいいひんねん。

昂生　むちゃくちゃや(笑)。むちゃくちゃや、ほんまにむちゃくちゃや、そんなん。そんなことあるか？

亜生　そんなことあるやろ。そらそうやろ。萌音ちゃんの。

昂生　萌音ちゃんファンが観てくれてるんやな。

亜生　そうや。もちろん、もちろん。健くんファンも観てるやろ。

昂生　まぁでもよかった。健くん言うてるやん、ほんで。健くんやないやろ。

亜生　健くんや、もう。

昂生　意味わからん。健さんね。あなた、同い年くらいちゃう？　だって。

亜生　同い年、同い年。だから、別に健でもいいねん。

昂生　よくない。本人の前で言えよ、そしたら。

亜生　何回かコソッと言ってるからな。

昂生　あははは！　それ、あかんねん。

亜生　向こうがそれで、1回でも「はい」って言ったら成立するから。

昂生　(笑)。さぁ、早速やりますか？

亜生　やりましょうか。

昂生　亜生くん、今日の出囃子クイズは簡単なのに。

亜生　簡単なのにします。いきます。テッテテレレレテッテレ♪

昂生　いや、簡単なのでやってよ。わかるけど。なにわスワンキーズ。

亜生　おぉ！　わかるねぇ。

昂生　なんで2万人も観てるところで、なにわスワンキーズ。知らんやろ？

亜生　萌音ちゃんの観たあとは、こじまラテのクッキング動画観てください。

昂生　えぇわ、そんなん。なにわスワンキーズでいきましょう、今日は。

[漫才] おいしい丼を食べたけど覚えてない

亜生　ちょっと2万4000人も観てくれてるから、ちょっと…よそいきな漫才になっちゃったかも。

昂生　そう？(笑)なってた？　別になってないけどね、それは。

亜生　ここでカミングアウトしとこっかな。なに？

亜生　僕、今、イボ痔です。

昂生　ははは！　いや、それ収録のとき聞いたから。いいです、それは。

亜生　お兄ちゃんはね。みなさんに！

昂生　2万5000人にイボ痔やっていうことを発表し…あっ！　亜生くん、最高や。平祐奈ちゃん！

亜生　平祐…平祐奈ちゃん！　僕はイボ痔じゃなくなったです！　ウソです！　ジョーク！

昂生　あははは！　平祐奈ちゃんが観てる。俺、昨日かな？　今日かな？　観ましたよ、お姉ちゃんと一緒にやってた。

亜生　そう！　あれよかったわぁ。

昂生　仲いいよね。

亜生　いいよね。

昂生　最高やった。14歳差とは思われへんよね。

亜生　いっつもコメントしようかどうか悩んで、消す！

昂生　なんで消すねん(笑)。コメントしたらええやん。俺も昨日コメントしようかなと思った。

亜生　いやぁ、コメントしたいよね。

昂生　「長友さんはどこいますか？」とかコメントしようかなって。

亜生　夜中の1時とかにやんのよ。紅茶飲みながら。あのときも観てて、コメントしようかなと思ったけどちょっと…。

昂生　ぜひリクエスト送ってきてほしい。一緒にインスタライブしましょうよ、僕と。

亜生　するか！　いや、どうすんねん、ここに平祐奈ちゃん来たら。

昂生　あと1分。ちゃん萌音、ぜひ観てください。

亜生　そうですね。

昂生　10分になったらバイバイしますよね。平祐奈ちゃん「お2人の番組、いつも楽しみにしてます」、ありがとうございます。

亜生　いやいや、こちらこそです。もう大ファン！　ありがとうございます。

昂生　あとこれ、また明後日っていう予定ですけど、僕ら仕事の関係でできないかもしれないので、明々後日になります。だから、14日かな？　明々後日は。合ってる？

亜生　そのくらい。3日後。

昂生　明々後日にやりたいなと思います。時間もまた追って連絡します。たぶん18時とかでしょうね。みなさん、その時もちゃん萌音とかぶってたら…あっ、ちゃん萌音、始まります、10分になりました。はい、ほなまた3日後会いましょう。

亜生　さよなら～！

昂生　バイバイ！

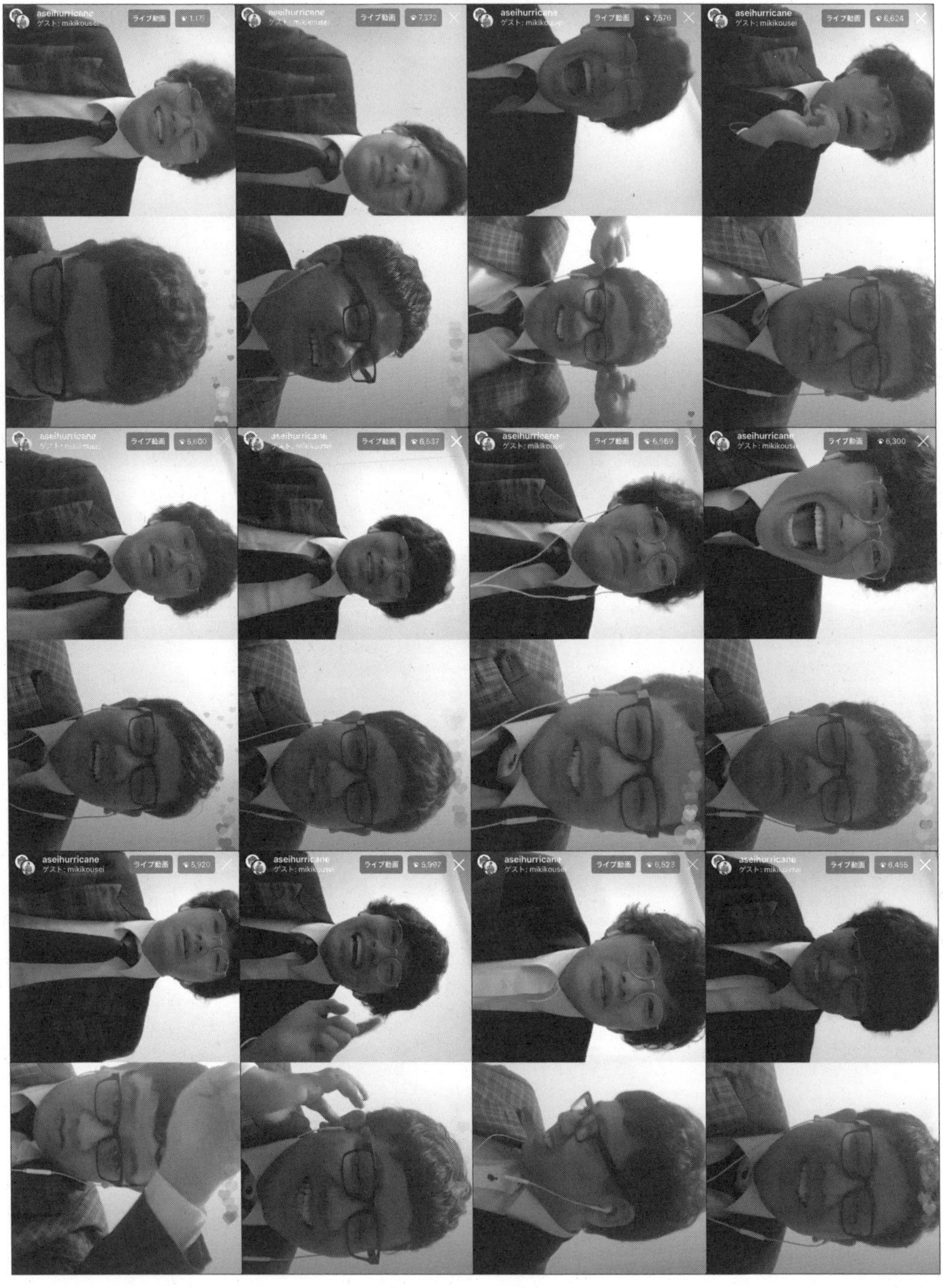

Screenshot by AKi Takamoto

2020.06.27

Interview

新型コロナウィルス感染症拡大によって、
4月7日に発令された緊急事態宣言。
ミキが所属する吉本興業が常設の全劇場の公演を中止・延期した。
そして、6月19日より劇場が再開。
緊急事態宣言中の約1ヵ月間、
18時からインスタ漫才ライブを開催していたミキは、
6月27日に再開後初めてルミネｔｈｅよしもとに出演し、
アクリル板を挟んで漫才を披露した。

——緊急事態宣言明け、最初の舞台でしたね。久しぶりに観客の前で漫才をした感想を聞かせてください。

亜生　楽しかったですけど、めちゃくちゃでした。途中で、衣装が壊れて……まさかこんなことになろうとは。

——アクリル板を挟んで、それぞれの前にマイクを1本ずつ立てての漫才。お互いにちょっかいを出そうというやりとりから、亜生さんが昴生さんへキックのモーションを起こした瞬間、ズボンの股部分が裂けてしまいました。後ろから見てましたけど、ブッ！という破裂音が会場に響いてましたよ。

昴生　え、ほんまに？（笑）まさか新人マネージャーに直してもらうことになるなんて。

亜生　今、安全ピンで止めてもらってるので、今日はこれで乗り切ります。自粛中、めっちゃ痩せたのになぁ。7キロ減量した意味ないやん。

昴生　お客さんの前でやる久しぶりの漫才は楽しかったけど、難しくもありました。トップバッターは（これまでの本公演のように）前説がいない分、笑ってもらえる空気から作らなあかんから大変ですね。お客さんもちょっと緊張してる感じがありましたし。ルミネもまだ本調子じゃないのか、楽屋の時計が10分くらい遅れてたんですよ。楽屋でずっと携帯いじってたら、進行さんが「出番です！」って慌てて呼びに来てビックリしました。

亜生　やっぱり50人って少ないですよね。でも、お客さんの前で漫才できたのは、ほんまによかった。出ていったときに、拍手してくれたのが嬉しかったです。

昴生　それは確かに嬉しかった。ほんまはネタ時間10分やったのに、15分もやってしまったくらいは楽しめました(笑)。

――『ミキ漫２０２０全国ツアー』も全公演中止となってしまいました。

昴生　どうにかしてやりたいなと思って（中止を決断する時期を）伸ばしてたんですけど、よく考えたらいろんな地方へ行くわけじゃないですか。何年かに1回しか行かれへんところもあって、僕らの漫才を何年かに一度しか観られへん人もおる中で、10数人しか入れられへんのやったら翌年に行ったほうが賢明かなと。そう思って、中止を決断したんですけど……悔しいですね。

亜生　僕はこういう事態になったときから今年の開催は無理やろうなって薄々感じてたので、覚悟していたところはありました。残念ですけど、来年、万全の状態でやれたらいいですね。

――自粛期間中のことも振り返っていただきたいのですが、まず亜生さんは一緒に暮らす猫が2匹増えました。

亜生　兆猛と丹猛ですね。知人から「拾ったけど、猫アレルギーだからどうしよう」って連絡が来たので預かったのがきっかけで。２匹が来てから、猫の仕事がめちゃくちゃ増えました。

昴生　自粛期間中、ペットを飼ってる人って重宝されてましたよね。改めて、猫ってこんなに人気なんやと思いました。

亜生　『ＳＰＵＲ』っていう雑誌の表紙に、上白石萌音ちゃんとうちの猫2匹が使われて。撮影現場に2匹連れて行きましたからね。

昴生　僕はその頃、結腸炎で入院してました。前々からやってたヤツやったんで、またかって感じでしたけ

出ていったとき、お客さんが拍手してくれたのが嬉しかった。
（亜生）

Photos by AKi Takamoto

ど。あとね、僕、太ってしまって。自粛が始まって1ヵ月くらいは筋トレしてたんですけど、継続の糸がブンッと切れた途端、食っちゃ寝るが続いてしまったんですよね。『爆笑問題vs霜降り明星 第7世代と真剣勝負！ オール新撮！ネタジェネバトル２０２０』（テレビ朝日）で、漫才をやったんがめちゃくちゃ楽しくて。テンション上がって、漫才ってやっぱりええなぁって思った3日後くらいに、結腸炎になってしまって。漫才の神様に、まだ（漫才をやるのは）早いんやと言われてるんかなって思いましたね（笑）。

――無事退院できてよかったです。あと、昴生さんのパートナーである〝まみちゃん〟がＴｗｉｔｔｅｒのトレンド入りしましたよね。

昴生　『ＶＳ嵐』（フジテレビ）でね。リモートの仕事が多い分、奥さんはなにしてんの？って聞かれることがめっちゃ多くて。顔は出してないですけど。

亜生　足だけ出てきたりね？

昴生　そう、声だけ出たりっていうのが多かった。『Ａ-Ｓｔｕｄｉｏ』（ＴＢＳ）でも鶴瓶師匠がまみちゃんのことを好いてくれていて、そういういろんな流れからトレンド入りしました。

――自粛期間中、ミキさんをテレビで見かけることがすごく多かった印象です。

昴生　僕は今まで劇場優先でやってきて。土日とかは特に劇場を最優先してたので、テレビのお仕事をお断りすることが多かったんです。あの期間は劇場がなかった分、いただいた仕事はお引き受けしようという気持ちでいたら、いろんなところからお話をいただいて。マネージャーもこんなにテレビの仕事が来るんやって、ビックリしてました。僕としては自粛期間中、いちばん思い出深いのはインスタ漫才ライブ。毎日、新ネタを1本作るのは大変でした。ほかのことをしてても漫才のことでいっぱいで、何回もまみちゃんに「話聞いてる？」って怒られました（笑）。（インスタ漫才ライブを）やろうって決めたんは僕で。

亜生　そう、お兄ちゃん。

昴生　僕らのことを好きでいてくれる人たちも1ヵ月間、外に出られないじゃないですか。ＹｏｕＴｕｂｅチャンネルも持ってないし、亜生に相談してインスタライブを１回やってみたんです。そうしたら、意外といけるなぁってなって。

亜生 タイムラグはそんなにないぞっていうことでね。

昴生 みなさんに楽しんでもらえるようにっていう気持ちもありましたけど、自分らのためにやったところもあったというか。僕ら、絶対に怠けると思ってたんで、頭の片隅にでもいいから漫才のことを置いとこうっていうことで、インスタ漫才ライブをやることにしたんです。何人かからは「あんなところにネタを落とすなんてもったいない」って言われましたけど、みなさんを元気づけたいっていう気持ちもほんまにあったから、やってよかったと思います。無料やからこそ、たくさんの人に観てもらえましたしね。18時から毎日やってたんで、１日のルーティンができたのもよかったです。

亜生 18時スタートって決めてたことで、みなさんの自粛生活に少しでも協力できたんじゃないかなって。

昴生 楽しみやったから乗り切れましたっていう声をもらって、めちゃくちゃ嬉しかったです。人前に立つ仕事をしてるからこそ、こういうときにもお客さんを楽しませたかった。辛いときはお互いさまですからね。

――それこそ『爆笑問題ｖｓ霜降り明星 第７世代と真剣勝負！ オール新撮！ ネタジェネバトル２０２０』では、インスタ漫才ライブでできた新ネタを披露しましたよね。

昴生 やるか迷ったんですよ。ほんまは再開された劇場で最初にやりたかったんですけどね。

亜生 収録前日の23時くらいまで、楽屋でネタ合わせしました。けど、やってよかったですね。

昴生 お客さんの前で１回もやってないネタをテレビでやるなんて、初めての経験でした。久しぶりの漫才やったんで、めちゃくちゃ緊張しました。新人マネージャーにも緊張した姿を見せてしまって……。

亜生 いっつも収録前はめちゃくちゃ喋ってるのに、僕とか歩き回ったりしましたからね。

人前に立つ仕事をしてるからこそ、こういうときもお客さんを楽しませたかった。
（昴生）

昂生　けど、初心に戻った感覚で漫才できたのはよかったですね。今までは舞台で漫才をやるのが日常で、漫才って決まったことをやるから（通常の舞台で）緊張することはそんなになかったんです。1ヵ月ちょっと人前で漫才をやってないと、こんな気持ちになるんやなって思いました。

亜生　まぁ、僕は自粛前から常に緊張してますけどね。始まれば楽しいんですけど、舞台に出る前はブワッと緊張しちゃいます。

昂生　インスタ漫才ライブを観てくれていた人には、劇場に来てあのときやってたネタや！って思ってもらいたい。あのときやってたネタは、これからどんどん劇場でやっていく予定なんで。インスタ漫才ライブは画面で見える範囲しか映ってなかったけど、舞台で動きをつけてやりたいネタもめちゃくちゃあるんですよ。やから、劇場へ足を運んでもらいたいですね。

――これから少しずつでも緩和されて移動がスムーズになっていけば、またいろんな場所で漫才をする機会も増えそうですね。

昂生　以前のように戻れるのはいつになるんかなっていうのはありますけどね。やっぱり漫才って、お客さんありきのものやなって思うんですよ。自粛期間中に痛感しました。僕ら2人だけがおっても完成しない。劇場があって、お客さんが入ってやっと、僕らは漫才ができるんやなって。

亜生　それ、僕もむちゃくちゃ思います。『R-1ぐらんぷり』も面白かったですけど、無観客やとちょっともったいなかったというか。劇場でも無観客のライブはありましたけど、誰に向けてやってんねんって思ったりしてましたからね。

昂生　そういう中で、いろんな人が自粛期間中、お笑いに助けられたと言うてくれたのはすごくありがたかったですね。テレビに出ているだけで、みなさんを元気づけることができるなんて……。僕も一昨日、サザン（オールスターズ）の配信を観て元気づけられたので、いっそう痛感しました。

亜生　え、ウソやん。サザンと自分らを一緒にするん？

昂生　あはは！　ええやん、それは。

2020.10.11

京都散歩

よしもと祇園花月でのトークライブ終わりに京都の街をぶらり

渡辺法衣仏具店
祇園 なか原
溝渕俊介
華苑
人力車 えびす屋

ネコのモチーフを見つけて思わず笑顔で写真を撮る亜生
昴生は歩きながら、この辺りでやっていた学生時代のアルバイトを振り返っていた

サカン
26

「久しぶりに京都の街を歩けて嬉しい!」と喜ぶ亜生

知り合いのお店でくつろぐ2人。次から次へと頼んではきれいに平らげていく

2020.11.26

中川家と

2021.02.03

東京・屋上にて

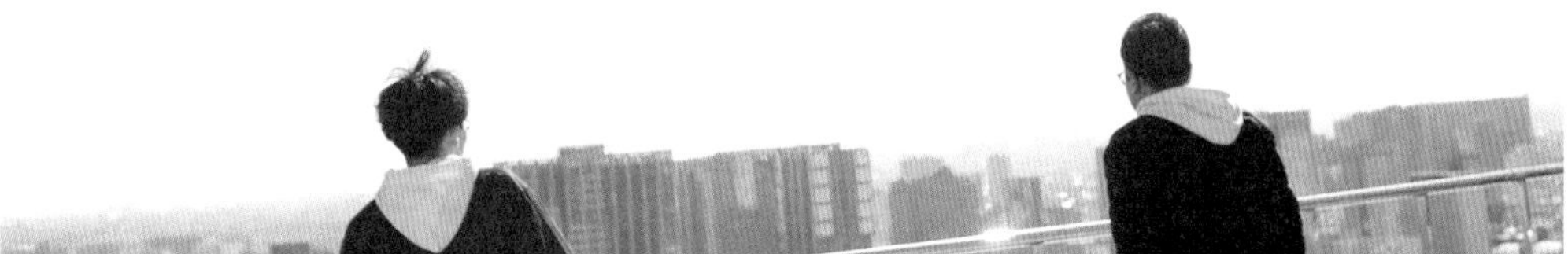

2021.02.04

東京・吉本興業東京本社

Special Cross Talk: Vol.1

with Nakagawake

中川家（剛・礼二）×ミキ（亜生・昂生）

兄弟漫才師として、ミキの2人が背中を追う存在となっている中川家。「いつかは追い越したい」存在である尊敬すべき先輩との貴重な対談は、まるで劇場の合間に雑談をしているような自然な雰囲気で行なわれた。

——最初に話したのはいつだったのか、覚えていますか？

昂生　お話しさせてもらってたわけではないんですけど、初めてお会いしたのは『漫才Lovers』（読売テレビ）っていう番組。僕らは前説をずっとしていて、あるとき、中川家さんと海原やすよ ともこさんが来はったんです。僕らが前説したあとにやすともさん、中川家さんが出てきはるから、勝手に〝めっちゃ兄弟が続くやん〟って思ってたのは覚えてます。

亜生　そのときは話してないよな？

昂生　挨拶させてもらっただけで、初めてお話しさせてもらったのは、テレビ大阪の漫才番組。中川家さんが（今）くるよ師匠とロケしてはるところに、僕らが合流するっていう企画で。

亜生　あぁ、あった！ くるよ師匠が僕らのおっきい声を嫌がらはって。で、お2人が「大きい声出すな」って諭してくれたんです。

昂生　そこが初めての絡みやったと思います。やから、初めて話させてもらったんは5年くらい前ですね。

剛　あれ、5年前？ そこまで昔じゃないんやなぁ。

礼二　ミキって売れたんが結構早かったんちゃうん？

昂生　5年前くらいから、テレビにちょくちょく出させてもらえるようになって。4年くらい前にやっとご飯が食べられるようになりました。

亜生　ガッツリと一緒にお仕事させてもらったんは、NHKの番組。電車のロケで。

礼二　あぁ、そうやったわ。ロケが京都やったから、2人は実家に帰っていったよな。

昂生 親が迎えに来ましたね（笑）。クイズ番組で最後、大喜利チックに答えなあかんかったんですけど、うまいこといかなくて。帰りの車の中で、親を含めて反省会しました。

剛 それよりビックリしてん、2人が一緒に実家に帰っていったから。

昂生 え、お2人は一緒に帰らないんですか？

剛 うん、俺らは一緒に帰ろうとはならへん。

礼二 別々に帰ってる。例えば正月に帰るとして、俺が1月2日に帰ってたら、こっちが4日に帰ってくる。（親から）帰るって聞いても、「あぁ、そうなん」って返事したら、それで終わりやけどな。ミキはこの間、池袋のライブ終わりも一緒に帰ってたよね？

亜生 そうですね。僕ら、幕張とか大宮とか行く方向が一緒やったら、一緒に車で向かうんです。

剛 それ、すごいなぁ。俺らとミキの（兄弟の）関係性は全然違うけど、千原兄弟さんともまた違うしね。それこそ、お互いの電話番号を知らんとか言うやん。

亜生 それ、ビックリしました。中川家さんは連絡を取り合うことはあるんですか？

礼二 もちろん電話番号は知ってるよ。

剛 でも、よっぽどのことがない限り、連絡せえへんかなぁ。（礼二から連絡が来たときは）親になんかあったとかやから怖いねん。

昂生 まぁ、僕らも中川家さんくらいの芸歴になったら（関係性が）変わるのかもしれないですけど。

礼二 いやいや、俺らはミキくらいの頃からずーっとこんな感じやで。

剛 ジュニアさんが「一緒におったら、（出会う）出来事がかぶるからよくない。やから、俺は（せいじと一緒のときは収録現場へ）ぎりぎりに来てん」って言うてて、わからんこともないなぁと思ったけど。

昂生 確かに、僕らもよく同じ話をしてることがありますね。

亜生 そうやし、話を盛ったらすぐわかるし。

剛 それ、わかるわぁ！　兄弟あるあるやな。

礼二 話を盛ってウケたらウケたで、お互い、もっとニヤニヤしてまうしな。

昂生 うちはお兄ちゃんが絶対っていう教育で。亜生が僕にお前って言うことを、僕以上におとんとおかんが許さへんっていうのがあったんですよ。やから、亜生が僕にこいつって言うたらめっちゃ怒りますし、おかんは「あんたがお兄ちゃんにお前って言

幕張とか大宮とか行く方向が一緒やったら、一緒に車で向かうんです。

（亜生）

うてることが悲しい」って言いますね。礼二さんは剛さんのこと、学生のときにお前って呼ぶことはありました?

剛　あったよ。

礼二　俺らは1歳しか違わへんからね。兄弟コンビや言うても、それぞれ違うよな。

剛　若手の頃、ジュニアさんに暗号みたいなものが書かれた紙を渡されて、「これ、せいじに渡して。渡してくれたらわかるわ」って言われて。で、せいじさんに渡したら、「今日はこれ(このネタ)か」って言うてて、え、なにのネタするかも話さへんの?ってビックリしたことがあった。

昂生　その感覚、すごいですよね。ただ、仕事仲間ってなると、そうなるのも仕方ないんかなって。

亜生　仕事でもずっと一緒やと、確かにあんまり喋らなくなりますもんね。実家におるときに僕らがあんまり喋ってなかったら、おかんが2人の間に入って「ケンカしてんの? 最近、仲が悪いん?」とか、めっちゃ聞いてくるんですよ。僕1人のときも「最近、お兄ちゃんどうなん?」とか聞かれますしね。

昂生　僕ら、コンビ組む前はもっと仲がよかったんですよ。仕事仲間になった今、プライベートで会うことはほとんどなくなったんですけど、これくらいの距離感がいちばんいいんかなと思いますね。正月やお盆に実家へ帰るときは合わせますけど、祇園花月の出番の合間に帰るときはね?

亜生　うん、「今日、僕帰るわ」って1人で行きます。コンビを組んで1～2年目の頃、お兄ちゃんは僕のSNSのつぶやきにもいろいろ言うてきてたんですよ。

礼二　そんなん言わんほうがええ、とか? だって、昂生は亜生より先に芸人になってたんやろ?

昂生　そうです。今もそうですけど、こいつは平気で先輩にもタメ口で話しかけるようなヤツなんですよ。ほんまになんにも知らんかったから、(芸人とはどういうものかを)1からかなり細かく教えてました。中川家さんは一緒にNSCへ入りはったんですよね。

礼二　ミキはオーディション?

昂生　そうですね。コンビを組んですぐ、吉本のオーディションを受けて入りました。

——中川家さん、NSCに行こうと言い出したのはどちらだったんですか?

剛　僕が仕事を辞めてやることがなかったから、親に「1年だけNSCに行かせてくれ」って言うて。そこから20何年経っただけで、「よし、芸人やるぞ！」みたいな気負いはなかったですね。NSCの面接に2人で行ったら、先輩みたいな人に「お前らなんやねん」って聞かれたんよ。で、「兄弟です」って答えたら、「兄弟は無理やで」って言われたわ。

亜生　僕ら、まったく同じことを、インディアンスのきむさんに言われました！「無理無理！ 中川家さんもおるし、吉田たちさんもおるから。昴生さんもNSCから入り直したほうがええんちゃいますか？」って。しょっぱなのネタ合わせで言われましたよ。

昴生　あははは！ だいぶかまされたなぁ。

剛　ずーっと聞きたかってんけど、2人は第7世代についてどう思ってんの？

礼二　そもそも、2人は第7世代に入ってへんの？

昴生　まさかの質問！……難しいですけど、入らへんようにしてるというか。第7世代で括られてもなっていう気持ちもありまして。ネタの感じも、第7世代じゃないのでね。

亜生　第7世代の人らがやってるネタが、僕らには理解できひんことがあるっていうか。

昴生　理解できんっていうか、第7世代の芸人って若い世代のお客さんの前でネタをやってるじゃないですか。僕らもそういう世代のお客さんの前でネタをすることはありますけど、NGKとかルミネにも出てるんで老若男女に笑ってもらいたいと思ってるんです。若い世代の人に向けたネタばかりやってしまうと、上の年代の人に伝わらへんし。

亜生　ネタの基準（となってる客層）は、NGKかもしれないですね。

昴生　そう。ネタを作るときも、NGKでの舞台を想像しながらやっちゃってます。

――中川家さんは、漫才師としてのミキさんをどう見てますか？

剛　もう確立できてますよね、ミキっていうイメージを。あぁ、あの兄弟のって知ってもらえてるやろ？

礼二　そうなったなら勝ちやと思う。劇場の出番でも、指定の時間より長めにやってるときはええなぁって思ってるし。

昴生　それは中川家さんが……！ 反面教師みたいなところがあるじゃないですか（笑）。

亜生　中川家さん、10分のネタ時間なのに15分やってるってことが多いですからね。

昴生　僕らは怒られますけど、中川家さんは怒られないんですよ。

礼二　いや、俺らも怒られてるよ？

ネタを作るときも、NGKでの舞台を想像しながらやっちゃってます。
（昴生）

昴生　今は怒られないでしょ？　代わりに、僕らが怒られてるんですから！

剛　あるよ、怒られたことは何回も。けど、しょうがないねん。

昴生　（笑）。以前、営業で舞台監督さんに「中川家が終わり次第すぐ飛行機に乗らなあかんから、10分って書いてるけど7分で舞台から下りてくれ」って言われたことがあって。僕ら、7分きっちりで帰ってきたのに、中川家さんは10分のところ20分やってたんですよ。

亜生　そうそう。しかも、舞台袖に帰ってきたら、2人とも「え、もう行くの？」って言うてた（笑）。

剛　ふふふ！　探してまうねん、舞台でええネタないかなって。

礼二　ミキもそういうところあるやろ？　絶対にあると思うで。

昴生　ありますねぇ。遊びは大事にしたいですし、そういう遊びからネタができていくのがいちばんいいですもんね。けど、漫才ってなかなか厳しいというか、壁にぶち当たることも多いなと思うんですよ。僕らはここ何年か、まさに壁にぶち当たってる状態で。寄席に来てくれるお客さんの前でやるのと、お笑いが大好きなお客さんの前でやるのとだと、全然反応が違うというか。毎日やってる寄席に来てくれるお客さんの反応を大事にしてると、お笑いが大好きなお客さんの前で疎かになってしまって、ちょうどいいバランスが取れないんです。やからか、『M-1』でも勝ててなかったりしますし……。

礼二　確かにその辺は難しいなぁ。

剛　どっちにも受け入れられるネタを作るしかないんちゃう？　また、テレビはテレビで全然違うしなぁ。

昴生　確かにそうですね。テレビ大阪のネタ番組で初めて中川家さんと一緒になったとき、僕らがトップ出番で、中川家さんがその次やったんですよ。僕らは言われた通りに時間を守ってやったんですけど、全然ウケなくて。中川家さんは尺とか気にするわけでもなく、テレビ大阪のビルに対して文句を言い出したんです。

亜生　そうそう！　あと、（スタジオ内の）お客さんの配置の文句も言うてた。「なんや、これ。両端にお客さんおって、真ん中空いてるって。乾いとるがな、笑いが」って（笑）。

剛&礼二　あはははは！

昴生　ずーっと文句言うてたんですけど、あれでええんやって。芸人でももちろん真面目な部分って必要ですけど、ある意味、不真面目さも絶対にいるなって。真面目すぎたら面白くないですもんね。

礼二　うちはこっち（剛）が崩してくれるから、やりやすくなるねん。

剛　え？　そんなんやってないで。

昂生　（笑）。舞台袖でよく漫才を観させてもらってますすけど、中川家さんは礼二さんが暴れてるフリして実は剛さんがそのきっかけを作ってますもんね。目で訴え合ってるからわかりますもん。

亜生　そうそう。今や、いけ！　いけ！って。

昂生　しかも剛さん、「そんなん始めたら長なるやん」とかよう言うてるけど、楽しんでるのも仕掛けてるのも全部、あんたやから（笑）。

礼二　その辺は、兄弟やから感覚がわかるやろ？

亜生　僕もいこうって思ったとき、お兄ちゃんの目を見るんです。で、いくなよっていう目をしてるときはやめます。

昂生　だって、僕が舞台監督さんに怒られるんですもん。「お兄ちゃん、時間は守ってよ。アドリブがすぎるわ」って。僕らの場合、仕掛けてるのは亜生なんですけど、「いや、亜生がやってるんです」って言い訳できないじゃないですか。で、僕が謝ってるうちに、こいつはそそくさと楽屋に戻っていくんです。

礼二　けど、亜生がやってウケてたら、昂生はすっごく嬉しそうな顔してるで？

剛　まぁ、ウケればええよな？

昂生　そうですね。やっぱり（漫才が）長引くときはウケてるときやし、ここで新しいなにかを発見できそうって思ってるときですからね。

剛　僕らも上の人を見て、真似してるだけやから。（明石家）さんまさんがこの前、舞台をやってたけど、5時間も稽古するんやで？

昂生　あれ、すごかったですよね。先輩方のやり方は、僕らにとってもすごく勉強になります。

――中川家さんは昨年3月、海原やすよ ともこさんとともにNGKの新看板になりましたね。

昂生　中川家さんが新看板になるって聞いたとき、〝素晴らしい！　おめでとうございます！〟っていう気持ちだけじゃなく、心のどこかに〝くそっ！〟って思う気持ちがあったんです。それって、僕らがNGKの舞台に立って頑張ってるからこそ湧いてきた気持ちやというか。やから、（そう思えたことが）嬉しかったんですよ。けど、〝くそっ！〟って思ったってことは、ま

先輩方のやり方は、僕らにとってもすごく勉強になります。

（昂生）

だまだ自分たちはこんなところにおるんやっていうことが再認識したことでもあって……。中川家さんを目指すと言うとおこがましいですけど、お手本となる存在であることには間違いないですし、いつかは……追い上げられるような漫才師になりたいなと思います。もちろん、笑いの量とか技量で勝ったぞと思えたことは一度もないです。1回でも勝てるように、ここから先10年、頑張っていきたいです。

亜生　NGKにレギュラー出演できるようにもなりたいですね。

昂生　そうやな。中川家さん的にはどうなんですか？

剛　理想の香盤表があるねん。こういうのがええなと思って、ワーッて書いて（劇場スタッフに）見せたんやんけどやらせてくれへん。

亜生　うわぁ、それ聞きたい！　僕、NGKに出ることが今以上にすごいことやってなったらいいなと思うんですよ。

礼二　ステータスにな？

亜生　はい。今は結構、誰でも出られちゃうんですけど、それやともったいないっていうか。NGKに出られる芸人は少ないほうがいいと思うんです。

昂生　そうなると、こっちも頑張れるし。

礼二　（限られた芸人しか出られない舞台なのに）ウケへんかったら落ち込むしな？

昂生　はい。中川家さんとやすともさんが新看板になってNGKも変わりつつありますけど、これからもっといい方向に変わっていったらいいなと思いますね。

剛　ミキにはあんまりメディアに流されんと、しっかり漫才をやってほしいわ。

礼二　テレビもええけど、漫才を観てもらうために出るくらいの感覚でおるのがいちばんやからね。

昂生　僕ら、漫才をやっているときがいちばん楽しいので、今後ももちろん大事にしていきます。

剛　あとな、ミキ、俺ら、やすともさん、千原兄弟さんっていう兄弟4組でなにかできたらって思ってるねん。ジュニアさんに言うてみたんやけど、「営業行けるな」っていう意外な答えが返ってきて。俺は4組でテレビに出たいなと思いながら喋ってたんやけど（笑）。

昂生　確かにテレビでやれたら、めっちゃいいですよね。

亜生　営業もいいですよ。グッズは売れるはずなんで、そのときはクリアファイルとか作って売りましょう！

Special Cross Talk: Vol.2

with Parents

両親(父・母)×ミキ(亜生・昴生)

東京と京都。離れて暮らす親子のオンライン対談が実現した。母を中心に、家族で常に会話しているミキファミリー。「メディアの取材になると、おかんが喋らなくなる」という2人の心配をよそに、母を中心として大盛り上がり。ミキの2人も爆笑しながら、時に涙を流しながらのあたたかい対談となった。

昴生　小さい頃の俺らがどんな感じやったか教えて。

母　昴生はとにかくおとなしくて口数が少ない。あと、おばあちゃん子やったな。2歳のときに亜生が生まれて。それまでは子供1人やったから大人中心の生活やったけど、2人になってからは子供中心の生活になった。亜生は明るくて、家族のムードメーカーやった。お父さんは、昴(昴生)が4歳になるまで外国航路であんまり家におらんかったな。

昴生　そんなにおらんかったっけ?

亜生　じゃあ、僕が2歳になるまでおとんは外国おったん?

母　そうやったよ。昴はお父さんがいる生活になじまんかったよな。亜生かて、3日くらい泣き通しやった。

父　覚えてないわ。

母　家の中にお母さんとおばあちゃんって女の人しかおらんかったのに、急に男の人が来たからなぁ。けど、昴生はお父さんやってわかってたよな?

昴生　わかってたけど、最初は知らんおじさん感はあったで。

母　おばあちゃんもいるし、お父さんがいいひんことはなんともないんやって思ってたら、昴生があるとき「僕だけ、お父さんいいひん」って言い出して。やっぱりそういうこと思うんやってビックリした。でも、そのときは帰ってくるのがわかってたから、お父さんのことはやっぱりわかってるんやなって思ってた。

昴生　それも覚えてる。

母　亜生は最初の3日だけ泣いたけど、あとは全然。記憶にないと思う。

亜生　はい、全然記憶にないです。小さい頃から、僕とお兄ちゃんは仲よかったよな?

母　そうね。亜生を産んで家に帰ったとき、どうなるんやろうと思ったけど、昴生がすぐそばでピタッと(ひっついて)寝たのを覚えてる。あと、亜生が哺乳瓶で飲んでたら、昴生が「僕も哺乳瓶」って赤ちゃん返りしたこともあった。

昴生　あぁ、覚えてるなぁ。哺乳瓶で飲んだ記憶は、かすかにあるわ。

母　もうちょっとすねたり、やきもちを妬いたりするかなって心配してたけど、全然なかった。

父　(家の中に)女の人がたくさんおったからやろうなぁ。

昴生　おばあちゃんとかちいちゃん(親戚)とか、誰かがかまってくれたからな。ケンカもなかった?

父　ケンカっていうケンカはないけど、ウルトラマンとかの取り合いはしてた。亜生は、お兄ちゃんが持ってるものはなんでも欲しがるから。

母　そうそう。で、お兄ちゃんの顔をギュッとつねるねん。お兄ちゃんの顔、いっつも傷だらけやったわ。

昴生　亜生は泣き虫やったしな。幼稚園に行くとき、いっつも泣いてたのは今でも覚えてる。

亜生　あのときの気持ちを思い出すだけで、今でも泣きそうになるもん。

母　前の日から泣いてたもんなぁ。昴生は黙って幼稚園へ行ってたけど、学生時代は狂ってたよね? 様子がおかしかった。

昴生　え、様子がおかしかった?(笑)

母　うん。おとなしい子やったのに、小学校高学年くらいになってちょっと目立ちたいところが出てきたっていうか。もともと人より後ろにいた子で、運動会の騎馬戦とかではいつもいちばん下やったんや。それで平気なタイプなんかなと思ってたら、「俺だって上に行きたい」って言い出して、えぇ!って。

昴生　ほんまか? それ。

亜生　お兄ちゃんって、騎馬戦の上に行きたかったんか(笑)。

母　あと、グシャッとなるヤツってなんて言うんやっけ? 組体操か。あれも運動神経がいい子がいちばん上に行くやん。昴生はどうしても下になるんやけど、「俺だって上に行きたい」って言うてた。

昴生　ウソつけ(笑)。

亜生　あはは! お兄ちゃん、組体操でも上に行きたかったんや。

母　そう、この人は上に行きたい人。

亜生　そんな頃から向上心があったんや。

母　向上心っていうか、それまではそういうことがあんまり好きじゃないと思ってたんよ。幼稚園のお遊戯会でも決して目立ってなかったから、目立つのは嫌なんやろうなって思ってたのに。

父　下は痛いから、上に行きたかったんちゃう?

亜生が幼稚園に行くとき、いっつも泣いてたのは今でも覚えてる。

(昴生)

昴生　わからん。……あとさぁ、上に行きたいのって目立ちたいことになるん？

母　上の人は目立つやん。この話は初めて言うたかもしれん。

昴生　うーん、覚えてないなぁ。小学校、中学校、高校で全然違ったけどな、俺は。

母　全然違うた。だんだん恐ろしくなったからね。けど、私は鈍感で、家では静かやったから気がつかんかった。

昴生　いや、中学は優秀やったもん。体育委員長やったし、サッカー部キャプテンもやってたし。

母　別に優秀ではないけど、取り立てて私にくってかかるようなこともなかった。亜生はずーーっと一緒やな。昔から今みたいに明るかったし、悪いことをあんまり考えへんし。ええ意味で、昔からそういう性格やった。

亜生　ちょっと！　俺もなんかなかった？

母　1回だけ、小学生のときに落書きして。

亜生　あぁ……したわ。

母　ご飯を作ってたら、亜生がずっとひっついてくるのよ。ずっとそばにおるから「どうしたん？」って聞いたら、「あのな、あのな……僕な、落書きした」って言うんよ。「どうして？　なんでそんなんしたん？」って聞いたら、「〝亜生のアホ〟って書いた」って。「どうしたん？」ってまた聞いたら、「あのな、あのな」って言いながら、ボロボロ泣くんよ。

昴生　……あかん、俺、泣きそうやわ。なんや、この話（と言いながら、メガネを外して涙をぬぐう）。

亜生　あははは！　もう忘れてたわ（と言いながら、つられて目を潤ませる）。

母　ほんで、ご飯を作るのをやめて2人で座って。もう1回「どうしたん？」って聞いたら、東京かどこかから転校生が来たんやって。小学生なんて「これやってくれる人いますか？」って言うたら、「はーい！」って元気よく返事するのがええ子やん。亜生はそれまで（先生の呼びかけに対して）「はーい！」とか「わからへん」とか答えるトップバッターやったんよ。でも、東京から来た子は優秀で頭がよかったから、亜生よりものの見方が大人やった。で、亜生が「はーい！」って返事すると、その子が「かっこつけんなや」とか言うてくるんやって。亜生の……なんて言うの？

亜生　今まで築き上げてきたものがな？

母　そうそう、今まではそんなことを言う子、1人もおらへんかったのに、その子によって崩れてしもうてん。亜生はその子より勉強もできひん。それで「お前はアホや」って言われたらしいねん。だから、〝亜生のアホ〟って自分で書いたって。それを先生に見つかって怒られて「明日、謝りに行かなあかん」って言うから、「ほんなら一緒に謝りに行こう」って言うたんよ。で、次の日に学校へ行って謝って、落書きを消した。

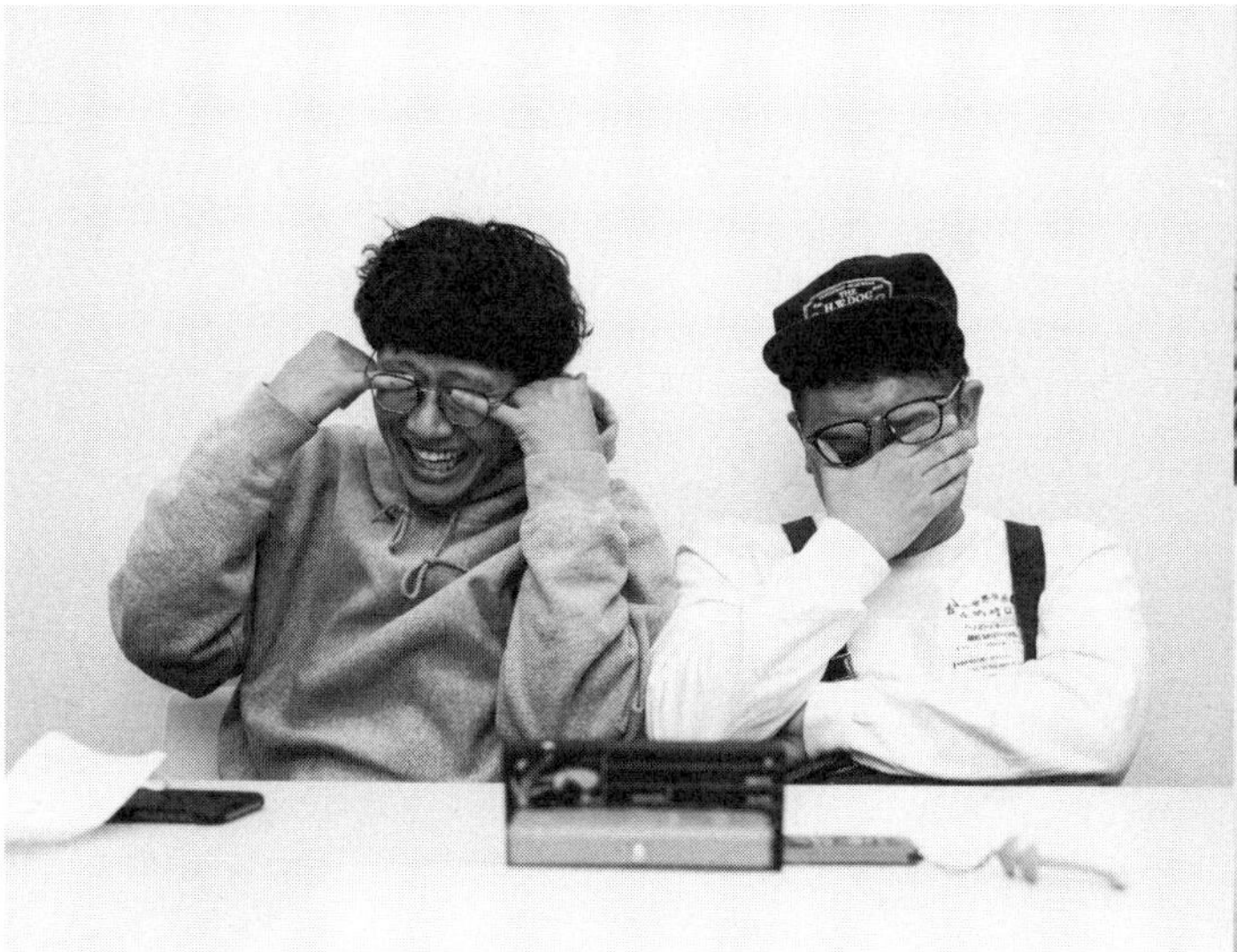

昂生　ええ話！　なんで今まで黙ってたん？　で、俺はそのときなにしてたん？

亜生　和室でテレビ観てたんちゃう？

母　おばあちゃんのところに行ってたかもしれんな。

昂生　そうか。でも、わかるわぁ。亜生の性格らしいわ、それ。

母　あれは、亜生の大転換期やったと思う。

昂生　転換期が来るんが早いなぁ。その友達のこと覚えてんの？

亜生　いやぁ……。3年生のときに初めて来た転校生で、すっごくかっこいいヤツやったんよ。けど、またすぐどっかに転校したんよな。

母　これもまたええ話なんやけど、その子が1年くらいしてまた東京に戻ったんや。転校する日、亜生と私はものすごく風邪を引いて、亜生は学校を休んでたんや。そうしたら先生から電話かかってきて、その子がどうしても亜生にお別れを言いたいって。

亜生&昂生　ええ!?

母　あの子はああいう態度をとってたけど、亜生のこと、友達やと思うてたんやろうな。

昂生　うわぁ、ええ話やなぁ（と、涙を拭う）。亜生の話じゃなかったら、もっと泣いてるわ。その子の名前は？

亜生　いやぁ、覚えてない。

昂生　『あいつ今何してる？』（テレビ朝日）で探して

もろうたらええやん。向こうは覚えてるかもしれんで。

母　亜生っていう名前を覚えてるかもしれんなぁ。あのことは、亜生がほんまの子供からちょっと大人になった出来事やったと思う。そこで（成長は）止まってるけどな。

亜生　止まるの、早かったなぁ！（笑）

昴生　……そのとき辛かったんか？

亜生　ちょっとだけ辛かったような気がする。

母　そこからアレルギーが出るようになったり、学校に行けへんかったり。まぁ、それだけが原因じゃないんやろうけど。

亜生　そう。毎日、昼くらいに学校へ行ってた。

昴生　意外と線が細いからな、亜生は。あぁ！　亜生が結婚して、結婚式でみっちゃん（母）がその話したら、俺、泣いてまうわ。絵本にできる話やん。好きやわぁ！

亜生　あははは！

昴生　しかも、そいつの名前でアホって書かへんのが、亜生らしい。

母　そうそう。「毎日、アホって言われてるから。俺、アホやから」って言うてた。

昴生　あかん……この話あかん。俺、家に帰って、またみちゃんに喋ってまた泣きそう。

亜生　あははは！　あぁ、おもろかった！

昴生　俺が芸人になるって言うたときは、どう思ったん？

母　この話すると、亜生は「2階で聞いてた」っていつも言うてるけど、いいえ！　あなたは静岡におりました！

亜生　あれ、ほんまか？

昴生　あははは！　俺も、前からそう思っててん。

亜生　あっ、お兄ちゃんの大学合格を2階で聞いたんや。それとごっちゃになってる気がする。

昴生　大学の話はええねん。芸人になる言うて、反対したときのことを話してや。

母　大学4回生の10月とかやったな。茶髪やったし、就職活動してなさそうやなとは思ってて。昴生がアルバイトから帰ってきてご飯を一緒に食べてて、私もさすがにどうするんやろって思ってたから、「あんた、（この先）どうするの？」って聞いたら、お箸をパタッと突然置いて。うつむいて「僕はサラリーマンにならへん」って言うたんよ。私はサラリーマンになってほしいとも、なにかになってほしいとも思ってなかったから、「どうすんの？　浪人すんのか？」って聞いたら、「僕は芸人になる。芸人になるために大阪へ行く」って。ビックリしたな。

亜生　みっちゃんは気づいてなかったん？

母　ちょっとは気づいてたよ。けど、大学のサークルみたいなので漫才とかコントみたいなことしてるくらいなんやろうなって。でも、それはえ

父　えやん。大学生やし、干渉しようとは思わへんかったし。お父さんにもなんの話もしたことがないよな？

母　うん、そうやな。

昴生　「芸人になりたい」って言うたと思うねん。漫才師って言うたんかな？

母　いや、芸人って言うたと思う。

昴生　まず思うたんは、〝あぁ、ちゃんと働く気がないんやな、この人〟ってこと。朝起きて仕事へ行ってっていう生活をするつもりがないんやなって。やから、すぐ「反対です」って言うたと思う。「なに言うてんの？　あんた」とも言うたと思う。何回かやりとりがあったあとに、昴生が「これだけは……なんぼ言われても、おかんの言う通りには生きていかれへん」って言うたんや。

母　ほんまか？

昴生　ほんまほんま。確か小一時間くらい話したけど、「どうしてもやりたいことをして生きていきたい。これだけはおかんの言うことを聞かへん」って。でも、それはそうやんか。お母さんの言う通りには生きていかれへんやん。だから反対やけど黙ってしまったわな、ごもっともやって。そうしたら、ババババーッて2階へ上がっていったわ。

亜生　うわぁ、逃げた！（笑）

母　たまらんかったんちゃう？

昴生　たまらんかったよ。だって言うまでに、俺、半年くらいかかったもん。

母　あんたの部屋、荷物が増えていってるなとは思ってたんよ。電子レンジとか買うてたんちゃう？　もろたんかもしれんけど、とにかく段ボールが増えてたてん。けど、開けたりはしいひんかった。とにかく、芸人っていうのはビックリしたな。

昴生　まぁ、当時の俺からは想像つかんわな。

母　言うたと思うわ。遊びでやるのはなんぼでもかまへん。福祉のことを（大学で）やってたんやから、（仕事にしたときに）役に立つかもしれへん。……いろいろ言うたと思うけど、「どうしてもお母さんの言う通りには生きていけへん」って言われて……もう終わり！　子育て終了やなって思った。

亜生　あははは！　確かになぁ。

母　そうやろ？　やるだけやっての結論やから。がっかりしたっていうより、あぁ、自分で決めたんやなって。もちろん私は大反対やったで？　98％は反対やったけど、あんだけ言うてもやるって言いきるのは偉いし、認めなあかんって思った。で、何ヵ月か経って、お父さんに言うたら「かまへんで」って。

父　そりゃそうや。大学まで出して、それでも芸人になるって言うんやから、しゃあないわ。

昴生　めっちゃ覚えてんのよ、俺。大阪に行くとき、

おかんに芸人になりたいって言うまでに、半年くらいかかった。
（昴生）

おとんからお金もらってん。

母　ええ、そうなん？

昴生　出町(柳)まで車で送ってもらってん、おとんに。

母　あんた、車で大阪まで行ったん違うたっけ？

昴生　車で行って、1回帰ってきてん。もう1回行くとき、おとんにお金もろうたんよ。

母　1万円札に土ついてた？

昴生　ついてへんわ！『北の国から』(フジテレビ)ちゃうねん。で、「やりたいことがあるのはええことや。やりたいことがなくて困ってるヤツはいっぱいおる。やりたいことがあるんやったらええがな」って。5万円くらい入ってたんかな？そんなん、普通は絶対使われへんやん。『東京タワー〜オカンとボクと、時々、オトン〜』の主人公はすぐ使うねんけど、(芸人になってから)あいつの気持ちがわかった(笑)。

亜生　マジで金なくて死にかけてたもんな？

昴生　そう。半年後くらいに使ってもうた。

父　しゃあないよな。賛成はできんけど、やりたいことがあんねんから。

母　初めて聞いたわ。(父のほうを向いて)あなた、私に「一切関わるな。1000円もやるな」ってよう言うたなぁ。

父　「アルバイトでもなんでも勝手にせえ」とも言うたよ。

亜生　俺はおとんに(芸人になりたいと)言うたとき、

母　「お兄ちゃんだけには迷惑かけるな」って言われた。

父　実際、迷惑でしかないからなぁ。お兄ちゃんの心意気とは違ったもんな。

母　どうなるんやろうなと思ったよなぁ。

昴生　どうにもなるかいな。絶対にならへん。やから、お父さんに「私とお父さんとで、とにかく死ぬまで働こう」って私は言うた。

母　あははは！　俺らを一生養うためにってこと？

　いやいや、一生は養われへんで。お父さんは「まぁ、2〜3年したら帰ってくるやろ」って言うてたけど、2〜3年で済むわけがない。夢見て出ていった子は、芯から諦めるのに10年かかる。10年後にどうにもならんって諦めて帰ってきて、ようやく次のことができるわけやん。やから、10年はとにかく知らん顔しましょう。私らは別のことを考えましょう。とにかく働きましょうって。

昴生　そういうことか。仕事に精を出そうってことね。

亜生　息子たちのことは忘れて、仕事しましょうってことや。

母　どうなったとしてもお金はいるでしょうから、とにかく働きましょうって。援助はせえへんよ？　早く泣いて帰ってこいって、ずーっと思ってたから。

亜生　あははは！（と涙ぐむ）

昴生　泣いてるやん（笑）。

亜生　いやぁ、申し訳ないっていうあのときの気持ちを思い出してしまって。だって俺、次の就職先が決まってたもん。でも、研修みたいなのを受けてる段階で、違う！と思って。その日に言うたんかな、おかんに。

父　就職してから非常に暗かったよな、亜生は。

母　心ここにないんやもん。あのときはまったくわからんかったけど、何年も経ってあんたらの話を聞くと、要するに亜生は、はなから就職する気がなかったんやなって思った。

昴生　せやな。ほんまにそう。

母　やけど、お父さんと私はほっとこうと思ってた。そうしたら、やっぱり……やっぱりではないけど、「芸人になる。お兄ちゃんのとこに行く」って言うから、はぁ？って。

昴生　あははは！　そりゃそうや。

母　お兄ちゃんも芸人になるって言うて出ていったけど、（大阪で）アルバイトしてると思ってたから。なれるはずもないと思ってたし、昴は吉本の学校にも行かへんって言うてたから、行かへんでどうやって芸人になれるの？とも思ってたけど、とにかく芯から諦めて早く帰ってきてほしかった。やから……今はビックリやなぁ？　お父さん。

父　想像もつかへんかった。アルバイトしながら芸人やって、そのうちアルバイトが本職になるんやろうなと思ってた。

母　お父さんはずっとそう言ってたよ。「心配すんな。向こうでアルバイトしてたら、それが本職になるかもしれん。人とのつながりで（芸人ではない）仕事も見つかるかもしれん」って。私も「そうかもしれん。それでいいよな」って言うてたけど、最初にあんたらの漫才を観たんは、『ＮＨＫ（上方漫才コンテスト）』やったかな。ほんまにビックリした。

父　どうせ高校生の文化祭みたいな漫才しかできひんのやろうなと思いよった。……俺が喋ると、な、（母が）俺の膝を突くんよ。

亜生　あはは！　ええやん、別におとんが喋っても。ほんまにそう思ったんやろ？

昴生　今のなにがあかんかったん？

母　いやいや。あんたたちがどう思ってたんか知らんけど、お笑いってものすごく難しいし、なんぼやってもあかんもんはあかんやん。

父　いちばん難しい道を選んだよね。

母　芸人って大雑把に言うてもなれへんもんやろうし、漫才なんかとんでもないって思ってた。なのに、『ＮＨＫ～』で漫才してたからビックリした。あんなにビックリしたことないわ。

亜生　メールくれたよな？　おかんから来てるでってお兄ちゃんに言われて、２人で見たわ。

母　（番組が）始まったのは夜中の24時半とかやったやん？　始まる前になったらドキドキし出して、薬を飲んだんや。そうしたら、始まる前に寝てしもうたんや。

昴生　薬に眠くなる成分が入ってるから寝てしもうたんや（笑）。

母　はっと気づいたら、朝の４時。

亜生　あははは！　めっちゃおもろい。怖い落語を聞いてるみたいや。

母　もちろん録画しといたから早送りして、あんたらが出てきたんを観て……ほんなら漫才してるし、（西川）きよし師匠もいるやん。しかも１位になったやん？　しばらくボーーっとしてたわ。観終わったんが朝５時頃で、お父さんは船の仕事で出たり入ったりする時間やったから電話できひん。で、あんたらに連絡してもええかなって思ったんや。今までしたことはなかったけど。

昴生　お笑いのことでは一切、連絡してこんかったからな。実家におっても、会社から電話がかかってきたら外で話してたもん。中で話したら心配すると思ってたから。

母　私、あの番組で初めて〝ミキ〟って言うんやって知ったもんな。朝10時くらいになって、お父さんに電話したよな？「観たんよ。ちょっと面白かってん」って。

昴生　嬉しい。メールにも「面白かった」って書いてあった。嬉しかった。

亜生　嬉しかったぁ。

昴生　あのときの印象があるから、あのネタが好きなんかもしらんけど。

亜生　スター・ウォーズな？　僕も好きで、全国ネットでやりたくて。２人で話し合って、２０１７年の『Ｍ-１』の２本目であのネタをやった。終わって携帯を見たら、おかんから「私のためにやってくれてありがとう」ってメールが入ってた（笑）。

昴生　やるかい！　なんでおかんのために選ぶねん！

母　よう考えたら、そんなはずはないよな。

亜生&昴生　そんなはずはないよ！

母　ほんで、お父さんに電話で「面白かった」って言うたら、ふーんっていう感じなんよ。で、２日くらいして帰ってきたんやんな？　私は仕事に行ってて、帰ってきてから「観た？」って聞いたら、お父さんが「観た。面白かった」って（笑）。

父　面白かった。

亜生　ははは！　嬉しいなぁ。

昴生　嬉しい。

母　「そうやろ？　私の勘違いちゃうやろ？」って。親バカで面白いって言うてるんじゃなくてね。でも、あんたらには言うたと思う。「これをええ思い出にして、あんたたちは引退しなさい」って。

亜生　言われた、言われた！　「これ以上のことは、あなたたちにはありません。今すぐ辞めなさい。ピークはそこです」って言うてた（笑）。

母　あのネタは面白いと思ったけど、漫才をずっと続けていくのは難しいやろうから「いい記念になったやん」って。きよし師匠にも褒めてもろうたし、ええやん。もう十分やって思ったもん。

亜生　今後やってほしいこととかある？

父　この間、言うてたやん。

母　なに？

父　歌うてほしいって。

亜生　あはははは！　えぇ、そうなん？　歌うで？　おかんのために歌うわ。で、歌ったら連絡来るねん、「私のために歌ってくれてありがとう」って。

母　ははは！　あんたら２人、音感はあると思うねん。うまくはないけど。

父　うまくなくてもいいしな。

母　リズム感もあるし。でも、どうなってほしいとかはわからへんわ。ドラマに出てほしいとも思わへんし。

亜生　観てくれてる？　僕の出てるドラマ（『オー！マイ・ボス！　恋は別冊で』ＴＢＳ）。

母　観てるよ。演技してるよね。

父　一生懸命、演技してるなっていうのがわかる。

母　そうそう。考えながら演技してるなっていうのがわかる。

『NHK上方漫才コンテスト』後に、おかんがメールをくれたのが嬉しかった。

（亜生）

昴生　……俺のときと（反応が）違うなぁ。

母　昴生はさ、沼津さん（出演したドラマ『恋はつづくよどこまでも』の役名）でもなんでもなかった。ミキの昴生やった。

昴生　あははは！　なによりあのドラマを、こんなおっちゃんとおばちゃんに観せてたことが恥ずかしい！

母　私らだって恥ずかしかった。お父さんと２人、顔を見合わせたわ。

亜生　歌かぁ……ツアーとかがまたできるようになったら、エンディングで毎回歌うわ、おかんのために。

昴生　まぁ、あれだけ（芸人をやってることを）嫌がってた２人が今、観に来てくれてるのがありがたいけどな。

母　それ言われるねん。「あんなに反対してたのに、手のひらをひっくり返したかのように応援してるんですか？」って聞かれたことがあって。

昴生　え、誰に言われれんねん！

亜生　その言い方は悪いわ。

母　なぁ？　当たり前やん、応援するのは。あかんと思うから反対しただけで、不幸になれなんて思うてへん。子供自慢に捉えられたら嫌やけど、少なくともなんの便りもなく、２人で漫才師になって……。これからどうなるかはわからんけど、よく頑張ったと思う。やから認めてますよ。よかったよね、そういう道があって。

父　その道がなかったら、どうなっとったんやろうね？

昴生　ほんまにそうよ。

母　もちろん努力もしたやろうけど、みんなのおかげもあるし、ラッキーやし。

昴生　ほんまにラッキー。

母　思うてるか？　ほんまに。最近ちょっと態度がでかないか？　思うねん、間違うてないか？　この人らって。

父　だいぶ間違うてる。

昴生　（笑）。なにを観てそう思ったん？

母　芸能人としての生活にどっぷり浸かってるっていうか。まぁ、芸能人やからいいねんけど。

昴生　東京の人になりんしゃったと（笑）。

母　東京の人なことあるかいな。吉田（地元の地名）の子よ。まぁ、東京の人になってもええんやで？　かまへんけど、俯瞰で自分を見なさいよ。……俯瞰って言葉、わかる？

昴生　わかるわ！

母　亜生は絶対わかってへん。わかるか？

亜生　わかるよ。拭かんでええってことやろ？

母　あははは！

昴生　おかんだけ爆笑やん（笑）。

2021.02.04

Interview

『M-1グランプリ2020』では、まさかの準々決勝敗退。
年末年始、昴生が新型コロナウィルス感染によって体調を崩したことで、
この本の取材も延期となる。
復帰後、忙しい合間を縫った最後の取材では、
亜生が撮影で必要だった漫才衣装を忘れるというハプニングも。
ドタバタながらも行なったインタビューでは、以前と変わらない漫才への想いが存分に語られた。

――制作スタートから約2年というタイミングで、本が発売されることになりました。

昴生　いつも無意識やから、なにを喋ったんかまったく覚えてないですけど、ほんまに東京へ来たときから始まってるんですよね。

亜生　引っ越したばかりの家を撮ってもらいましたよね。段ボールがまだ部屋の中にあって。撮影しに来てくれたお2人が帰らはったあと、さびしくて。人が減って、部屋が寒くなって……さびしかったなぁっていう気持ちをなんとなく覚えてます。

昴生　そういえば、日帰りの大阪11ステもありましたね……。

――あの日は、宮迫(博之)さんの会見があった日で。吉本が今後どうなるのか、お2人ともすごく不安そうにしていました。

亜生　そう。僕の誕生日の2日前やった。

昴生　次の日、『アッコにおまかせ!』(TBS)に出て、亜生が泣いてもうて。

亜生　僕、泣きましたね。あのときはいろいろあったので、マジで(会社が)分裂するんちゃうんかなって不安で。「お前ら、身の振り方、考えとけよ」みたいなことを言われたり、いろんな噂が流れてきたりしてたから。

昴生　けどまぁ、あのとき僕らが気になってたのは、NGKがどうなるかっていうことだけでしたけどね。今、現場についてくれてるマネージャーのおすずは、その年に採用されてるんですよ。あの状態でよう入ったなって。僕らより、おすずのほうが立派やなって思いますね。

亜生 僕がおすずの親やったら、「やめときなさい！ もう1年、頑張りなさい」って絶対に言う!!

昴生 あはは！ 絶対に言うよな。

――（笑）。いろいろと盛りだくさんな内容になっていますが、準々決勝敗退となった昨年の『M-1』についても振り返ってもらえますか。

昴生 ここで負けるかっていうところで負けちゃって……。

亜生 自分たちでもショックすぎて信じられへんというか。あれ、なにが起こったんや？という感じでした。合格者の一覧を画像で見たんですよ。パッと見た時点で、僕らがないことがわかってもうて。

昴生 僕は3往復くらいして確認したなぁ。……想定してなかったですね。悔しいっていうより、情けない気持ちのほうが強かったです。

亜生 いろんな人が応援してくれてたのに、なにしてんねん！っていう申し訳なさもありました。

昴生 多少、うぬぼれてましたね。『M-1』ってそんなに簡単に獲られへんのに、簡単に獲ろうとしてた。自分たちのスタイルっていうものはもちろんあって、そこは絶対に持っておかなあかんけど、その中で曲げなあかんところ、『M-1』に合わせなあかん部分ってやっぱりあるんですよ。ありのままで優勝するのがいちばんええ、『M-1』に合わせんでいいと思って昨年1年間やってきたんですけど、そもそもそんなことを言えるような実力なんかなかった。なのに、振りきったらいけると思ってた。……毎年なにかに気づかされますよね、『M-1』って。漫才を見つめ直させてくれるいい大会ですよね。

――昨年は多少『M-1』を意識したネタ作りをしたいと、インタビューの中で話していましたが。

昴生 僕らの漫才って、場所によって変えないんです。例えばNGKではこのネタ、漫才劇場ではこのネタ、営業ではこのネタって決めてる人もいると思うんですけど、僕らは全部の場所でウケるネタがいちばんいいなと思ってるんです。で、賞レースのとき、「なんでこのネタやったの？」とか「このネタ以外やったら、どれでもよかったのに」ってよう言われるんですよ。僕らとしては違うものを見せたい気持ちが強いっていうか、ミキってこれやなって思われたくなくて。

亜生 でも、『M-1』はミキってこれやなっていうものをやらんと。

昴生 うん、そうそう。特に『M-1』はしゃべくりを期待されるから。銀シャリ・橋本さん

『M-1』って簡単に獲られへんのに、簡単に獲ろうとしてた。うぬぼれてましたね。
（昴生）

から昨年の暮れくらいに、「ミキは『M-1』優勝したあとの漫才をやってる」って言われたんです。いろんな漫才をしたいなという気持ちは変わらないですけど、優勝してからでもいいかなって今は思ってます。

――やっぱり『M-1』を獲りたいと。

昂生　獲りたい！

亜生　……そうですね、獲りたい。

昂生　獲りたい気持ちは昨年と同じくらいですけど、挑み方は昨年とは全然違うと思います。とにかくやることは決まってるから、そこに向けてやるだけ。青春のような気持ちで、『M-1』に向けてやってもいいのかなって思ってます。青春したい。

亜生　（顔を伏せて）……ふふふふ。

昂生　昨年、負けた時点で泣けてないってことは、青春してなかったってことじゃないですか。もっと全身全霊で、『M-1』に懸けられたらいいなって思いますよね。

――亜生さん、昂生さんが「青春したい」って言った瞬間に笑いましたけど。

亜生　いやぁ、（言葉を）残しにかかってるなぁって思って。なんやねん、青春したいって。そんなん、あんまり言わんほうがええで？

昂生　あははは！　でも、この歳で青春できるなんて恵まれてるなって思うんですよ。僕らは今30歳、32歳で、下を見たら20歳くらいの子もおる大会やし。

亜生　49歳のおじさんも出てますし、負けても損はない大会ですから。

昂生　『M-1』に懸ける意味はめちゃくちゃある。今後、漫才人生をおくる上で『M-1』チャンピオンっていう称号は絶対にあったほうがいいと思うんです。だから、辛いことのほうが多いかもしれんけど、今年は『M-1』に懸けたいですね。

亜生　僕は自分らが楽しむのがいちばんやと思うんですけどね。なんのために漫才やってるかっていうたら、自分らが面白いからなので。やから、楽しさを土台にして『M-1』に挑んでいけたらいいなと思います。

――今年は、より挑戦者の意味合いが強くなりますし。

昂生　1から挑戦できるのもいいことやと思ってます。

亜生　うん、ありがたいですね。

――1月31日には、幕張で久しぶりの単独ライブ『ミキだけ寄席』も開催しましたね。

亜生　1年ぶりくらいの単独やったんで、緊張しましたね。寄席や普通の漫才の舞台とはちょっと違う、久しぶりの空気感で。前は毎月やっていたんで、いい意味でも悪い意味でもちょっと慣れちゃってたというか。とに

昂生　かくありがたかったですね。幕張っていうちょっと（都心から）離れた劇場でも、チケット完売でめちゃくちゃありがたかった。僕らの漫才を観たいと思ってくれる人がこんなにいるんやなって改めて思えて、嬉しかったです。観たいと思う人がおってくれるって、やっぱりやりがいはありますよね。人数は関係なくね。

――今年は主催ライブもいろいろとやっていくんですか？

昂生　単独ライブはもちろんですけど、ほかの芸人さんが好きなお客さんの前でも漫才をやりたいなと思ってます。僕ら、普段は若手の劇場に出てなくて、寄席に出てることのほうが多い。お笑いがガッツリ好きなお客さんというより、お笑いがほんのり好きな人たちが観に来てくれているところでやってることが多いんで、お笑いがガッツリ好きなお客さんの前で漫才できる場を作っていきたいっていうのがあるんです。今年は若手の劇場に出たり、普段、一緒にやることがない人たちとライブをやったり。

亜生　他事務所の人とやったり、めちゃくちゃ後輩とやったり。

昂生　うん、幅広いお客さんの前でやっていきたいですね。大半の人が、ミキはもう『M-1』はいいやろって思ってるはずなんです。そういうこともいっぱい言われました。それでも出るからには、なにかしていかんと。今のままだと勝てないと思いますから。

――また、昂生さんは年末に新型コロナウィルスに感染して体調を崩されてましたが……治ってよかったですね。

昂生　ほんまに亜生や小林さん（マネージャー）、いろんな番組の関係者の方々、僕に関係しているありとあらゆる方に迷惑をかけてしまいました。

亜生　僕らの代わりとして、おいでやすこがさんにほとんど行ってもらったから申し訳なかったです。ラジオにも出てくれはったんですよ。

――昨年の緊急事態宣言中、一歩も外に出ない生活をおくるほど気をつけていた昂生さんでもなってしまうっていうのが怖いですよね。

昂生　怖い。しかも、この時期だけは気をつけましょうって言うてたのになってしまって……。なにからなったのか、ほんまにわからないんですよ。最初、熱があって風邪引いたんかなって思ったんですよ。熱が出たとき、湯船にしばらく浸かって寝たら落ち着くので、その日もまみちゃんに「湯船にお湯溜めて」って言うたんです。けど、入った時点で寒いから、次の日起きてまだこの状態やったら言わなあかんと思いながら次の日、起きたら、まだしんどい。熱を測ったら39度あったんで、亜生と小林さんにすぐ連

自分らが楽しむのがいちばん。楽しさを土台にして『M-1』に挑んでいきたい。
（亜生）

絡しました。そこからが地獄の始まりでした。

亜生　朝一でお兄ちゃんから連絡を受けて。休みになったけど、家から出られへんからどうしようかな。お兄ちゃん、熱出てるから心配やなとか思ってたら、僕も熱が出てしまって（笑）。ＰＣＲ検査は陰性やったんですけどね。

昴生　あははは！　すごいでしょ？　亜生って流されやすいんですよ。僕が怒ってたら亜生も段々イライラしてくるし、僕が笑ったら亜生もつられて笑うんです。まぁ、それはわかるけど、熱も一緒に出るなんてことある？　弟やなぁ！

亜生　しかも、電話で聞いたわけじゃないんです。ＬＩＮＥの文面を見て、お兄ちゃんと一緒のスケジュールをこなしてる。ずっと一緒にいた。お兄ちゃん、しんどそう……って思ってたら、僕もしんどくなって熱が出たんです。

昴生　あはははは！　こんな弟います？　かわいすぎるでしょ、こいつ。

――（笑）。まさに運命共同体ですね。入院はしなかったんですか？

昴生　してないです。最初は陰性で、ずっと家にいたんですけど、しんどくて。病院に行って点滴してもまだ震えてるんで、精密検査させてくださいって頼んで受けたら肺炎やということがわかって。ついでにもう１回、ＰＣＲ検査を受けておきましょうかって言われて受けました。家に帰って、病院でもらった肺炎の薬を飲んで寝たら、それまでのしんどさが起きた瞬間に変わってたんです。あぁ、よかったと思ってたら、保健所から陽性反応が出たって連絡が来て。え、もう元気やのに？ってビックリしました。

亜生　お兄ちゃんから陽性やったって連絡が来て。え？　発症日がその日やったら僕も濃厚接触者やっていうことで、自宅待機がさらに長引いたんです。それまでも、お兄ちゃんの体調がよくならへんかったから、１日ごとにスケジュールがカットされていっていて。

昴生　小林さんからの連絡のタイミングも、めっちゃ悪かったっていうか（笑）。「今、何度ですか？」って連絡くれるのはいつも下がってるときで、夜になるとまた39度くらいに上がるんですよ。だから申し訳なくて。

亜生　やから、「今は下がってますけど、絶対にこのあと上がります」っていう謎の連絡がお兄ちゃんから来てました（笑）。

昴生　あはは！　けど、元気になってから１週間の休みはめっちゃ楽しかった。

亜生　僕は最初に熱が出てから２週間、仕事がない状態やったから、早よ仕事したい、漫才したいって思ってたけど、お兄ちゃんの元気になってからの第一声は「俺、正直、まだちょっと休みたい」でしたからね。

昂生　Ｎｅｔｆｌｉｘで観たいドラマと映画がいっぱいあったからね。

――Ｎｅｔｆｌｉｘが観られるくらい元気になって、本当によかったです。

昂生　復帰してすぐはしんどかったですけどね。最初、ラジオやったかな。

亜生　そう。あのときはしんどかった。

昂生　結構疲れて。その次の日はルミネやったんですけど、5分の漫才を1回しただけであかん。しんどい。横になりたいって思ったんですよ。次の日の沼津も、いつもはライブの合間に2人で話してるんですけど、そんなんもできへんくらい疲れて……その次の日が始発で大阪へ行って10ステ。殺す気やん！ 絶対に無理！って。

亜生　僕は終わったな、って思いました。

昂生　どうなるんやろうって思ってたら、そこで完全復活したんです。

亜生　ショック療法ですね。

昂生　ほんまにそう。全部終わってホテルに帰ってから、あれ元気やん。これ治ったなって思いました。その前は今、こんなふうに喋れるようになるなんて考えられへんかったですけどね。

――同じタイミングで熱を出すくらいですから、亜生さんもずっと不安でしたよね？

亜生　お兄ちゃんに必ず1日1回、マネージャーにＬＩＮＥくれって言ってたんですけど、全然来なくて。

昂生　しんどすぎて連絡できなかったんですよ。いちばんしんどかったのは、熱がピークのとき。意識が朦朧としていて、夜中に目が覚めたんです。今でも思い出せないんですけど、ついてたテレビの番組で瑛人じゃない誰かが『香水』を歌ってたんです。瑛人じゃない誰かが『香水』歌ってる……あかん、しんどい……と思いながら寝たんですけど、そこから3日間、頭の中で瑛人じゃない誰かが歌ってる『香水』が延々とリピート！ 頭の中で鳴り続けたのがいちばんしんどかった。やめてくれ！ 違う歌にしてくれ！って、気ぃ狂いそうでした。ただ、後遺症が全然ないのはよかったです。治って最初の2～3日はつわりと同じ症状が出て、炊きたてのご飯の匂いで吐きそうになってましたけど。

亜生　僕、お兄ちゃんはコロナじゃなくて妊娠したんやと思ってます。アーノルド・シュワルツェネッガーの映画『ジュニア』みたいに。1週間休んでる間、連絡取れなかったし、子供を出産してたんちゃうかなって。

昂生　あははは！ ほんまにそうやったら、お前に

亜生は流されやすい。こんな弟います？ かわいすぎるでしょ、こいつ。

（昂生）

赤ちゃん抱かせてるで。隠せへん、弟には。

亜生　いや、まだ信用してない！

昂生　気持ち悪くて、ご飯が食べられなくて。マスクの匂いもだめで……。あの症状がまた出てきたら、妊娠してるってことなんやと思います。

——（笑）。すでに収録が済んでいた番組には出られてましたけど、お正月のネタ番組で漫才を観られなかったのは残念でした。

亜生　正月番組でネタをやるっていいですもんね。特に年始の劇場が好きなんです。お正月っぽい雰囲気がちゃんとあって。

昂生　わかる！　僕も嫁に「一生、三が日は休むことはない」って言ってるんです。1月5日までは働きたいから。

亜生　元日から3日までは劇場に出ておきたいんですよね。12月21日にお兄ちゃんの熱が出たってわかったときも、31日までに回復してくれていたらいいなって思ってたんですけど結局出られなくなって。

昂生　申し訳ない。いろんなネタ番組から声をかけてもらっていたんで、小林さんに（出演する）番組のリストをもらって、亜生と2人でここではこのネタやろうって全部決めてたんです。僕ら番組ごとにネタを変えるし、正月の番組のために新しいネタも作って準備してたんですけど、全部飛んじゃって……。まぁ、そのときのネタが今できてるからいいんですけどね。

——今年はいい1年になるといいですね。

昂生　そうですね。上方漫才大賞の奨励賞に向けても頑張りたいです。

亜生　獲りたいなぁ、奨励賞！

——中川家さんとの対談で、剛さんから「メディアに流されんと、しっかり漫才してほしい」という発言もありました。

昂生　そこはもちろん。よほどのことがない限り、漫才師でありたいという気持ちは変わらんと思います。この仕事をやっていると、あれもこれもって欲が止まらない。そこを抑えて、いかに自分たちの足でやっていけるか。漫才にしても普通の生活をしている人たちと同じ目線でやることが大事やし、テレビを通しても今まで通りの僕らしさを伝えていけたらいいなと思いますね。

亜生　お兄ちゃんのおっしゃる通りです！　僕は劇場で楽しくやれたらいいなと思ってるだけやから。

昂生　そこはお互い変わらないですね。たぶん亜生も気づいてると思うけど、テレビの世界では僕らより優ってる人がいっぱいいるんですよ。けど、劇場ではその日の香盤表を見て、僕らがいちばんウケてやるって思える。テレビに出ている人らはその人らでその世界のてっぺんを目指してやってるんでしょうし、僕らも僕らで劇場のいちばん上を目指せると思ってやってるから、そう思うんでしょうね。……この前、NGKでモタレ(トリの前の出番)をやらせてもらったんです。こんなことを言うと失礼になるかもしれないですけど、出演者のみなさんに負けてないなと思えました。飛び級でモタレをやらせてもらったことは嬉しかったんですけど、やすともさんにはまだ早いって言われました。確かに、僕らは中盤を一度もやったことがないので、中盤を4~5年……10年くらいでもいいからやらせてもらえるようになりたい。今後は、早めに各劇場のトップバッターからの脱却を図りたいですね。

亜生　けど、ルミネやNGKとかで僕より若い子がいないんですよ。僕、4~5年ずっといちばん若手ですから。

昂生　ほんまにそう。早めに中盤あたりに回してもらえるように頑張ります。

――大事なのは、やはり劇場なんですね。

亜生　NGKの看板になれたらいいですよね。今は夢みたいなもんですけど。

昂生　長い道のりですね。だからこそ、やりがいがあります。トリをやらせてもらえるようになるにはオーラというか、そこに立つべき人、最後を締めることができる人にならないといけないんですよね。僕らはまだまだ足りひんから。みんなが認めてもらえる漫才師にならんと。

亜生　けど、お互い30代でなるっていうのは、1つの目標として持っておきたいですね。

昂生　新看板になれたときは、その日、特別公演をやらせてもらいたい。

亜生　ミキ看板公演とか?

昂生　そんなふうに銘打ってできるようになりたいですね。

――この本でのインタビューは今回で終わりですが、ミキさんの長い漫才人生は今後も続いていきます。

昂生　終わりがないです。むしろ、これからですね。

――『突然ですが占ってもいいですか?』(フジテレビ)では、「これから亜生さんが引っ張っていく時代が来る」というようなことを、占い師さんから言われていましたね。

昂生　やすともさんからも「もうちょっと亜生くんに任してもいいんちゃうか」って、LINEで言われました。だから、もっとやってもらわんと。ほんまにねぇ、漫才衣装を忘れてる場合じゃないんですよ、亜生は。

亜生　あはは! いやいや、僕の時代が始まってる証拠です! これからもっと頑張っていきますよ!

NGKの看板になれたら。今は夢みたいなもんですけど。
(亜生)

おわりに

みなさん、最後まで読んでいただき、ありがとうございました。

『ミキ漫全国ツアー2020』初日の東京公演終了後、
「本を作りませんか?」と言われたとき、僕らは即「やりたい!」と答えました。
予想もつかなかった2年間となりましたが、うまくいかないこともまた、人生の楽しさなのかもしれません。

僕らの2年間、みなさんに少しでも楽しんでもらえていたら嬉しいです。
僕たちの漫才人生はまだまだ続きます。
これからどんなことが起こるのか、まったく想像できませんが、
2人で楽しく漫才を続けられるように、これからも僕ら举しく進んでいきたいと思います。

気軽に移動することさえ難しい状況が続きますが、
ぜひ僕らに会いに、そして漫才を観に、劇場へ足を運んでください。
みなさんとまた劇場で会える日を楽しみにしています!

ミキ　亜生
昴生

ミキ
亜生(あせい):1988年7月22日生まれ。
昂生(こうせい):1986年4月13日生まれ。

京都府出身の兄弟漫才コンビ。
2012年4月にコンビ結成後、2016年「第46回NHK上方漫才コンテスト」優勝、
2017年「M-1グランプリ2017」3位、2019年「第54回上方漫才大賞」新人賞受賞。
2018年には単独ツアー「ミキ漫」を開始し、2019年4月以降は東京に拠点を置きながら全国で漫才を披露している。

MIKI OFFICIAL BOOK
ミキ、兄弟、東京

2021年4月13日 初版発行

著者:ミキ

発行人:藤原寛
編集人:新井治

企画・編集・文:高本亜紀
写真:大槻志穂
アートディレクション&デザイン:古田雅美(opportune design Inc.)

編集協力:金本麻友子　大八木秀
制作協力:村上由恵
マネジメント:小林立実　渡部すず
営業:島津友彦(ワニブックス)
構成・進行:井澤元清

発行:ヨシモトブックス
〒160-0022 東京都新宿区新宿5-18-21
Tel. 03-3209-8291

発売:株式会社ワニブックス
〒150-8482 東京都渋谷区恵比寿4-4-9 えびす大黒ビル
Tel. 03-5449-2711

印刷・製本:株式会社 光邦

Printed in Japan ISBN978-4-8470-7033-4 C0095